21 世纪全国高等院校连锁经营类规划教材

连锁门店实训

徐印州 编著

北京大学 出版社
PEKING UNIVERSITY PRESS

内 容 简 介

《连锁门店实训》是为大学有关专业编写的连锁经营实训教材，也适用于从事连锁经营的各类企业对员工和管理层进行培训之用，介绍了连锁培训工作的实务操作和管理，有利于企业正确对待培训工作，合理安排培训计划。本教材从企业的组织机构和基本制度入手，使受训者不仅知道"当然"，更了解"所以然"。主要内容按管理的模块分类，兼顾实操流程。全书图文并茂，内容全面，简明扼要，兼具连锁企业管理手册的作用。

图书在版编目（CIP）数据

连锁门店实训/徐印州编著．—北京：北京大学出版社，2008.8
（21世纪全国高等院校连锁经营类规划教材）
ISBN 978-7-301-14143-4

I. 连… II. 徐… III. 连锁商店－商业经营－高等学校－教材 IV. F717.6

中国版本图书馆 CIP 数据核字（2008）第 120262 号

书　　　名：	连锁门店实训
著作责任者：	徐印州　编著
责任编辑：	郑　谧
标准书号：	ISBN 978-7-301-14143-4/F · 2011
出 版 者：	北京大学出版社
地　　　址：	北京市海淀区成府路 205 号 100871
电　　　话：	邮购部 62752015　发行部 62750672　编辑部 62765013　出版部 62754962
网　　　址：	http://www.pup.cn
电子信箱：	xxjs@pup.pku.edu.cn
印 刷 者：	河北涿县鑫华书刊印刷厂
发 行 者：	北京大学出版社
经 销 者：	新华书店
	787 毫米×980 毫米　16 开本　21.75 印张　470 千字
	2008 年 8 月第 1 版　2008 年 8 月第 1 次印刷
定　　价：	38.00 元

未经许可，不得以任何方式复制或抄袭本书之部分或全部内容。
版权所有，侵权必究
举报电话：010－62752024；电子信箱：fd@pup.pku.edu.cn

前　言

现代商业要求从业者不仅有经验，而且具备真正的现代商业意识。具备现代商业意识的人，才能真正领悟连锁经营的诀窍。在我与许多连锁经营企业的接触中，我所感兴趣的本是为他们做战略规划和经营策划，而众多的连锁企业最迫切的要求却是对员工的培训。于是我有机会参与连锁企业的员工培训工作，并且积累了不少的素材和经验。现在越来越多的连锁企业认识到人力资源的重要，认识到企业竞争的制胜之道在于人才优势，前所未有地重视员工的培训。我在参与员工培训工作的实践中，深感不少企业的培训工作存在许多不当之处，而且缺少适当的培训教材予以指引。所以，我开始编写连锁门店的培训手册。就在即将成书之际，得以纳入北京大学出版社的出版计划。我毕业于北京大学，能够在母校北京大学的出版社出版著作，实乃幸事。

《连锁门店实训》是一本实用性强的著作，兼具培训教材和实用手册的作用，适用于连锁经营超市、百货店、便利店、专门店或专卖店等企业的岗位培训以及对员工的业务指导，还可作为连锁门店管理与工作流程设计的依据与参考。本书的原稿曾作为若干连锁超市的员工培训教材，取得了较好的效果。也有连锁企业将此书稿作为企业管理的依据，起到管理手册的作用。编者也吸取了一些企业的意见和建议，多次加工修改使书稿更为完善，更适合连锁企业的需要。

全书内容分为三个部分。

第一部分主要介绍连锁门店培训工作的全貌和基本要求，包括第一章连锁企业员工培训工作，第二章连锁企业的组织结构，第三章连锁企业的基本制度。

第二部分是全书的重点，基本按照连锁门店的部门和分工阐明了各项培训的基本内容，包括工作流程设计，岗位职责和要求，必要的管理规定和表格等，条理清晰，内容充实，指向明确，易学、易懂，具有实用性。第二部分共6章，包括：第四章财务管理，第五章采购管理，第六章物流管理，第七章信息管理，第八章招商管理，第九章门店营运管理等。

第三部分是综合能力的培训，包括第十章促销管理，第十一章生鲜管理和第十二章应急管理。

每一章节都设有"学习目标"和"要点回顾"，便于读者掌握本章要领，以配合学习该章的主要内容。各章都有大量的表格，这些表格有利于读者熟悉操作流程和了解管理规范，同时可在经营管理工作中直接使用。

编者有一个希望，那就是《连锁门店实训》出版发行后能得到业界读者们的关注，我们将吸收大家的意见和建议，在本书的基础上进一步修改完善，以得到读者的欢迎。

本书由徐印州主编，卢东贵、高汴娜和王飞泽参加编写，为本书作出贡献，特此致谢。

徐印州

2008 年 7 月

目　　录

第一章　连锁企业员工培训工作 ... 1
第一节　员工培训管理 ... 1
一、员工培训管理制度 ... 1
二、员工培训管理工作流程 ... 14
三、员工培训管理表格 ... 14
第二节　新员工培训 ... 23
一、新员工入职培训的意义 ... 23
二、新员工入职培训的内容 ... 23
三、新员工入职培训的组织实施 ... 25
四、新员工入职培训中应注意的问题 ... 25
五、新员工入职培训中主管的角色功能 ... 25
第三节　门店培训总纲 ... 27
第四节　员工培训教材 ... 32
一、公司概况 ... 32
二、公司企业文化 ... 34
三、公司的基本政策 ... 36
四、公司职员基础培训课程 ... 62

第二章　连锁企业的组织结构 ... 64
第一节　总部的组织结构 ... 64
一、连锁企业组织结构类型 ... 64
二、总部的机构设置及管理职能 ... 66
第二节　门店岗位设置及店长职能 ... 68
一、门店职能 ... 68
二、门店岗位设置 ... 68
三、店长岗位职责 ... 69
四、副店长岗位职责 ... 70
五、店长岗位说明书 ... 71
六、店长权限表 ... 73

第三节　门店与总部的关系 74
　　　　一、门店与总部的职能分工 74
　　　　二、定价环节总部与门店的分工 74
第三章　连锁企业的基本制度 76
　　第一节　人力资源管理制度 76
　　　　一、招聘管理制度 76
　　　　二、人事异动与离职管理制度 80
　　　　三、员工培训管理制度 83
　　　　四、考勤管理制度 85
　　　　五、合理化建议管理制度 89
　　　　六、绩效考核及薪酬与福利待遇管理制度 94
　　　　七、移动话费管理制度 103
　　　　八、人事档案管理制度 104
　　第二节　行政管理制度 105
　　　　一、员工行为规范与准则 105
　　　　二、印章、证件管理与办公用品的管理规定 108
　　　　三、合同管理与大事记录管理 111
　　　　四、会议制度与行文及档案管理 112
　　　　五、资产管理制度 115
　　　　六、奖罚管理制度 120
　　　　七、差旅制度、节约制度与保密制度 132
　　第三节　后勤管理制度 135
　　　　一、宿舍管理制度 135
　　　　二、饭堂管理制度 137
第四章　财务管理 142
　　第一节　财务管理部的主要职责 142
　　　　一、财务管理部概述 142
　　　　二、财务监督 142
　　　　三、现金盘点及账务处理 143
　　第二节　预算管理 143
　　　　一、预算原则及要求 144
　　　　二、预算的组织机构 145
　　　　三、预算编制 146
　　第三节　会计核算 148
　　　　一、会计核算人员的岗位职责 148

  二、固定资产管理 149
  三、会计凭证填制 155
  四、会计账簿和内部票据管理 157
  五、财务报告编制 157
 第四节 出纳 158
  一、出纳人员的岗位职责 158
  二、现金管理 158
  三、付款作业管理 160

第五章 采购管理 163
 第一节 采购前准备作业培训 163
  一、了解商品销售状况 163
  二、制定采购计划 164
  三、编制采购预算 165
  四、确定采购时机 166
 第二节 商品采购与定价管理 167
  一、商品结构管理 167
  二、新商品开发 168
  三、样品管理 169
  四、商品制定售价 170
  五、首次订货 171
  六、节假日商品备货 172
  七、交易条件变更 173
  八、商品价格变更 174
  九、国家专控商品采购 176
  十、商品淘汰 177
  十一、免费商品管理 177
  十二、新店首批订单及新品首次订单折扣流程 179
 第三节 供应商管理 179
  一、供应商开发 179
  二、供应商转换 181
  三、供应商退场 182
  四、供应商沟通管理 182
 第四节 收货安全与卫生管理 184
  一、收货安全管理 184
  二、收货卫生管理 185

第五节　采购管理的工作流程 186
　　一、采购管理流程 186
　　二、采购作业流程 187
　　三、订单定购流程 187
　　四、收货工作流程 188
　　五、收货错误纠正流程 188

第六章　物流管理
第一节　物流人员岗位职责 190
　　一、配送人员岗位职责 190
　　二、仓储人员岗位职责及行为守则 191
第二节　物流的工作流程 192
　　一、配送流程与商品发运工作流程 192
　　二、装卸搬运管理与配送运输流程 194
　　三、销售配送流程 196
第三节　仓库管理 196
　　一、仓库管理与货物保管流程 196
　　二、入库管理流程（入库、入库验收、储位管理）...... 197
　　三、出库流程 199

第七章　信息管理
第一节　信息管理部的主要职责 200
　　一、信息管理部管理职责 200
　　二、信息报障流程 201
第二节　信息设备的管理 201
　　一、电话管理 201
　　二、传真管理 203
　　三、复印机使用管理 203
　　四、电脑及相关设备的管理 204
第三节　网站维护 206
　　一、网站维护人员的岗位职责 206
　　二、网页制作及更新工作规范 207
第四节　硬件及系统维护 208
　　一、硬件及系统维护人员的岗位职责 208
　　二、保密工作规范 209
　　三、开业前的设备检查 210
　　四、软硬件检修管理规范 210

第五节　信息分析 211
一、信息分析人员的岗位职责 211
二、数据作业流程 211
三、经营信息统计分析 212

第八章　招商管理 215
第一节　招商部管理职责 215
一、招商部职责 215
二、招商部经理岗位工作职责 215
三、招商主管岗位工作职责 216
四、招商方案策划宣传专员岗位工作职责 217
五、招商谈判专员岗位工作职责 217
六、招商渠道管理专员岗位工作职责 217
七、招商合同管理员岗位工作职责 218

第二节　招商管理工作规范 218
一、招商工作管理规范 218
二、招商资料管理工作规范 220
三、商场商铺、临铺、专柜合同签订工作规范 221

第三节　联营管理 223
一、招商合同管理制度 223
二、专柜联营管理制度 225
三、专柜联营开发工作规范 226
四、专柜对账、结算管理办法 227
五、出租柜标识管理工作规范 228
六、专柜租赁联营协议 229

第九章　门店营运管理 232
第一节　客户服务 232
一、客户服务人员的岗位职责 232
二、顾客投诉处理 233
三、顾客退换货及缺货 235
四、存包与取包 237
五、赠品发放 238
六、门店氛围管理 239

第二节　收银 244
一、收银员的岗位职责及必备知识 244
二、收银作业流程 246

三、收银员服务礼仪标准 249
四、收银作业管理 251
第三节 收货 251
一、收货人员的岗位职责 251
二、收货工作流程 252
三、商品检验规范 253
四、商品拒收与调配 253
第四节 理货 255
一、理货人员的岗位职责 255
二、门店理货的工作内容 255
三、门店理货的原则和要求 256
四、商品陈列 259
五、商品补货管理 260
第五节 盘点 261
一、盘点人员的岗位职责 261
二、盘点前准备 264
三、盘点作业规范 267
第六节 防损 270
一、防损人员的岗位职责 270
二、损耗的分类 272
三、商品防损工作规范 276

第十章 促销管理 279
第一节 促销管理规范 279
一、分店促销活动管理工作规范 279
二、其他公司（非本公司供应商）促销活动管理工作规范 280
三、分店促销活动协议（非本公司供应商） 281
四、促销员管理工作规范 282
五、商品促销工作规范 289
六、促销员行为规范 291
七、促销物品及快讯设计制作管理规范 292
八、供应商出租柜促销申请管理规范 293
九、供应商促销合同管理 294
第二节 促销管理规定 295
一、门店促销活动管理规定 295
二、供应商与商品的促销时间安排 296

三、促销商品的选择 296
　　四、促销形式的选择 297
　　五、促销合同的执行 297
　　六、门店对促销活动的安排 298
　　七、促销的评估管理 299
　第三节　促销管理表格 299
　　一、促销协议汇总表 299
　　二、分店促销申请表 300
　　三、供应商促销申请表 300
　　四、非供应商促销申请表 301
　　五、出租型专柜店外促销申请表 301
　　六、促销费用预算及测评表 302
　　七、促销商品库存扣补统计表 303

第十一章　生鲜管理 305
　第一节　生鲜服务 305
　　一、生鲜服务的宗旨 305
　　二、生鲜服务标准 305
　第二节　生鲜基本知识 306
　　一、熟食与面包类 306
　　二、水产与肉类 306
　　三、蔬果 307
　　四、干货 310
　第三节　生鲜卫生规范 314
　　一、个人卫生 314
　　二、设备、器具卫生 314
　第四节　生鲜管理流程 316
　　一、订货流程 316
　　二、收货流程 318
　　三、调拨流程 319
　　四、报损流程 320
　　五、盘点流程 322

第十二章　应急管理 325
　第一节　应急管理流程 325
　　一、消防应急管理流程 325
　　二、意外事故管理流程 325

三、停电应急管理流程 326
第二节　应急管理操作 326
　　一、门店消防应急方案 326
　　二、消防培训工作 328
　　三、安全月活动 328
　　四、消防设备的维修保养 329
　　五、停电应急管理规范 330
　　六、制冷设备的应急处理 332
参考文献 333

第一章 连锁企业员工培训工作

【学习目标】
1. 让员工明白培训的重要作用和意义；
2. 使员工对培训的内容和程序有一个整体的了解和认识。

第一节 员工培训管理

20世纪末，《财富》杂志曾预言，21世纪最为成功的企业将是那些基于学习型组织的企业，一些跨国公司也声称自己"唯一长久的竞争优势是比对手学习得更快"。因此，培训与开发工作关系到任何一个企业的可持续发展和长远发展，同时也关系到员工个人的可持续发展与长远发展。

在企业运转的每时每刻，企业都有可能要通过培训来使员工的能力与企业文化、职位要求相适应，如新员工入职、转岗、晋级、新业务上马、推行新的管理制度等情况。可以说，在企业的运行过程中，每当环境发生了变化，工作提出新要求，但员工的状态和能力又不能与之良好匹配的时候，就需要借助培训去弥补二者之间的差距。如果把企业比作一架庞大的机器，培训就像是大大小小的齿轮之间的润滑剂一样，使员工的技能和态度与企业发展要求相匹配、相适应，并产生足够的动力。

此外，培训是企业应对变革和战略发展的需要。随着各行各业外部环境的飞速变化，没有任何企业可以拿出一套成功的经验去应对现在和将来的所有挑战，一切应对方法还有赖于企业的广大员工在面对实际问题的过程中不断创造和实施。因此，企业需要不断地培训员工相关的专业知识、职业技能、工作态度，使他们的个人能力和素质跟得上环境变化的要求，增强企业的整体竞争力，保证企业的长期良性发展。

一、员工培训管理制度

（一）目的

为提高本公司员工的素质，以增进工作质量和绩效，促进员工与公司的共同发展，特制定本制度。

（二）适用范围

本公司全体员工的在岗培训与脱岗培训及其相关事项均依本制度。

（三）员工培训工作的指导原则

1. 专业技能培训与思想教育培训相结合的原则。对员工进行专业技能的培训，技能提高了，工作的效率、工作的质量就能得到保障，这是非常必要的，但绝不能忽略了思想教育这一方面。员工的价值观、思想意识均会影响到工作的态度和行为，尤其是对新员工更要灌输公司的宗旨、理念、纪律、制度，使其能适应企业文化并在团队中协调工作，尽快地融入到企业的团队中来。

2. 坚持理论联系实际的原则。培训工作不能搞"花架子"或装点门面的走过场，必须要明确学是为了用，是为了提高企业的基础能力，提高员工在生产经营中解决具体问题的能力。因此，培训的组织者要针对企业经营管理的需要来策划培训的内容和方式方法，使培训对企业的经营活动有实质性的效果。

3. 坚持目前需求与长远需求相结合的原则。培训组织者除了要注意企业目前经营工作中需要解决的问题，使培训工作做到为经营服务外，还应有超前意识，考虑到企业的发展和未来的需求，变被动的培训为主动的培训，这对企业的发展将会产生积极作用。通过培训使员工提高技术创新和革新的能力，随时迎接未来的挑战。

4. 须坚持培训与工作兼顾的原则。公司在安排员工培训时要注意安排好日常的经营管理工作，不得因培训影响经营活动的正常运转。在时间上要避开经营的高峰期，在培训项目的安排上，也要根据公司的能力做出妥善的安排。一个公司常常有多种培训项目，但各个培训项目不必要也不可能同时进行，要从公司的整体出发，综合考虑公司的培训任务及相关因素，做到统筹兼顾，分清轻重缓急，使培训工作与正常经营两不误。

5. 须坚持勤俭办培训的原则。正常情况下员工培训的经费投入与效果成正比，既投入越多成效也就越大。但企业的培训经费是有限的，这就需要培训组织者根据不同的培训项目对培训资金做出合理的安排。一方面培训费用支出要量力而行，另一方面应让每项培训都能有较好的收效，使所耗用的经费投入值得。

（四）工作职责划分

公司的培训工作由人力资源部统一组织，各职能部门和各分店主动配合，全体员工积极参与。成功的培训工作是公司各部门和全体员工共同努力的结果，扮演好自己的角色是每一个部门和员工的职责和义务。

1. 人力资源部

（1）培训制度的制定、完善与维护；

（2）统筹组织公司的培训工作；

（3）调查、评估公司的培训需求状况；
（4）培训计划的评审；
（5）规划公司的年度培训计划；
（6）共同性培训教材的开发；
（7）共同性培训课程的举办；
（8）培训实施情况的督导、追踪和考核；
（9）负责公司内部培训讲师的挑选、培训、认证和考核；
（10）负责外聘讲师的挑选、聘请、行程安排和评估；
（11）负责与外部培训机构的联络与洽谈工作；
（12）负责建立公司内、外培训师档案；
（13）负责建立、完善和维护员工的培训档案；
（14）各项培训计划费用的预算的拟定；
（15）其他。

2．各部门
（1）公司培训与开发政策在本部门的宣传与落实；
（2）部门年度与月度培训计划的制定：每月的25号交本部门下一月度的培训计划于人力资源部备档；
（3）专业培训教材的编写；
（4）专业培训课程的举办；
（5）部门内部讲师或助教人选的推荐与培养；
（6）跟踪本部门员工受训后的效果并做好纪录；
（7）协助人力资源部的培训与开发计划、实施与评估工作；
（8）其他。

3．培训教材的审核
各部门自行编写的内部专业培训教材，先交人力资源部审核，人力资源部审核通过后方可作为内部培训教材使用。内部专业培训教材由人力资源部和使用部门各保存一份。

（五）培训的组织工作
1．应加强培训工作的领导力度。总经理应亲自过问培训工作并给以工作上的支持。培训过程需要有组织的约束力，绝不允许出现故意以工作太忙为理由而不参加培训的情况，尤其是中高层管理者要带头做好。

2．要选择合格的培训师资。要根据每个培训项目的具体内容、目的、要求切实选择好教师。既具有某方面对口的专业知识，又具有丰富实践经验的教师，是搞好培训的关键。讲师可以从本公司内部选择，也可以从公司外部选聘。教师应对每个培训项目制定出教学纲要，确保教学质量。对"师带徒"式的教学，师傅同样要落实好"带"的计划。

3. 教材要准备充分、合理。教材一般由教师来确定，教材来源一般有四种：外部公开出售的教材、公司内部教材、培训公司开发的教材和教师自编的教材。不论何种资料，均要符合培训的目标要求，同时还应考虑到受训人的文化档次与接受能力。

4. 做好培训前的宣传引导工作。要使培训活动取得好的成效，还必须对受训者进行引导，使他们对培训产生积极性，成为自发的要求和自觉的行动。在每次培训活动之初，应使受训人员了解和明确培训的目的、要求、具体的内容和进行的程序，只有这样，才能共同努力，得以使培训的目的和要求实现。

5. 要选择合适的培训方法。公司可采用的培训方法很多，如案例分析法、讲授法、工作指导法、读书法等等。在实践中具体选用何种方法，培训组织者应科学、合理地把握。总之，培训的方法一定要能调动培训对象的积极性，要有助于培训目标的实现，要使学员所获得的知识、技能能够运用到实际中去。

6. 要加强对培训过程的监控管理。在教学过程中，培训管理者还要行使好监控职能，要注意观察，发现问题及时纠偏。要与教师进行沟通，了解实际教学内容、教学进度与培训方案是否相符。同时，还应与受训者及时交流，了解真实的反应，以确保教学质量。

7. 要加强对培训过程的事务管理。要保证培训活动顺利而有效进行，应抓好以下工作：

（1）培训地点的选择、布置方面的工作；
（2）每次培训活动时间上的具体安排和通知联络事宜；
（3）准备好教学用具；
（4）做好完整的培训工作记录；
（5）处理培训过程中发生的各种矛盾，协调与有关方面的关系；
（6）管理好培训的各种文件、教材、资料及各种工具、用具及设施等。

8. 要加强培训过程中的人员管理
（1）应做好受训人员的考勤管理；
（2）要尽力帮助受训者克服培训中遇到的各种困难，尤其是文化、能力相对低的人员；
（3）要了解受训者的思想状态，树立他们的自信心；
（4）尽量照顾不同层次受训者的实际能力，进行综合考虑，合理设计课程，进度要适当，学习时间要充足；
（5）抓好培训期间的纪律管理。

（六）培训需求分析

培训需求分析的目的是使培训更有针对性，提高培训与开发工作的效果。做好培训与开发需求分析，关键是两点：一是要找出问题的症结，并通过培训加以解决；二是要区分哪些问题是可以通过培训解决的，哪些问题是无法通过培训解决的。

1. 培训需求依据的来源

（1）据公司发展战略、经营目标和人力资源规划要求；
（2）绩效考核的结果；
（3）客户对于一线服务员的服务品质的期望；
（4）员工对于其专业知识和专业技能的提高的期望；
（5）部门主管对所属员工的期望的调查结果；
（6）部属对直接主管的期望的调查结果；
（7）其他。

2. 培训与开发需求分析方法

（1）观察法
（2）访谈法
（3）问卷调查法
（4）关键事件法
（5）绩效分析法
（6）重点团队分析法
（7）工作任务分析法
（8）经验预计法

（七）员工培训计划

1. 各部门年度培训计划的制定：每年年初各部门（分店）根据本部门年度工作目标的要求，结合本部门员工的能力水平及员工职业生涯规划的需要，由部门主管（部门最高管理者）制定本部门（分店）员工全年培训计划，于每年的12月1日集中交于人力资源部培训组。

2. 公司年度培训计划的制定：人力资源部应根据公司全年工作目标和经营发展的方向，结合各部门的年度培训计划及各部门的运行状况的分析，制定公司年度培训计划及分阶段实施进度表，并于12月30日上报总经理，经审批同意后执行。

3. 月度培训计划的制定：各部门根据本部门的实际情况做月度培训计划，于每月的20日提交本部门的下一月度培训计划于人力资源部培训组备档。

4. 公司年度员工培训计划的内容：首先，是培训的目标，是指希望达到的结果，在制定出总体目标后，还应该将总体目标分解成若干个分目标，并根据各个分目标的要求，制定若干个相应的培训项目，使员工培训的总目标分段化、具体化。

其次，是培训的内容，包括以下几个方面：

（1）培训的时间：包括培训的频率和培训的期间用时；

（2）培训地点的确定；

（3）培训人员的确定：包括培训讲师和培训的受训人员的确定；

（4）培训方法的确定：有在岗培训的方法，包括师带徒式、工作轮换、教练式、行动学习、参与会议式等；也有脱岗培训的方法，包括演讲法、案例研究法、角色扮演法、行为示范法等。

再者，是培训经费的预算：要根据培训的种类、内容、形式、方法等各方面的因素加以考虑，并按各不同的项目列出预算表。

另外，编制培训计划应加强调研，包括：

（1）要做好企业员工素质方面的普查，切实掌握员工思想与行为表现情况，以及文化、技术和管理等方面的现有水平；

（2）应对公司短、中期内的发展情况进行了解或进行预测；

（3）应对公司短、中期内对各种人员的需要数量进行预测；

（4）要了解员工个人对培训与发展的要求；

（5）要了解公司在培训方面的条件和能力，包括师资、培训资料和教材、培训设备和经费等。

最后，是培训计划的综合平衡，包括：

（1）应当做好员工培训与公司经营正常运转的平衡；

（2）应当做好公司的要求与受培训人的要求的协调平衡；

（3）应当做好员工培训工作的发展和培训投资的平衡。

（八）培训与开发计划的实施

培训与开发计划的实施主要就是落实前面所制定的培训与开发计划。

1．主办部门应根据计划，安排好培训活动之行政工作，如，培训场地的安排、教材的分发、教具的解调、通知讲师及受训者等。

2．各项培训实施时，受训学员应该签到，人力资源部应该确实了解上课、出席情况。

3．受训人员应准时出席，有事不能参加者应办理请假手续；

4．人力资源部应定期检查、追踪各项培训课程的进展情况。

5．各项培训课程结束时，应举行测验，由主办部门或讲师负责组织测试（采用现场技能测试或试卷答题的方法），测试方案或试卷由讲师于课程结束一星期内提交人力资源部。

6．各项培训之测验缺席者，事后一律补考，补考不及格者，视为培训不合格，需重新接受培训。

（九）培训有效性评估

为了使培训更有针对性，提高培训的有效性，同时也为下一次的培训活动的改善提供参考，每一次培训活动都应该进行评估。因此，要求培训主办部门和学员所在部门要对培训活动进行评估，学员所在部门有责任收集、纪录学员受训后的表现，学员本身亦有责任提供意见与建议。培训评估可以从以下四个方面评估：

1. 反应评估。主要评估受训者的满意度，如评估受训者对培训课程、培训教师、培训安排等的喜爱程度。

2. 学习评估。要评估的主要方面是：学习评估学到了什么知识？学到了或改进了哪些技能？哪些态度改变了？

3. 行为评估。行为评估更多地考虑到受训者在接受培训回到工作岗位后在工作表现上产生的变化。它实际上评估的是知识、技能、态度的迁移。

4. 结果评估。用来评估培训项目给企业带来了哪些变化。

（十）培训费用

1. 年度培训预算一般不得低于公司上年销售收入的0.06%。

2. 在制定年度计划时，由人力资源部分别确定各项培训所需的具体费用，并汇总为年度的培训预算。

3. 预算经与财务部门沟通协商后，人力资源部报总经理批准，并将培训计划和预算报公司财务部门备案。

4. 计划内的培训费用，由各主管经理批准开支，财务部门担负审核责任。人力资源部监督费用的使用方向和使用效果。

5. 内部有能力培训的课程，由内部培训师培训，以减少费用支出。

6. 外部培训的费用全额报销，包括各种学杂费、车旅费、住宿费等。

7. 脱产参加大学进修的员工，费用自理60%，公司补贴40%，同时可享受公司的贷款政策，但需与公司签定两年以上（含两年）的法律合约。

（十一）培训制度包含的具体方面

1. 培训服务制度

为了公司的发展，为了更好地培养那些有成就、有才华、有贡献的工作伙伴，公司会安排一些高质量的培训机会，一旦这种培训机会提供给您，公司将按照公平公正的原则与员工签订关于员工自愿接受培训的协议。如果签订协议，员工应该遵循协议的有关内容，在培训回来后，以自己的实际行动争取更好的表现，以证明自己的能力和公司对员工的期望、倚重和培训的正确。如果合同期未满，员工不能制造任何理由达到离职的目的，如果员工提出辞呈或由于员工自己的过错被公司解雇，公司将按照培训合同向员工追讨培训费。培训协议与聘用合同同样有效，当聘用合同的期限和培训协议的期限有差别时，以培训协议为准。

培训服务制度条款包括以下内容：

（1）员工正式参加培训前，根据个人和组织的需要，向部门经理和人力资源部提出申请（申请表附后）；

（2）在申请被批准后，根据需要履行的培训服务协议签订合约（合约附后）；

(3) 培训服务协约签订后方可参加培训。
培训服务协约条款包括以下内容：
① 参加培训的申请人；
② 参加培训的时间、地点、费用和形式等；
③ 参加培训后要达到的技术或能力水平；
④ 参加培训后要在企业服务的时间和岗位；
⑤ 参加培训后如果出现违约的补偿；
⑥ 参加人与培训批准人的有效法律签署。

2. 入职培训制度

入职培训是针对新进员工所组织的培训，也叫适应性培训，所进行的培训时间应该根据员工的素质条件决定，一般3~5天。

普通员工的入职培训由人力资源部和各部门共同完成，企业基本教育和基本知识与基本技能的培训由人力资源部负责；专业知识和专业技能的培训由用人部门负责；由人力资源部完成的新员工入职培训于每月的月中和月底集中两次进行，每月15号之前进入公司的新员工的入职培训于月中培训，每月15号之后进入公司的新员工的入职培训于月底进行培训。当然，特殊情况亦可特殊处理；新员工进入公司后的专业知识与专业技能的培训自新员工进入公司的第一天就应该进行，每一位新员工进入公司后用人部门都要为其配备一名老员工，作为这名新员工的指导老师，公司称这名老员工为"帮带"，新员工的专业知识和专业技能的培训将由这名"帮带"和新员工的直接上级负责，新员工进入公司一个月后人力资源部将会组织对新员工的专业知识和专业技能进行考核，新员工的直接上级对考核结果负直接责任。

进入公司培训的内容包括：
(1) 公司概况、发展历史和今后的愿望；
(2) 公司的管理模式、组织结构、高层领导人物及情况介绍；
(3) 企业文化、公司章程、团队精神、各种规章制度、工作程序、纪律要求；
(4) 公司的营业情况、业务方面的知识。

培训方式：
(1) 举办专题报告会；
(2) 提供有关制度文本、有关文件资料，由个人自行阅读；
(3) 播放有关的录像或视听资料；
(4) 组织员工到公司卖场参观学习；
(5) 组织有关活动训练，纪律、制度等方面的知识考试检查。

需注意的方法：
应根据培训的对象来决定培训的内容、重点和方法。如应届毕业生及没有工作经历的人员应重点放在基础知识方面；对于有一定工作经历和工作经验者，应重点放在本公司的企业文化、工作程序等方面，消除其在以往工作经历中消极的经验影响；如果是进入公司将担任重要岗位的人才，培训工作应尽量由公司高层管理者来进行。

特殊情况下不能参加入职培训的解决措施：

如遇有特殊情况使得新进人员不能在上岗或入职之前接受公司统一安排的培训，那么可视时间安排稍为推后，原则上进公司一个月内必须接受完基础教育培训内容。

3．在职培训制度

这是对已经上岗工作的员工，根据其所从事的工作专业技能所进行的经常性培训，也称岗位技能培训，目的是不断提高员工与具体工作的相融性，提高工作绩效。

在职培训内容要因人而异，首先可通过观察法、访谈法、问卷调查法、关键事件法、重点团队分析法、绩效评估分析等方法找出员工个人工作绩效不佳的原因，包括知识、技能的不足，态度的欠缺，对工作程序、方法、指令的误解等，进而确定培训的具体内容。

在职培训的方式，可根据公司的条件采取多种方式，如专题讲座、实例研讨、学术交流、示范教学等。

岗位技能培训是经常性的工作，只要企业经营活动在运行，这种培训活动就不会完结，公司可根据一定的目标来划分培训阶段，确定培训层次。在培训的时间安排方面可灵活些，不必规定固定集中的时间，只要发现不足，随时可以组织培训。

4．转岗培训制度

这是针对员工因工作需要从原岗位转换到新岗位时所进行的培训活动，也可称作职业转换活动。其目的是尽快地掌握新的工作技能，以适应新的工作环境。

转岗培训有主动式转岗培训和被动式转岗培训。前者是公司根据对岗位设置变化的预测，提前对需要转岗的人员进行转岗培训；后者是在人员已经从原岗位转换到新岗位之后，被动地对一些人员进行转岗培训。

在当今激烈的市场竞争形势下，企业的经营活动，常常会因外部环境的变化而进行调整，所以岗位转换日益频繁，企业对以上的两种类型的培训均要做出相应的策划与安排，为了尽快达到培训目标，必要时可借助公司外部的培训力量，以提高培训的效率。

主动式转岗培训由于在时间上提前期，可采用脱产、半脱产或不脱产而用业余时间进行培训；被动式转岗培训，由于时间有限，只能将培训强度加大，最好采用全脱产方式进行。

5．培训考核评估制度

培训考核评估制度主要包括以下内容：

（1）各部门、门店可对培训课程内容、培训效果、实施等方面进行评估，以便人力资源部做出最适用的培训计划。

（2）参加培训的人员，如有公务不能参加，须向主管领导请假，并报人力资源部。无故迟到、早退、旷课者按《考勤管理制度》处理。

（3）在职培训考核不合格者，给予一次补考机会，若补考仍不合格者，再给予一次补考机会且当月岗位工资降一级，并记入档案，若再不合格者予以调岗或降职处理，待考核合格后再重新安排岗位。

（4）员工晋升、任职前均需通过任职资格考评，成绩不合格者不得任职或晋升。

（5）所有培训资料必须交人力资源部培训组存档，包括签到表、培训评估表、咨询表、培训讲义及 PPT、培训总结及其他与培训有关的资料。

考核的程序：

（1）被考核评估的对象。员工的培训不仅仅是人力资源部的工作，更是每一位管理者和员工的责任和任务，因此员工的培训工作的被考核对象有员工本人、员工的直接上司和人力资源部。

（2）考核评估的执行程序。员工培训的考核工作由人力资源部统一组织实施，各部门和各门店协助进行，由人力资源部对受训者进行考核。

（3）考核的主要方式。考核主要采取笔试、面试和现场操作三种方式，可以单独使用，也可以联合使用。知识性考核一般采用笔试方式，技能性考核一般采用现场操作方式。

（4）考核的评分标准。考核成绩分为优、良、合格、不合格四个等次。

（5）考核结果的备案。人力资源部为每一个员工建立培训档案，每一次正式的培训都应该记入培训档案。培训档案还应包括各人的文化、技术、能力等方面的资料。

（6）考核结果的使用。员工培训成绩与员工薪酬和升迁挂钩。

6. 内部讲师管理制度

建立内部讲师管理制度的目的是，充分利用公司内部人力资源，内部讲师以身传教，结合公司实际，更能把管理和技术理论与公司实际情况相结合，有效地提升学习与培训的效果。同时，可以节约公司的培训费用。

人力资源部部作为公司内部讲师的归口管理部门，负责讲师的等级聘定、评审、制订课程计划及日常管理。

对内部讲师工作职责的要求：

（1）参与课程的前期培训需求调研，开发设计课程有关的资料，如培训标准教材、辅助材料、案例及游戏、演示文档、试卷及标准答案等，并定期改进以上资料。

（2）参与考后阅卷工作、后期培训跟进及协助课程组织工作。

（3）对其他讲师的授课技巧、方法、案例、课程内容等提出改进建议。

（4）协助人力资源部完善内部课程体系。

内部讲师的基本条件：

（1）在课程涉及的专业方面有较高的专业知识或较丰富的经验。

（2）能在不影响工作的前提下完成授课，利用业余时间制作教材、案例、测试题及其他课程资料，并积极配合内部培训工作的开展。

（3）有认真负责的工作态度和高度的敬业精神，学习能力强，乐于分享，认同公司企业文化。

（4）形象良好，有很好的语言表达能力。

（5）熟练使用 OFFICE、POWERPOINT 等文字图表工具，具备编写教材、测试题的能力。

（6）接受过相应的讲师授课技巧培训。

担任公司内部讲师，必须具备下列条件之一：

（1）总部或店长以上管理人员；

（2）本科（含）以上学历，2年（含）以上相关工作经验；

（3）专科学历，3年（含）以上相关工作经验；

（4）中专、高中以上学历，4年（含）以上相关工作经验；

（5）已取得相关训练机构的专业讲师认证，经公司人事行政部审核同意者。

内部讲师级别：

内部讲师分初、中、高讲师三个级别，内部讲师统一从初级开始逐级升级，升级需通过内部讲师资格评审。见表1-1。

表1-1 内部讲师授课时数表

级别	初级讲师	中级讲师	高级讲师
申请下一等级的最低有效授课时数	24	48	/

所授课程范围：

内部讲师所授课程的范围为人力资源部公布的年度培训计划中各项课程。正式授课前讲师应通过资格评审及试讲。

内部讲师的奖励：

（1）内部讲师的授课可享受授课费或带薪调休等奖励方式。

（2）授课费标准及发放：内部讲师按如下标准付费:发放授课费的课程必须为人力资源部统一安排并经行政人力资源部考核合格的课程，以现金形式发放，发放时间为课程后期跟踪、总结完成后1个月内。由人力资源部负责统一申报与支付，填写《培训费用支出申请表》，见表1-2。

表1-2 培训费用支出申请表

级别	初级讲师	中级讲师	高级讲师
授课费标准（元/小时）	30	50	80

以下情况不属于发放授课费的范畴，对于无法界定是否发放讲师费的课程，统一由人力资源部最后界定：

（1）公司、部门会议；

（2）管理层、部门经理等对下辖部门及本部门人员开展的例行的分享、交流；

（3）试讲、其他非正式授课；

（4）工作职责要求的授课。在某一知识、经验方面较丰富或有浓厚的兴趣，和员工一起分享、交流意见。

带薪调休时间不超过同等授课时间，发挥投入后调休假期以年为周期，当年有效。具体相应休假的规定参照公司有关规定。享受带薪调休后不再发放授课费。

其他因授课需要的物品，经人力资源部审批后提前购买：

（1）课程道具、小礼品等，未使用完的交人力资源部存放；

（2）开发课程需要的资料，所有权归公司。

内部讲师资格评审及试讲：

申请人需经过相应级别的资格评审才可成为该级别的内部讲师，进入下一个级别应在授满规定的有效授课时数后申请，需通过资格评审。有效时数指经人力资源部登记且考核为合格的课程授课时数。

评审程序：

（1）个人或部门推荐，申请人填写《内部讲师推荐表》，已具备讲师资格申请升级的填写《内部讲师升级评聘表》，注明申报级别及授课方向，报部门经理及主管领导签字，报人力资源部审核；

（2）人力资源部安排符合要求的申请人员试讲，时间不低于1小时，由内部讲师代表、学员代表及相关人员参与评审，提出改进意见，试讲采用投票制，半数以上评审人员均认为合格则通过试讲评审；

（3）申请初级讲师时，已在公司内部有多次授课经验的人员可申请免去评审程序。

评审结果由人力资源部统一对获得内部讲师资格的人员发放聘书，聘书一年有效，并在公司内部公布内部讲师名单。

内部讲师每开发一门新课，或首次讲授某门课程之前均须试讲，由人力资源部组织试讲。如试讲内容与资格评审时试讲内容相同，则可免去试讲。

日常授课管理规定：

人力资源部统一计划与安排内部讲师的授课，抽查、评估与跟踪内部讲师的授课情况。

内部讲师应严格按培训规范操作流程开展授课，同时课程需有相应记录，包括培训前需求调研文档、《考勤表》、《成绩考核表》、《培训学员意见调查表》等课程相应的记录、表格，作为考核讲师的标准之一。

内部讲师的义务：
（1）讲师需负责编辑和修订所授课程的教材、测验题等相关资料并批改试卷。
（2）讲师需积极配合教育培训授课调度及课程内容的调整，若因工作或个人因素无法依原定计划授课时，应于接到授课通知后尽快回复人力资源部并说明原因，以便另行安排讲师或重定时间。
（3）讲师需依据学员课后评定的意见，以谦虚的治学态度作持续的教学改进。
（4）讲师需积极参加人力资源部为提升讲师授课技巧组织的培训课程。
（5）公司支付讲师费的同时，即取得使用讲师讲授课程的教案、讲义及相关资料的权利，讲师不得拒绝交付其所编订的教学资料。

内部讲师若有以下情形的，取消其内部讲师资格：
（1）授课当中对公司作不当或不实的言论，或严重人身攻击者；
（2）以作弊方式取得讲师资格或泄露教育训练测验题目者；
（3）经常性无故不履行授课义务者；
（4）人力资源部对讲师的年度授课绩效进行年终综合考核，对考核结果不合格或者受到学员两次以上重大投诉的讲师，将取消其讲师资格。

内部讲师的培养：
内部讲师采用培训、分享、外出、参观学习等多种方式进行培养。
内部讲师应接受以下培训课程并通过考核：
（1）内部培训基础（学习原理、成人学习特点、讲课技巧等）；
（2）规范的教材设计与制作（编写教材、案例、试卷等）；

内部讲师可旁听公司所有培训课程，优先参加公司内与本职工作相关的各项培训。

如有必要，可申请参加与自身授课内容相同的外出培训，但必须签订《培训合同》。

人力资源部将每半年组织一次全体讲师的经验分享与交流，并聘请资深人员或外部专家指导、培训。

（十二）特别说明

管理者的一个最重要的职责之一，同时也是衡量一个管理者是否合格的重要标志之一就是管理者是否能够培养出一个合格的、优秀的工作团队，能否使在他部门工作的工作伙伴能力得到提高。因此，能够配合公司和主动做好自己部门的培训工作，从而提高自己部门员工素质的管理者是一个优秀的管理者，是公司的宝贵财富。

当今社会是一个知识型社会，员工亦有责任主动配合公司的培训工作，同时也有责任主动持续地进行学习。一个不断学习，不断提高自己的业务技能和改善自己工作态度的员工同样是一个优秀的员工，是公司的宝贵财富。这样的员工不仅是公司的财富，走出公司也同样是一个受社会欢迎、受其他企业欢迎的人才。

培训工作是关系到公司是否能够持续发展的大计，因此公司的其他职能部门亦对培训工作负有不可推卸的责任，应全力协助公司做好培训工作。

二、员工培训管理工作流程

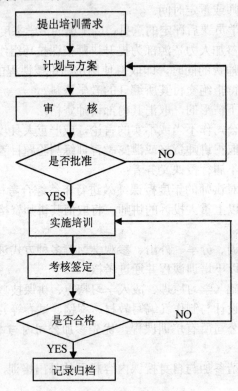

图 1-1　员工培训管理工作流程图

三、员工培训管理表格

（一）培训签到表，见表 1-3。

表 1-3　培训签到表

培训时间					
培训地点					
培训内容					
讲师					
编号	店名	部门	职位	姓名	签到时间

（续表）

	1						
	2						
	3						
	4						
	5						
	6						
	7						

（二）员工培训档案，见表1-4。

表1-4　员工培训档案

编号：　　　　　　　　　　　　　　　　　　　制表部门：

姓名		性别		出生年月		职位	
学历		专业		所属部门		身份证号码	
培训情况记录							
培训时间	时数	培训内容		培训机构	备注（如参加外部培训是否取得证书等）		

（三）员工培训计划表，见表1-5。

表1-5　员工培训计划表

年度（月度）：　　　　　　　　　　　　　　　　　制表部门：

培训对象			培训名称（内容）	培训期间	师资来源	培训形式	备注
姓名	部门	职位					

（四）培训授课内容效果调查表

培训评估问卷表

培训课程名称：＿＿＿＿＿＿＿　　　　　　　主办部门：＿＿＿＿＿

培训时间：_____　　　　　　培训讲师：_____

说明：请告诉我们您对这次培训的看法。您的评价将帮助我们改进这个培训。您可以不写名字作无记名的答复，希望您真实、客观地发表意见。

谢谢您的配合。

1. 对本次培训活动的总体评价（内容、资料、讲师、接受程度、板书或投影、讨论、环境、服务、收获等）（　　）

　A. 非常好　　　B. 较好　　　C. 一般　　　D. 较差　　　E. 很差

请简单说明您这样认为的理由：
_____
_____

2. 总的来说，您觉得这次培训是否达到了您的预期目的（　　）

　A. 非常好地达到了预期目的　　　　B. 较好地达到了预期目的
　C. 一般　　　　D. 较差　　　　E. 一点也没有达到

请简单说明您这样认为的理由：
_____
_____

3. 总的来说，您对于培训讲师的评价（　　）

　A. 非常好　　　B. 较好　　　C. 一般　　　D. 较差　　　E. 很差

请根据表 1-6 对其进行评价。

表 1-6　课堂效果评价表

	非常好	较好	一般	较差	非常差
陈述培训目标和培训					
调动课堂气氛，保持学员学习兴趣					
与学员的沟通					
演讲技巧					
内容是否充实					
使用辅助设备（投影仪、板书等）					
态度（是否友好、帮助学员等）					
讲师课前准备（是否充分等）					

4. 总的来说，您觉得这次培训的时间安排（是否适当、是否充分等）（　　）

　A. 非常好　　　B. 较好　　　C. 一般　　　D. 较差　　　E. 很差

请简单说明您这样认为的理由：
_____
_____

5．总的来说，您觉得这次培训的内容（　　）
A．非常好　　　B．较好　　　C．一般　　　D．较差　　　E．很差
请根据表 1-7 对其进行评价。

表 1-7　培训效果评价表

	非常同意	很同意	同意	勉强同意	不同意
培训中涉及的内容和我的工作有关					
我能够应用培训中的资料到工作中去					
培训讲义对我有帮助					
培训材料印刷很清晰					

6．您觉得与上次培训相比，此次培训是否有所改进？（　　）
A．非常好，进步明显　　　B．较好，有改进　　　C．一般，略有改进
D．较差，原地踏步　　　E．很差，退步
您觉得在哪些方面应该有改进？请简单说明您这样认为的理由：
_____
_____

7．参加此次培训，您感到有哪些收获
A．获得适用的新知识
B．可以用在工作上的一些有效的研究技巧及技术
C．将帮助我改变我的工作态度
D．帮助我印证了某些观念
E．给我一个很好的机会，客观地观察我自己以及我的工作
其他：
_____

8．您最感兴趣的地方是：
①_____
②_____
③_____

9．您认为需要改进的工作有哪些：
①_____
②_____

③_____

10. 其他建议事项：
   ① _____
   ② _____
   ③ _____

（五）员工培训个人总结报告书

表1-8　个人总结报告书

报告人员		所属单位	
培训日期		培训方式	
我所体会到的学习要点：			
此课程给我的启示：			
结合公司存在的实际问题，谈谈自己的看法和建议：			
有何请求帮助：			

（六）学习与培训心得报告

表1-9　心得报告

姓　　名		部门		职位	
培训课程				培训时间	
讲　　师				培训地点	
心得报告要求		1．字迹端正，字数在1000字以上。 2．内容包括： （1）此次培训课程的主要内容有哪些？ （2）您通过此次课程的学习，有哪些收获？ （3）结合自己或自己所在部门存在的问题，您有哪些看法和建议。 3．一式两份，一份交给人力资源部，一份交给所在部门，以便考核参考。			
心得报告内容					

（七）个人外部培训申请表

表1-10　外培申请表

姓名		工号		部门		职位	
受训机构				受训课程			
备　　注							
我个人希望参加上项机构所举办的训练，训练课程细目如下，所需经费希由公司负担，此项训练能够增加我未来的工作效率，其中课程训练时间，如有任何改变，我必得依照公司规则通知有关部门。受训练期间个人如触犯任何公司训练规则，愿意由公司扣除本人工资以抵缴公司代付的学费。							

(续表)

课程内容	名　　称	日　期　起	日　期　止	学　　费

部门审核	人力资源部审核	财务部门审核	总经理审核
签名：	签名：	签名：	签名：

（八）连锁门店培训合约书

×××连锁超市（以下简称甲方）与＿＿＿＿＿＿先生/小姐（以下简称乙方）本着公平公正的原则经过协商，甲方同意乙方参加＿＿＿＿＿＿＿＿＿＿（××培训）。为此，甲、乙双方同意订立下列条款，以兹共同遵守。

第一条：培训（学习）期间

本培训期间自＿＿＿年＿＿＿月＿＿＿日起至＿＿＿年＿＿＿月＿＿＿日止。

第二条：培训地点及培训机构

本培训班之培训地点是＿＿＿＿＿＿＿＿＿＿＿＿＿＿＿＿＿培训机构是＿＿＿＿＿＿＿＿＿＿。

第三条：培训费用

乙方参加本培训班所需之培训费用（含膳宿），由甲方补助乙方＿＿＿＿＿元，其余不足费用由乙方支付。

第四条：服务承诺

乙方承诺培训（学习）结束后，同意回到甲方继续为甲方服务，并担当岗位，并承诺至少为甲方服务＿＿＿＿＿年/月。

第五条：违约处理

一、若遇下列事项之一发生时，乙方必须无条件赔偿甲方对其补助之经费成本总额（培训费、膳宿费等）的违约金：

（一）乙方于接受培训（学习）后未至甲方服务；

（二）乙方接受培训（学习）后至甲方服务，但未满＿＿＿＿＿＿年/月即自行离职或因违反甲方工作规范遭甲方解雇。

（三）乙方不经预告甲方而中途退出培训（学习），乙方中途退出培训（学习）未得到甲方的同意。

第六条：保密义务

乙方了解于培训期间所接触、知悉、持有属于甲方所有与经营、管理等相关之文件资料及电脑档案等，无论是否载有"机密"、"限阅"或其他同义字，皆属甲方之机密资料，非经甲方同意，不得泄漏或任意使用之。如乙方违反本保密义务致甲方受有任何损害，乙方保证负担全部之赔偿责任。

第七条：知识的分享

乙方接受培训（学习）回到甲方后，有义务将自己所学习的知识和技能与公司同仁分享，不能以任何理由拒绝公司安排的知识分享会。

第八条：生效与修订

本合约书自甲、乙双方签约之日起生效。本合约书若有未尽事宜，得经双方同意以书面修订之。

第九条：合约份数

本合约书一式两份，由甲乙双方各执一份为凭。

立合约书人

甲　方：×××连锁超市　　　　　　　　　　　（签章）

代表人：

地　址：

乙　方：　　　　　　　　　　　　　　　　　　（签章）

身份证号码：

地　址：

联络电话：

年　　　月　　　日

（九）内部讲师推荐表

表1-11　内部讲师推荐表

公司		姓名		性别	
职务		学历		拟授课主题	
特长描述					
授课经历					
工作经历					
参加培训经历					
个人自荐理由					
部门经理意见		主管领导意见			
人力资源部意见					
总经理意见					

（十）内部讲师培训费用申请表

表1-12　内部讲师培训费用申请表

日期：　　年　　月　　日

部门	姓名	培训课程	课时	费用标准（元/小时）	授课费	讲师签收

备注：附各培训课程的通知、总结及必要信息

填报人：＿＿＿＿＿　　　审核人：＿＿＿＿＿　　　批准人：＿＿＿＿＿

第二节 新员工培训

一、新员工入职培训的意义

（一）新员工入职培训的目的（从公司的角度来说）

1. 减少新员工的压力和焦虑
2. 帮助新员工学习组织的文化
3. 帮助新员工适应企业的规章制度
4. 帮助新员工适应工作群体
5. 鼓励新员工形成积极的工作态度
6. 降低员工流动
7. 为组织获得优秀的、忠诚的员工打基础

（二）新员工的期望（从员工的角度来说）

一般来说，新招进来的员工在进门伊始往往对组织报有以下三种主要期望：

1. 希望获得对自己应有的欢迎与尊重。刚刚进入一个陌生的组织的员工，往往对组织和老员工对自己的态度和礼遇十分敏感，特别期望得到组织领导、自己工作的直接主管和同事的认可、接受和重视，担心被别人轻视和忽略。这方面期望的实现状况不仅关系到新员工个人的基本需求的满足程度，而且还会波及到他们对组织的总体认识和推断，影响到他们个人在组织中的定位及组织归属感的建立和巩固。

2. 希望获得对组织环境和工作职务相关情况的了解。新员工迫切想知道自己所加入组织的历史、性质、价值观、规章制度与行为规范；组织部门与人员状况；减少对工作和人员的陌生感，增加认同感和自信感。

3. 希望获知在组织中的发展与成功机会。发展与成功机会是一个人加入一个组织所追求的重要目标之一，也是高层次的需求，这方面信息缺乏和路径不明时，新员工会因为"心里无底"而容易被焦虑和犹疑的情绪所困扰；这方面的期望得到满足，明确了发展提高，崭露头角的机会时，新员式会增加方向感和主观能动性。

二、新员工入职培训的内容

新员工入职培训应该告诉新员式哪些信息？如何告诉他们？这是新员工入职培训的"纲"。新员工入职培训的内容主要有以下几个方面，见表1-13。

表 1-13　新员工培训课程表设置

课程	教 学 要 点	课时	师资来源
公司简介	1.公司发展史、组织架构 2.公司理念、经营战略、核心竞争力	1小时	人力资源部、门店店长
职业道德	1.职业道德、劳动纪律 2.员工行为准则	2小时	人力资源部、门店店长
人事管理制度	1.人事管理制度、考勤制度 2.奖惩办法、合理化建议管理制度	2小时	人力资源部、门店店长
服务礼仪与服务技巧	1.服务行业礼貌礼节规范 2.服务姿态、服务礼貌语言的运用	2小时	门店店长、主管、人力资源部
行业知识及相关术语	1.超市行业知识 2.行业术语介绍	1小时	门店店长、主管、人力资源部
商品陈列	1.商品陈列原则及方法 2.商品组合常识、技巧、安全事项	2小时	店长、门店主管
顾客投诉的处理	1.顾客投诉的处理方法、消费者九大权益 2.引起顾客投诉的原因	2小时	门店店长、主管、人力资源部
防损与安全工作规范	1.发生损耗的原因、损耗的控制 2.全员防损的推广 3.安全与防范	2小时	店长、防损主管
盘点作业	1.日盘点、季盘点 2.盘点作业流程	1小时	店长、门店主管
设备常识	1.门店常用设备的使用和保养 2.工作中的注意及安全事项	1小时	门店主管、防损主管
专业知识培训根据人数时间而定			
收银员培训	1.收银员工作制度 2.收银员工作指南 3.装袋原则 4.收银工作相关注意事项 5.真假钞的识别 6.收银机的使用、维护、保养 7.模拟练习	7小时	收银主管 门店出纳、店长、
防损员培训	1.防损员工作制度 2.卖场损耗控制 3.卖场防盗管理 4.卖场安全管理	7小时	门店店长、防损主管

三、新员工入职培训的组织实施

新员工入公司培训的组织工作由人力资源部负责,各门店和各部门协助。具体如下:

1. 培训教材的开发和培训工具、场所的准备。
2. 培训过程管理(如签到、培训过程中的组织纪律、培训的文书工作)。
3. 培训考核。新员工培训完毕必须进行考核,考核合格方能上岗。
4. 培训评估。人力资源部对新员工培训工作进行评估,检查培训工作的有效性。
5. 奖励。对入职培训中表现优异的新员工进行奖励。

四、新员工入职培训中应注意的问题

1. 在培训的初期阶段应尽量只介绍重要的信息(防止短期时间里介绍大量的信息造成信息超载,给新员工造成过大压力)。
2. 尽量提供书面材料以便受培训者课后复习,尤其是对于重要的主题,如公司使命和工作规则等。
3. 分期分阶段进行培训,使各项培训之间有时间上的缓冲。
4. 进行新员工跟踪以确保他们完全理解主要的培训内容并回答新员工提出的问题。
5. 入职培训应帮助新员工尽快安顿下来。安居才能乐业,当住宿等生活问题没有得到良好的安置之前,新员工是无法专心工作的。
6. 应该逐渐给新员工介绍给即将与其共事的同事,而不是在第一天就一股脑儿介绍所有的同事给新员工认识。
7. 应尽量使培训方式灵活多样,调动员工的积极性,让新员工参与到培训中去,而不仅仅是单向的沟通。

五、新员工入职培训中主管的角色功能

有效入职培训的关键要素之一是新员工与其直接上级主管,同事以及组织成员之间频繁的互动,这一阶段的互动越频繁,新员工的社会化进程越快。有研究表明:新员工认为与同事,直接上级管理以及高级同事之间的互动对他们的帮助最大,而且,这种互动与新员工往后的态度(如工作满意度,组织忠诚度,离职倾向)直接相关。

1. 直接主管。直接主管在新员工培训过程中既是信息的来源又是新员工的向导。直接主管可借助于向新员工提供实际信息,清晰而现实的绩效期望,强调员

工在组织内取得成功的可能性来帮助新员工克服焦虑。除此以外，直接主管还可以通过鼓励同事接纳新员工来帮助他们，还可以精心为每一位新员工安排一位伙伴帮助他们适应工作环境。

直接主管其他重要的引导功能还包括：
（1）提供集体的工作培训；
（2）暂缓安排新员工工作小组以外的任务以使其有时间进行工作方面的学习；
（3）分派具有挑战性的首次任务（但应该选择好合适的时间，不能操之过急）；
（4）进行及时的、有建设性的绩效评估；
（5）利用新员工到来之机，重新分配工作任务或进行工作的再设计以提高员工对工作系统的满意度。

值得一提的是，为了让直接主管能有效地履行其入职培训的职责，对他们进行培训是必要的。通过培训，使他们对整个入职培训体系及背后深刻的逻辑，他们自己的角色，如何有效地发挥他们的作用都有清晰的认识。

2. 同事。组织的新成员把同事之间的互动看作在他们组织社会化过程中极其有帮助的活动，因为，通过此，他们可以获得支持、信息和培训。此外，同事的帮助有助于他们了解工作小组和组织的规范。

协助新员工与同事之间的互动的一种方法是建立伙伴制度，即老员工的配对帮助制度。被指派帮助新员工的同事应该获得相关的材料和培训以便帮助他们完成其职责。

3. 人力资源部工作人员。在整个入职培训中，人力资源管理人员的主要职责是设计并监控入职培训项目。具体来说，他们的职责包括指定或猎取各种材料（比如员工手册、组织结构图、职务说明书等），实施培训，设计并进行评估研究。

人力资源管理人员还应扮演激励各管理层积极参与和支持入职培训项目的角色，建立行动委员会并努力让关键管理者们自始自终积极参与（如与新员工见面，进行具体的工作培训），另外，人力资源管理人员还应采取措施（如对新员工和其直接上级进行言谈和问卷调查）以确保培训项目按计划并有效地进行。

值得强调的是，在新员工的组织社会化过程中，第一印象尤其重要，新员工常常牢记入职的第一天达数年之久。因此，入职培训第一天必须精心组织。

新员工培训不是一项可有可无的活动，而是一项必不可少的任务，做好了新员工入职培训，企业获得忠诚的、优秀的员工的可能性将大大提高，新员工入职培训既有利于企业又有利于员工，是一个双赢的选择。

第三节 门店培训总纲

表1-14 门店培训总纲全表

门店培训总纲

类别	课题	培训对象					适用部门							备注
		全部	促销员	员工	助理	主管	全部	营运	采购	电脑	企划	行政人事	财务	
基础教育	公司概况	√					√							新员工
	企业形象及理念	√					√							新员工
	公司各部结构及职能	√					√							新员工
	员工手册	√					√							新员工
	公司重要制度	√					√							新员工
	办公及卖场环境要求	√					√							新员工
	礼仪仪表	√					√							新员工
	顾客服务基本要求	√					√							新员工
	职业道德教育	√					√							新员工
	超市基础知识	√					√							新员工
	行业法规	√					√							新员工
	三防安全及紧急事件处理	√					√							新员工
	沟通技巧	√					√							新员工
	职业规划	√					√							新员工
	团队教育	√					√							新员工
专业教育	各部岗位职责	√					√							相应岗位
	各部作业流程	√					√							相应岗位
通用技能	目标分解													全部
	会议管理													经理
	授权技巧													经理
	沟通技巧													全部
	冲突处理													全部
	时间管理													全部
采购营运	商品基础知识		√					√	√					
	商品分类		√	√				√	√					
营运采购	商品组织配置政策					√		√	√					
	价格政策及定价方法					√		√	√			√		
	商品变价管理				√	√		√	√			√		

(续表)

门店培训总纲

类别	课题	培训对象					适用部门							备注
		全部	促销员	员工	助理	主管	全部	营运	采购	电脑	企划	行政人事	财务	
营运采购	商品质量管理			√	√	√		√	√					
	商品库存管理			√	√	√		√	√					
	商品损耗管理			√	√	√		√	√					
	商品配送及调拨				√	√		√	√					
	毛利政策与控制					√		√	√				√	
	市场调查				√	√		√	√		√			
	商品促销				√	√		√	√		√		√	
	会员管理				√	√		√	√	√			√	
采购中心	新商品开发			√	√	√			√					
	商品淘汰			√	√	√			√					
	供应商评估与选择				√	√			√					
	新供应商引进				√	√			√					
	合同及商品资料管理				√	√			√					
	供应商淘汰				√	√			√					
	供应商促销管理			√	√	√			√				√	
	供应商费用收取政策				√	√			√				√	
	供应商结算政策				√	√			√				√	
	谈判策略与技巧				√	√			√					
	现金采购作业			√	√	√			√				√	
门店管理	门店组织结构	√					√							
	店面环境卫生管理	√						√						
	卖场价格标识	√						√						
	商品陈列	√						√						
	库存区管理	√						√						
	订货作业	√						√						
	补货理货作业	√						√						
	收货作业			√	√	√		√						
门店管理	退货换货作业	√						√						
	商品报损作业			√	√	√		√						

（续表）

类别	课题	培训对象				适用部门						备注
		全部	促销员	员工	助理	主管	全部	营运	采购	电脑	企划	行政人事	财务	
门店管理	商品盘点	✓						✓						
	供应商退场	✓						✓						
	导购技巧	✓						✓						
	促销员守则		✓					✓						
	顾客服务	✓						✓						
	客诉处理	✓						✓						
	收银作业			✓	✓	✓		✓						收银部
	卖场工具/设备使用	✓						✓						
	卖场防损	✓						✓						
	赠品管理	✓						✓						
	耗材管理	✓						✓						
	大宗批发作业				✓	✓		✓						
	员工购物	✓						✓						
	工作排班				✓	✓		✓						
	离岗管理	✓						✓						
企划部	POP作业			✓	✓	✓		✓			✓			
	促销活动策划			✓	✓	✓		✓	✓		✓			
	门店气氛布置			✓	✓	✓		✓			✓			
	快讯作业			✓	✓	✓		✓	✓	✓	✓			
	企业VI及应用			✓	✓	✓					✓			
	媒体/户外广告作业			✓	✓	✓					✓			
信息部	电脑及网络基础知识			✓	✓	✓	✓							营运部文员及助理以上
信息部	操作系统及常用软件			✓	✓	✓	✓							
	公司办公网络			✓	✓	✓	✓							
	后台系统			✓	✓	✓								
	前台收银系统			✓	✓	✓		✓		✓				收银员
	外设使用与维护			✓	✓	✓				✓				
	电子称使用与维护			✓	✓	✓		✓		✓				生鲜员工

(续表)

门店培训总纲

类别	课题	培训对象				适用部门							备注
		全部	促销员	员工	助理	主管	全部	营运	采购	电脑	企划	行政人事	财务	
信息部	软硬件故障及处理			✓	✓	✓				✓				
	其他电子设备的使用及维护			✓	✓	✓		✓		✓				相关使用人员
	系统收货作业			✓	✓	✓				✓				
	系统退货作业			✓	✓	✓				✓				
	系统商品调拨作业			✓	✓	✓				✓				
	系统商品报损作业			✓	✓	✓				✓				
	系统商品领用作业			✓	✓	✓				✓				
	系统商品组合/拆分作业			✓	✓	✓				✓				
	系统价格牌/条码打印作业			✓	✓	✓				✓				
	系统调价作业			✓	✓	✓				✓				
	系统商品资料变价作业			✓	✓	✓				✓				
	系统库存调整作业			✓	✓	✓				✓				
	系统促销作业			✓	✓	✓				✓				
	系统会员卡作业			✓	✓	✓				✓				
	系统储值卡作业			✓	✓	✓							✓	
	数据管理			✓	✓	✓				✓				
	系统换购/赠送商品作业			✓	✓	✓				✓				
	系统商品编码规范			✓	✓	✓		✓	✓	✓				
	系统供应商编码规范			✓	✓	✓			✓	✓				
	系统专柜编码规范			✓	✓	✓		✓		✓				
	系统用户编码规范			✓	✓	✓				✓				
	系统权限管理			✓	✓	✓	✓			✓				
财务中心	财会人员职业道德教育			✓	✓	✓							✓	
	基本财务法规			✓	✓	✓							✓	
	基本税务法规			✓	✓	✓							✓	
	内部控制制度			✓	✓	✓							✓	
	公司财务规章制度			✓	✓	✓							✓	
	营业款管理			✓	✓	✓		✓					✓	收银员
	现金管理			✓	✓	✓							✓	
	电算系统使用			✓	✓	✓							✓	
	供应商结算			✓	✓	✓			✓				✓	
	专柜结算			✓	✓	✓							✓	

（续表）

类别	课题	门店培训总纲											备注
		培训对象				适用部门							
		全部	促销员	员工	助理	主管	全部	营运	采购	电脑	企划	行政人事	财务	
财务中心	会计核算			√	√	√							√	
	财务分析			√	√	√							√	
	资产管理			√	√	√				√		√	√	
	财务报表的编制												√	
	财务报表的分析和使用												√	
	成本分析												√	
	成本控制												√	
管理中心	文档（含电子文档）管理			√	√	√	√							
	合约管理			√	√	√						√		
	印章管理			√	√	√						√		
	证照管理			√	√	√						√		
	车辆管理/调度			√	√	√						√		
	值班管理				√	√						√		
	电话管理			√	√	√	√					√		
	办公用品/耗材管理			√	√	√	√					√		
	接待规范			√	√	√						√		
	外协作业			√	√	√						√		
	人事背景调查			√	√	√						√		
	人事异动作业			√	√	√						√		
	人事档案管理			√	√	√						√		
	公司福利政策			√	√	√						√		
	入职离职作业			√	√	√						√		
	设备维修规范			√	√	√						√		
	工程作业规范			√	√	√						√		
管理中心	人力资源规划											√		各经理/店长
	招聘与解聘											√		
	员工培训					√						√		管理人员
	绩效管理					√						√		各经理/店长
	薪酬管理					√						√		
	员工关系管理											√		
	职业生涯规划											√		通用
	国家相关法规			√	√	√						√		

第四节 员工培训教材

  为了完善公司新员工的培训工作，巩固培训成果；也为了迅速使新员工转变观念、统一意识，认同公司的企业文化、价值观、经营理念，以及掌握公司工作的基本知识、方法和技能等内容，提升自己的角色转变意识和实际岗位工作能力，为今后的进一步提高创造条件，我们开展了这项新员工培训工作。

一、公司概况

  （一）欢迎加入

  欢迎您加入×××公司这个大家庭，愿公司的工作成为您事业新的起点。

  这是您的培训手册，也是我们公司对人员管理的基本准则，它的目的是帮助您在新的工作中不感到拘束，并且告诉您一些必须了解的信息，请您仔细阅读。经常重温本手册会有助您在公司充分发挥自己的才能。

  政策对公司的经营来讲是必不可少的，尤其像公司这样拥有众多门店的连锁企业，政策有助于您卓有成效、井井有条地工作。当我们在一起工作时，为了一个共同的目标，我们必须建立保护大家并使大家共同受益的规则。我们都明白大多数人都渴望能有互助、礼让、有效、诚实的工作环境。为此我们相信本手册将会帮助您做到这一点。

  成功的企业，需要领导者有超前的眼光和过人的胆识，需要有群体的合作和科学的管理，更需要有规范的制度和优秀的人才。公司的发展，给每位员工提供展示才华的舞台。公司的进步，离不开每一位员工的共同努力。希望每一位员工能发扬团队合作精神，爱岗敬业、吃苦耐劳、克己奉公，充分发挥自己的才干和智慧，与公司同发展、共进步，去创造美好的明天。

  您的直属上司是您工作的主要指导人，他/她将负责您的训练、工作安排及您的个人发展。当您在工作上有疑问或遇到困难时，请首先与您的直属上司沟通。当他/她无法帮您解决问题时，请咨询公司人力资源部主管，他/她会指导您并帮您找出问题的症结，或引导您运用公司的开门政策，寻求公司最高管理层的帮助。

  总之，愿您在公司的工作顺心，事业顺利！

×××公司连锁超市人力资源部
××××年××月

  （二）公司成长发展概况（略）

（三）公司经营的四大宗旨 Q.S.C&V（品质、服务、清洁和价值）

对公司的工作伙伴（包括办公室职员和卖场管理人员）来说，是公司的 Q.S.C&V 使得我们保持第一。

Q：公司的品质和声誉是为人认可的。因为这是在合理价格的基础上保持最高的质量标准。公司采用最优良的服务，但所有这一切如果没有您的帮助，就会失去它的光泽。记住，要经常地检查您所提供的商品和服务，如果商品有问题就不能提供给您的顾客，并立即报告您的主管。

S：没有快捷、礼貌的服务，品质和清洁就会被浪费。一个微笑就如同世界上最好的食品会吸引我们的顾客再次光临，请记住在我们的经营中，顾客是唯一的也是最重要的因素，只要我们记住了这一黄金规则：礼貌不难做到，以自己希望别人对待自己的态度去对待每一个人尤其是顾客。顾客对礼貌会称赞，同样也会称赞快捷的服务。有时同时为顾客提供快捷和礼貌会发生困难，但这是我们的工作，这也是公司与众不同之处。

C：清洁像一块磁铁将顾客吸引到公司来，我们的卖场必须始终保持一尘不染，里外都应如此，只有全体人员全力以赴才能做到这一点。

V：公司卖场是在明亮、舒适宜人的环境中，为顾客提供了价格合理，品质优秀的服务。

（四）公司在地方经济发展中扮演的角色

1. 公司所用的大部分商品均由本省及国内生产，从而带动和促进本地经济的发展，而新行业也不断形成。
2. 公司提供了更多的就业机会和实践场所。
3. 公司提供艺术性的管理培训。
4. 公司的纳税给当地经济做出了直接贡献。
5. 公司对其具有的良好的社会关系和社区关系引以为豪，这样关系包括：参与社会活动，保持清洁卫生的饮食场所等。
6. 公司的追求：100%满意顾客。

（五）公司作风

公司作风是由公司管理层制定的一系列行为标准，它描述了我们如何通过共同工作去达到目标。像团队那样一起工作，可以使我们超过现有成绩，达到更高标准。公司作风有七项原则，每一项都强调了团队合作，列出了成为公司团队成员的基本要求。

1. **注重整体利益**。当您做每一件事情时，都应考虑它会如何影响整个公司的利益。例如，当您为顾客提供杰出的服务后，顾客就会一再光临公司卖场。
2. **群策群力**。在其他人的帮助下，共同解决问题或提出新的观点。两个人的力量总是强于一个人，整个团队的力量就更强大了。例如，每一名工作伙伴都可以提出使顾客满意的建议。此外它还意味着当其他团队成员遇到困难时，应及时提供帮助。

3. 在确认团队贡献的同时，肯定个人成绩。如果团队取得了成绩，那么我们应当肯定每一名成员的贡献。没有所有人员的参与，您不可能获得成功。

4. 寻求并利用差异与争论，去寻求整体和顾客的利益。公司的实力来自于团队的众多成员，他们拥有不同的背景和观点。我们可以借鉴他人的经验与建议，特别是在寻求使顾客更满意的新途径时，更会从中得到启迪。

5. 通过相互信任和坦率的沟通，去正视问题，解决问题。只有主动地表达不同看法，才能有效地解决问题。提不出问题，也就无法解决问题。只有当每个人都关注问题时，才能解决问题。例如，把您对优质服务障碍的看法分享给大家，就可以使工作伙伴更有效地工作。

6. 积极聆听他人意见，主动与每一个人沟通，保持言行一致

7. 有效沟通可以明确表达自己的想法，并聆听他人意见。您应该与团队中的成员进行沟通。例如，假若在提到一个程序问题时，通过聆听团队其他成员的意见，可以为您带来新的思路。此外，您还应做到言行一致。

8. 百分之百地支持决定。在每个成员都发表意见并聆听了他人的意见后，团队应该做出一致的决定，对决定，每一个成员都必须遵循并予以支持。请想象一下，如果在卖场中，员工就同一问题给顾客不同的答案，会造成什么样的混乱情景。作为团队，在行动开始后，就应像一个整体那样去工作。

（六）公司的组织结构图

组织结构是一个管理的系统，它是公司经营思想的一种保证，为了适应日益变化的经营环境加上公司自身的发展、壮大，公司的组织结构也会变化，一旦变化，公司会不定期地通过书面的方式公告于众。您应该明白自己的工作位置、自己的主管和下级、有关的部门及您的同事，这对您的工作、协调、计划或是发展都是有益的。

二、公司企业文化

（一）目的

阐述公司的企业文化，使员工更加了解企业的价值观念、企业形象、企业精神、道德风尚等，增进员工对企业的认同感、归属感。

（二）企业理念及精神

企业目标：成为优秀、追求卓越

企业精神：亲和一致、学习提升、勇于创新、敢于胜利

经营理念：新鲜平价、保证满意

员工誓言：全心、全意、全力为顾客节省每一分钱，真心真诚真正使顾客开心每一天

我们的心愿：我们工作价值观是使顾客得到更多的实惠，让顾客认同我们的工作。

企业风格：敢为天下先。

经营模式：生鲜超市+区域购物中心。

企业使命：繁荣社区商业文化，提高生活质量。

企业宗旨：诚信经营、紧抓需求

企业作风：目光远大，工作精辟，本着日新月异、积极奋发、求真务实的态度处事。

企业经营哲学：

1．经营的目的不仅是为了企业本身利益，更是为社会整体利益去追求利润。

2．企业全体员工要谦虚、努力、体贴、关怀和同情他人。

3．企业领导人要排除私心，勇于进取，以身作则，克己奉公。

人际关系三要素：

1．对人对事皆以真诚的赞赏和感谢为前提

2．以诚恳的态度指出他人的错误

3．先检讨自己，后批评别人

两种意识：

1．客户意识：客户至上，信诚为本

2．经营意识：开源节流

管理三要素：定目标、搭班子、带队伍

做事三准则：

1．如果有规定，坚决按规定办

2．如果规定有不合理处，先按规定办并及时提出修改建议

3．如果没有规定，在请示的同时按公司文化的价值标准制定或建议制定相应的规定

问题沟通四步骤：

1．找到责任岗位直接去沟通

2．找该岗位的直接上级沟通

3．报告自己上级去帮助沟通

4．找到双方共同上级去解决

五多三少：

1．多考虑别人的感受

2．少一点不分场合的训人

3. 多把别人往好处想
4. 少盯着别人的缺点不放
5. 多给别人一些赞扬
6. 少在别人背后说风凉话
7. 多问问对方有什么困难
8. 多一些灿烂的笑容

(三) 现代企业伦理

忠：忠于国家、忠于社会、忠于企业。

1. 归属感：每个人都要意识到自己是公司人，归属于公司。
2. 企业利益第一；凡公司人，应忠于公司公司，热爱公司公司，遇到个人利益和企业利益发生矛盾时，必须以企业利益为先，牺牲个人利益。
3. 团队精神：公司公司未来的成功与否是靠全体员工分工合作而来。个人与集体不可分割，只有树立团队精神，才能提高服务品质，企业才能成长，我们的生活水平才能同步提高。要树立团队精神，首先要克服的是以自我为中心的倾向。

孝：在家里孝顺长辈，尊老敬贤，在企业便要服从上级主管，尊敬其职位。凡是领导人者，先要学会如何服从被领导。

仁爱：就是要富有同情心和友爱精神，要关心他人，做一个有人情味的人，富有道德感，尊重他人。

礼义：礼就是礼貌，是文明社会的一部分，是一种美德。义就是信义，待人接物要坦诚守信，不要欺骗狡诈。

廉耻：企业兴盛的关键是员工要廉洁奉公，遵纪守法，奋发向上，富有效率且愿意自我认错。

三、公司的基本政策

(一) 开门政策，沟通

1. 海报栏。办公室和卖场都放置海报栏，用于张贴与您工作有关的安全、工作条件和其他事宜的公告和通知，卖场由店长，办公室由行政和人力资源部负责控制使用该报栏。任何人希望通过海报栏发布有关事项都要事先征得他/她们的同意。
2. 意见调查。公司至少会在一年一度向所有工作伙伴全面征询关于他的工作及对营运的意见，并对此保密。这些答案将有助于改善上级的管理。
3. 合理化建议。在您的工作中，您可能会有些建议、更好的工作方法或建设性的批评。公司欢迎批评和建议，这对我们公司的成功和未来都是重要的，请向您的直接上司转告您的建议。如有不便，您也可以通过总经理信箱的方式进行沟通。提醒：我们不会理睬带有攻击性的任何建议。

4. 开门政策。如果任何工作伙伴对公司的政策有疑问或对于任何工作条件有担心时，卖场管理层和办公室管理层会为他们开放并进行个别讨论。只要工作伙伴有意思，鼓励他们运用这一"开门政策"。同样当您的主管不能解决问题时，总经理会鼓励您使用这一"开门政策"，帮助您解决问题。

5. 问题解决，申诉程序。显然我们公司是一家有进取性及有良好信誉的公司，但我们也认识到每个人总不时会有些与经营或管理有关的难题。这些难题又不能在员工会议、座谈会或专题讨论中解决。如果哪位工作伙伴感到他们有这类问题并期望与他们的主管进行讨论，他们应自由地与他们的主管或总经理进行沟通。当然这种沟通亦应按照一定的程序进行：直属上司，上司的上司，分管经理，总经理。

6. 座谈会。座谈会是工作伙伴和管理层之间的小型非正式的讨论，目的在于探讨一些意见、建议和问题。这种会每季度一次或在管理层认为必要时召开，对工作伙伴来说这种座谈会是使他们的看法能让公司有了解的机会。

7. 员工大会。员工大会是一种员工与管理层互相沟通的又一种形式，一般的，每年至少召开一次员工大会。办公室的职员大会是由公司向办公室职员传递公司经营情况及公司政策等有关信息。卖场的员工大会是卖场管理组向卖场员工宣传公司有关政策，宣布有关解决员工困难、采纳员工提出建议、落实行动、计划、表彰先进的会议。员工大会的追踪部门是公司的人力资源部。员工大会的目的是更好地上情下达、鼓舞士气、表彰先进，以期用这样一个良好的沟通渠道提高员工对公司的归属感，增强公司对员工的凝聚力。

8. 职前简介。新进管理组成员或公司职员将接受您的直接主管和人力资源部给予的职前简介，旨在使您对公司的概况及工作内容有一个系统了解。

9. 沟通。您的分管领导或总经理将会直接主动与您沟通，以便于您将您的意见和建议确保得到沟通。当然日常的随时沟通也是您的一种有效沟通方式。如您有非常急迫的沟通事由，您可以通过电话沟通。

（二）公司规章制度

1. **政策说明**

公司对他的政策感到骄傲，因他的经营和聘用关系的确定既符合现行的国家法律又按照行业水准来制定。所有的主管和经理的职责是保证公司的政策得以贯彻执行。对政策有疑问的工作伙伴，或在执行中遇到问题时，欢迎他/她向他们的主管/经理及人力资源部和公司的管理层提出，公司有责任对提出的问题进行个别调查，并给予适当的回复。

2. **工作时间**

办公室人员：

公司办公室职员从星期一到星期五必须上班（补休除外），星期六和星期日每部门安排人员轮流值班，公司办公室主管级人员每月有四天休假，主管级以下员工每月有三天休假，节假日按国家规定办理，但要符合公司统一安排：

工作时间：上午 8：30~下午 6：00

午休时间：中午 12：00~下午 1：30（午休时间需要工作的总机除外）

工作时间由公司根据需要决定，如果工作时间有改变，公司将提前通知职员。

卖场管理人员是指所有在营运部的普通职员、助理、主管、副店、店长。

卖场管理人员，采用轮班制，工作时间由店长根据卖场的需要排班表定期决定；店长与副店每月可休息四天，其他人员每月只休息两天。

正常情况下，每月在第一周前会订出您一月的工作时间表，并在每月的第一次例会上报人力资源部门备案。所有的职员均要求准时上班，如因任何理由迟到或缺席，您有责任至少提前4小时电告或与您的主管联系。

若因病缺席应提供医院证明。若没有按照上述规定，职员可能受到纪律的处分。

3．人事管理权限

公司转正后的员工，其人事管理、计划调配等由公司人力资源部统一规划、组织、管理和实施。

4．付工资日

公司按月向工作伙伴发放工资。每月15日发放上月的工资，以现金的方式发放，如遇节假日顺延。

5．培训协议

为了公司的业务发展，为了更多地培养那些有成绩、有贡献的工作伙伴，公司会安排一些训练机会，一旦这种机会提供给您，公司将按照公平的原则与您签订关于您自愿接受培训的协议（协议书的内容另定）。如果协议签订，您应遵循协议的有关内容，在培训回来后以自己的行动争取更佳的表现，以证明公司的培训是有效的以及您主管对您期望和培养是正确的。如果培训合同期未满，您不能制造任何理由或借口达到离职的目的，如果您提出辞职或被解聘，公司将按照培训合同向您追讨培训费。当合同期规定的期限与培训协议签订的期限有差异时，以培训协议为准。

6．进公司日期

进公司公司的第一天（含试用期）为进公司的日期。如果您中途离开公司，进公司的日期则从下一个新开始的日期算起。

7．工作伙伴的基本责任

工作伙伴的基本责任是保证公司独特的经营和管理正常发展的重要条件，您应该在日常的工作中时时记住。（具体内容，请见岗位职责）

8．公正、公平

公司不反对职员/员工相互约会。只要约会不干扰卖场的经营和办公室的正常工作。公司鼓励管理人员和员工在工作中和活动中保持坦诚、友好的气氛。但是为了避免被偏袒或是可能发生的不公平、不公正的问题，上级管理人员不应与下属约会,或在上班时与下属保持过分亲热的关系。

公平、公正的原则还体现在工作伙伴的就业和培训发展上。任何公司的工作伙伴不会因为他/她的年龄、肤色、各族、宗教、信仰、性别或其他情形而受到不公平的对待。

9. 安全政策

(1) 防盗。办公室人员下班时,关闭您所使用的任何电源和门窗,锁好有关抽屉以防有关文件及其他物品遗失或被盗,作为参考,公司不希望您将非常贵重的私人物品、钱财带入公司以免发生不必要的麻烦。卖场管理人员有责任督促员工和其他管理人员采取措施防止公司财物和员工财物被盗,并在发生时立即通知有关单位以保护公司和员工的利益。

(2) 保密。由于竞争的存在以及您对公司的责任,公司任何成员都不应将有关公司的任何情报泄漏给任何人(公司授权者除外),您有义务保守秘密,同时您的工资或是其他工作伙伴的信息及公司的财务经营数额及人事政策等您有义务保密。这既是一种良好的工作作风又是对别人尊重的道德表现。这种保密的义务,不仅限于您在公司工作的合同期内,而且还应注意无论您是退休或离职,在您离开公司后,您都将承担这种义务。无论您有意无意将公司的情报泄密,公司将根据可能遭受的损失大小追究您的过失以及要求赔偿经济损失,这种"麻烦"是因您所造成的,因此您将去承担这种后果。

(3) 接见新闻媒体。公司是一个整体形象。一个没有受过专门训练的工作伙伴,他在表达和介绍公司的有关政策、方针、规划时都会带有片面性,为此如果您没有受过有关专门的训练和/或没有在总经理授权同意的情况下,您应该谢绝新闻媒体的采访,而应报告总经理或其代理人处理,您更不可以以投稿或新闻发布等形式来从事公司的宣传和介绍,以免有损于公司这个整体形象。如果有任何传媒查询,请立即向公司报告。

10. 个人资料更改

为了使公司的公司档案准确、真实,请您在下述情况发生更改时立即通知您的人力资源部主管:住址、联系电话、在发生意外或病痛时的联系人、本人的姓名、婚姻状况、祖籍等。否则公司将会认为您虚报资料,会按照情节轻重给以处分。

11. 健康政策

(1) 健康与安全。公司是一个关心您健康的公司,公司致力于向顾客提供最高质量的服务。当您在卖场工作时,如果不注意,就有可能把细菌带给顾客和其他工作伙伴,因此如果您患有传染病或身染病菌,请勿来上班。如果您患有传染病或接触了传染病患者,请向店长请假并在上班时携带有关健康证明。按照 QSC&V 的经营宗旨和有关的法则,任何急慢性传染病患者是不能在服务行业工作的,尤其是卖场。一旦您患上传染病，应有的医疗期内不能治愈，公司将根据现行的有关法律规定与您解除劳动合同，这是因为公司一贯重视顾客的利益。公司为您提供了清洁和安全的工作环境，符合有关安全和卫生的现行法律，我们期望工作伙伴也尽职以有助于保持健康和安全的水准，遵守安全规则，保持工作场所清洁。在工作中如果您发现有不安全的情况和实务，请提出建议，并报告您的主管引起注意和改进。若有伤害发生，无论是您还是其他工作伙伴，请立即报告您的主管，必要时请您写书面的报告。在您工作或下班时，当发现有不安全的隐患，您有责任报告有关人员排除。

（2）禁烟。公司卖场和办公室都是禁烟区，都贴有禁烟标识。任何人都应遵守，无论是顾客和供应商只要进入公司您就有责任告诉他们不要在这儿吸烟，以免产生误会。

12．仪容仪表

员工工作时保持清洁整齐的外表是十分重要的，您必须遵守下列要求：

（1）衣着整洁干净；

（2）发型整洁，女士脸部不应有头发遮住，发型紧靠头部；

（3）男士头发应在衣领之上，梳齐，鬓角要修清；

（4）不准留胡子；

（5）女士化妆及装饰不应太多；

（6）注意个人卫生，包括每天洗澡、理发、刷牙、使用除臭剂，手指甲保持清洁、剪短等；

（7）卖场管理组成员穿公司制服上班；

公司办公室人员，周一至周四应穿职业装或正式着装，周五、六可穿（除超短裙、无袖衫、低领衫、运动鞋以外的）休闲装。

若有问题，或达到上述要求有困难，请与您的主管讨论。您的主管会帮助您做好这项工作。

13．禁止招揽生意

我们需要您合作执行下列政策：

（1）工作伙伴不在卖场或办公室中募捐或散发与公司无关的文件；

（2）任何人不可利用办公室或卖场进行任何与公司无关的商业活动。

14．禁止接受礼品和利益

公司是一个营运的公司。在频繁的商业活动中，您难免遇到一些赠送礼品、现金的供应商、承包商、业主以及客人，但作为公司的工作伙伴您应拒绝接受任何馈赠并主动向有关部门反映。在必要时可以根据您工作的性质，公司公司将要求与您签署一份更加详细的守则作为在事先给您的明确提醒以保护公司的利益。

15．利益冲突

在您聘用期间，非经公司同意，您不能参与与您的职业有冲突的工作和业务，不可与公司及其供应商做生意或企图发生商业关系。每一雇员必须避免可能与公司利益发生冲突，或可能会有冲突的事情或场合。

16．办公室日常规定

（1）所有的客人会见必须由公司邀请人陪同才可进入办公室。

（2）工作人员不要擅自将家属或朋友领进办公室或卖场服务区（公司批准的特殊活动除外）。

（3）上班时间不要利用公司电话打私人电话，有急事需打时不超过三分钟时间，不可以打私人长途电话。

（4）办公室人员无论在上班或休息时都应尊重其他伙伴，未经许可无权翻阅或挪用他/她的物品和文件。（特殊工作，紧急情况除外）。

（5）办公室的传真机、打印机、照相机等均由公司行政部负责管理，工作需要时，须提前申请，批准后才有权使用。

（6）部门所购置的设备，如电脑等设备，由各部门负责管理，其他部门借用时需征得部门主管同意后方可使用。

（7）保持办公室的清洁、整齐，是每一位工作伙伴的责任，请时刻注意您的座位下的清洁，文件摆放应整齐、清洁。

（8）请不要在办公室大声喧哗,接电话时声音应尽量以不影响其他人工作为准。

17．职务设置

为规范公司人力资源管理，公司设以下职级：

公司总部设总经理、中心经理、部门经理、主管、文员。

公司门店设店长、副店长、出纳、收银员、电脑员、防损员、电工、美工、收货员、主管、主管助理、普通职员。

18．人员任免权限规定

总经理由董事会任免。

部门经理（含店长）以上人员的任免由公司推荐，以书面形式报人力资源部审核，经总经理和分管经理召开会议研究决定任免。

各部门主管的任免由部门经理（店长）提出，人力资源部考察合格后，由总经理决定任免。

门店主管助理、行政文员、收货入单员、电脑员、仓管员、防损、美工、电工、普通员工经有关部门考核合格后，由人力资源部决定任免。

19．干部聘用的标准和条件

选拔和使用管理人员应坚持德才兼备原则，坚持任人唯贤，实行回避制度。

选拔管理人员应具备以下条件：

（1）工作责任心强，业务熟悉，有较好的业绩和具有相应职务的组织领导能力，有良好的群众基础。

（2）具有高中毕业以上文化程度，并具有下列工龄条件：聘任部门经理、门店店长应有三年以上专业工龄；聘任门店副店、部门主管职务需具备二年以上专业工龄。

选拔使用管理人员应逐级提拔，一般不越级。对于德才兼备和业绩突出者，公司又迫切需要的人才可以越级提拔。

提拔管理人员的试用期为三个月，试用期满，经人力资源部考核合格后，给予聘任。聘任后才可享受职务待遇。业绩特别突出者，或同行业平级招聘者，经总经理同意后可提前给予聘任。

管理人员享受的待遇按照"即聘即享，即免即失"的原则执行。管理人员在聘任后行使相应职权，承担相应责任、享受相应待遇。待遇享受原则上是从聘任的次月起开始执行。

贯彻管理人员"能者上，庸者下"的任用制度，根据经营绩效考核结果及年龄、身体等其他情况，对不胜任者进行降职或免职。管理人员具有下列之一的，应给予免职：

（1）辞职或辞退的。
（2）由于机构调整、撤销、合并、领导职数减少，原职位消失的。
（3）离职学习半年以上的。
（4）由于健康原因，不能坚持正常工作三个月以上的。
（5）达到退休年龄，不能留任的。
（6）经人事部考核不称职的。
（7）工作中因违法乱纪，渎职失职而造成重大失误不宜留任的。
（8）绩效考核按规定连续不达标者。
（9）其他原因需要免降职的。

各部门、门店要注意培养和推荐选拔年轻而优秀的经营管理人员，为企业的发展培养后备干部。

20．人力资源配置规定

定岗定编程序：

公司的定员定编每年年底根据下一年度发展计划、经营状况等因素拟定各部门的定岗定编，报人力资源部审核，总经理审批生效。期间如有调整需经报批后执行。各门店的定岗定编由人力资源部做出计划与有关部门商讨后，报总经理审批执行。

各门店需要增编、补员，向人力资源部写出申请，经营运部审核后报人力资源部批准，方可增编、补员。

21．人员选聘录用管理规定

公司各部门或门店如确有用人需要，填写《增员申请表》交人力资源部核准，人力资源部通过内部调整而无法调剂时，将外招计划报总经理批准后，人力资源部制定招聘方案并组织实施。

人力资源部会同用人部门共同对应聘人员进行筛选、考核（总经理将视情况决定是否亲自参加），填写考核记录和录用意见。主管助理以下级别员工录用由人力资源部审批，主管以上员工录用由总经理审批。

新录用人员接到通知后，到人力资源部报到，由人力资源部组织岗前培训，培训内容包括：

（1）讲解公司的历史、现状、经营范围、特色和发展规划。

（2）讲解公司的组织机构设置和部门职责。

（3）讲解公司的各项规章制度和有关工作流程。

（4）讲解相关的业务知识和专业技巧。

（5）讲解公司对员工的思想道德、服务礼仪的要求。

（6）解答提问。

新录用人员培训完毕后，将有关证件补齐：身份证复印件、学历证复印件、职称或技术等级证复印件、近期免冠一寸彩色相片2张。然后，持人力资源部的"新员工安排通知单"到门店或部门报到，由经理或店长安排具体工作。

新员工上岗后，由门店或行政部统一组织员工办理暂住证、健康证（卖场职员必须要），费用自理。员工若未办理健康证、暂住证被政府部门查处，一切责任和费用由本人承担。

新员工岗前培训期为2～5天，若在培训期本人提出辞工将不支付任何工资。

员工因正常原因从公司离职后重新加入公司，原则上不接纳，特殊情况须经分管经理批准后方可入职，工龄从新入职时间算起。

22．新员工转正管理规定

营运部门新进普通员工的试用期为1个月，新进助理的试用期为2个月，新进主管以上（含主管）试用期为3个月，其待遇按转正后工资的90%发放，所有人员试用期无绩效工资和补贴。

新员工转正程序：

主管以上人员（含主管）的转正程序如图1-2所示：

图1-2 新员工转正程序

门店普通职员入职实行师带徒培养即实行每一个新职员配备一名资深员工帮带，并定期（每周一次）评价，其评价结果作为是否任用的主要依据。门店普通职员和总部一般文员的转正程序如图1-3所示：

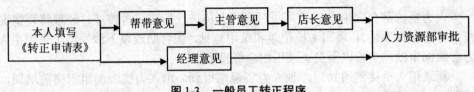

图1-3 一般员工转正程序

所有转正审批的结果将在每月初张榜公示,时间为一周,若有疑问,请在公示的一周内向人力资源部门提出,人力资源部门将给予解释处理。新员工在试用期中,如公司发现不符合公司规定条件或发现有其他问题不适宜在公司工作的员工,公司可以随时辞退。对试用期满考评不合格者公司有权对其延长试用期或予以辞退。

23．员工晋升管理规定

员工晋升职位必须具备以下条件：
（1）有高职位所需技能。
（2）有相关工作经验和资历。
（3）现职工作表现优良。
（4）完成职位所需要的培训和实操训练。
（5）具备较好的适应能力和潜力。
（6）有良好的群众基础。

职位空缺时,首先考虑内部人员晋升,在没有合适人选的情况下,考虑外部招聘。

员工晋升分定期和不定期两种形式。

定期：每年初人力资源部根据企业发展规划和年终考评结果,统一实施晋升计划,提拔一批储备干部。

不定期：在年度工作中,对公司有特殊成就,表现优异的员工,随时予以提升。

晋升操作流程如图1-4所示：

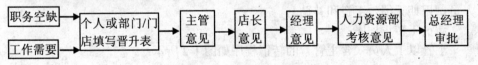

图1-4 员工晋升操作流程

晋升审批程序：

员工因晋升变动职务先见习三个月,保持原职位薪资不变。三个月后由人力资源部考评合格后,报总经理批准,转为正式高职位。并在批准之日的次月起调整薪酬待遇。若见习期考核不合格将延长见习期或免予晋升,保持原职位和待遇。

24．员工辞工、辞退、开除、自动离职管理规定

（1）辞工管理规定：

员工辞工需提前15天,店长、总部员工辞工需提前一个月提出申请,并填写

《辞工申请表》，门店员工交主管、店长签字后，报营运部或防损部签发意见，转人力资源部审批。主管以上干部及总部员工辞工报分管经理签意见后报人力资源部审核，再报总经理审批。

员工批准辞工后，按批准规定日期办理离职手续，填写《离职清单》在办完工作移交，实物移交和帐款清理后转人力资源部审核。若辞工未经批准或移交工作不清、帐款不清，擅自离职者，以作自动离职处理。员工因个人原因未能按规定时间提前申请辞职，提前一天扣除一天基本工资和补贴，以作为代通知金的补偿。

（2）辞退管理规定：

公司对违纪员工，经劝告、教育、警告仍不改者，有权力辞退。被辞退人员接通知后，本人应在规定时间办理移交手续，填写《离职清单》，手续办理完后方可离职，否则，不给予薪资结算。

（3）辞退审批程序和权限：

对门店主管（含主管）以上干部、总部员工的辞退，由总经理审批方可执行。对门店助理（含助理）以下员工的辞退由人力资源部审批，方可执行。

（4）开除管理规定：

员工犯有严重错误，或造成重大经济损失，给予开除。对开除者，公司将不给予薪酬结算，同时会根据情节轻重及损失大小做出相应的经济处罚。

开除审批程序和权限如图1-5所示：

图1-5　开除员工的审批程序

（5）自动离职管理规定

员工连续旷工3天及申请辞职未经批准，擅自离职或未办清移交手续离职视为自动离职。对于自动离职公司不给予薪酬结算。

25．离职物品移交办理规定

离职人员包括解聘、辞工、辞退、开除。凡离职人员都必须办理离职手续并移交有关物品，若未移交者或移交时物品已经损坏，按下列标准扣回工本费：员工工卡50元；员工手册100元。

26．员工调整和调动管理规定

店长有权对店内员工的工作安排做调整（除收银员、收货员、电脑员、美工、防损员）。

收银员、收货员、电脑员、美工、防损员的调整需报人力资源部，由人力资源部与总部相关部门协调，再作调整。

店内主管助理、主管调整需报营运部批准，转人力资源部备案。

员工在店与店、总部部门与部门之间的调动，必须由人力资源部核准下发调令，方可执行。主管以上管理人员调动需报总经理核准。

凡店与店、部门与部门之间的员工调动，需办理移交手续，并带好考勤卡（由主管、出纳签字）和调令到新单位报到，由新单位计发工资。

主管以上管理人员及总部员工调动需先知会财务部，以便清理有关账款。

员工应服从工作安排，因工作需要调动，在收到调令的规定期限内到新部门/门店报到，如有特殊情况不能按时报到的，必须告知人力资源部。若没有特殊原因不服从调动者，公司给予行政处理或解聘。

因工作需要借用员工，由各部门/门店向人力资源部申请，必须由人力资源部下发暂调通知，借用15天（含15天）以下由原单位计发工资，借用15天以上由调用部门计发工资。

实行员工回避制度。凡员工配偶、子女及亲属不能同在一个部门或门店工作，有此情况者，公司将会作调动调整。有此情况者应主动报告，如隐瞒不报发现后给予处分。

27．员工考勤管理规定

（1）员工应按规定时间上、下班，并打卡或由主管签卡登记考勤，因季节变化需调整工作时间时，由公司行政部另行通知。

（2）员工上下班均需亲自打卡（除总经理）。任何人不得代理他人或由他人代理打卡。

（3）员工如有特殊情况没打卡，需及时给主管签卡，违者按旷工处理。

（4）员工上班时间外出须向本部门负责人告知外出原因及返回时间，否则按外出办私事处理。

（5）门店员工考勤按《门店考勤管理办法》执行。

（6）每月3日前总部各部门汇总本部门员工的考勤状况，由部门经理审核签字后连同考勤卡报行政后勤部审查后转人力资源部。每月3日前各门店汇总考勤表，由店长审核签字后连同考勤卡报营运部审查，由营运部负责人审核签字后，转人力资源部。各部门经理、店长要对本部门/门店考勤结果负责。

28．员工加班管理规定

（1）员工因工作需要加班，由主管先填写《加班申请表》，交付店/店长批准后方有效加班。总部加班由部门经理批准后方可有效加班。

（2）公司要求门店员工应在正常的上班时间内完成工作任务，不鼓励加班。平日加班以补休补偿，法定节日加班，原则上安排补休，不能安排补休的，按公司规定补发加班工资。

（3）公司要求总部员工应在正常的上班时间内完成工作任务，不鼓励加班。

平日加班不予以补偿，月休和法定假期加班以补休补偿。（具体内容按《员工加班管理规定》执行）

29. 员工出差管理规定

员工出差依下列程序办理：

（1）员工出差必须由部门负责人及公司领导批准或派遣方可执行。

（2）出差人凭核准的出差批准单向财务部暂支相当数额的差旅费，返回后一周内填具"差旅费报销单"，并结清暂支款，未于一周内报销者，财务应于当月工资中先予扣回，等报销时再行核付。

（3）出差不得报支加班费，但假日出差可调休补偿。

（4）出差途中除因病或遇意外灾害，或因工作实际需要电话联系请示批准延时外，不得因私事或借故延长出差时间，否则除不予报销额外差旅费外，并对延长的时间作旷工处理。

（5）出差差旅费分为交通费、住宿费、餐费，其标准按《出差管理规定》执行。

出差费用报销：

交通费原则上不准打的，特殊情况必须注明；出差路途远，需坐软卧或飞机需经总经理批准；住宿费在标准之内按票据实报，超标准自付，欠标不补；若组织统一安排住宿，按票据实报。

餐费补助按标准领取。若集体包餐，不计发餐费。

因两人一同出差（同性别），住宿按一人费用标准报销。

30. 工资及工作表现

在您进入公司时，公司的人力资源部和您的主管会告诉您的工资及公司的有关政策，公司有其独特的不受外界影响和干扰的工资政策。公司每年会对市场做工资水平调查，根据调查结果和公司的经济承担能力来决定对工资标准的调整，以确保其公正合理并具有竞争能力。

按工作表现付酬：

公司实行按工作表现付酬的原则。表现最佳者可获得最高的加薪幅度，表现较差者将会影响工资，所有月薪人员的薪金将按现行的工资结构支付。

工作表现评估：

公司每月一次评估并和工作伙伴讨论他们的工作表现，评估时采用五个评估等级。下列工作表现定义将有助您理解公司的定级制度。

优秀：最高级工作表现，工作表现一贯地卓越，工作伙伴能预计各种情况的发生，并有效地保持获得赞扬的工作表现，该工作伙伴是公司团队中始终最有成就和最重要的贡献人物。

良好：有重大贡献，工作表现经常超出其工作目标所期望的要求，工作伙伴对目标能有效地做出反应，并根据情况予以调整，是公司团队中强有力的贡献者。

合格：可靠的贡献者，工作表现符合公司工作要求及期望，能圆满完成任务，工作伙伴对目标能有效地反应，是团队中做出稳定贡献的成员。

基本合格：工作表现不能达到工作的要求和期望者被列为需要改进的成员，并被列入工作表现改进计划之中。

不合格：其工作表现不能被接受，工作伙伴很大程度上不能达到工作的要求，如果他/她没有列入工作表现改进计划之列者，应列入此计划。

绩效考核：

您的主管会在每月与您做一次工作绩效考核，它是通过对您工作的表现和业绩准确、公正、有效的评估。

工作表现改进计划：

旨在积极地帮助一个工作表现基本合格或不合格的工作伙伴去克服他的机会点，并要求其在一定的期限有所改进。如果由于某种原因您的工作表现不尽人意，您的主管可以将您纳入工作表现改进计划之列，以帮助您克服客观的困难，改进工作方法，提高工作效率，减少差错。进行了工作表现改进计划的工作伙伴，如在规定的时期内的工作表现仍达不到"良好"评估标准，则可能被解聘。

最高工资额：

工资标准在制定时就考虑到绝大多数情况下不会超过本职务工资的最高标准，因每一个职务都相应有一个起点工资标准和一个最高工资标准。若您的工资超越了本职务的最高工资，您仍然可以享受按绩效考核所应获的工资增长。

年终双薪：

（1）在每年农历新年月薪人员都会获得年终双薪；

（2）所有公司及卖场在职的月薪人员（上年度非正式人员除外）；

（3）发双薪时已离职人员不享受此待遇；

（4）年终双薪以当年 12 月份应付的基本工资发放；

（5）计算方法为双薪金额=基本工资×N/12；

（6）凡累计休假（包括：事假、病假、工伤、产假、流产假）超过一个月以上者扣除相应月数的金额。

31．假期与福利

假期：

（1）全勤奖。公司将会根据您的职位不同制定出相应的考勤工资标准，这在您进公司确认您的工资时告知您，全勤奖将会根据您在公司的考勤结果计算，具体的计算办法见《公司连锁超市薪酬管理制度》（新员工在 5 号之后上班者，本月不计全勤）。

（2）企龄工资。员工在公司工作每满一年加 10 元/月。总部调往分店的员工企龄年限可以连续计算。

（3）月休。公司办公室职员从星期一到星期五必须上班（补休除外），星期六和星期日每部门安排人员轮流值班，公司办公室主管级人员每月有四天休假，主管级以下员工每月有三天休假，节假日按国家规定办理，但要符合公司统一安排：

卖场管理人员，采用轮班制，工作时间由店长根据卖场的需要排班表定期决定；店长与副店每月可休息四天，其他人员每月只休息两天。

（4）法定假日。员工享有10天法定假日，即元旦1天，春节3天，劳动节3天，国庆节3天。但公司规定，节假日门店一律不放假，待假日后轮换补休，因工作需要不能补休的，按公司规定计发加班费。

（5）婚假。在公司工作满一年的员工结婚，可享受连续3天的有薪婚假，属晚婚者（男25岁，女23岁）假期为7天。员工请婚假需凭结婚证原件到人力资源部办理审批手续，公司将保留员工结婚证复印件。员工须在结婚证开具日起三个月内申请婚假，逾期视为放弃，公司也不提供其他任何方式的补偿。

（6）产假。公司提倡晚育，女员工二十四周岁以上生育第一胎的为晚育。属公司的女员工可按公司规定享受产假。正常分娩的，产假为45天。难产的，增加产假7天。多胞胎生育的，每多生育一个婴儿，增加产假7天。在公司工作满两年的员工，产假期间公司发放基本工资，无其他任何津贴和奖金。违反国家计划生育规定的员工，无权享受产假。

（7）丧假。员工的直系家庭成员包括配偶、父母、子女、配偶之父母去世，处理丧事的假期为3天有薪假。但需提供医院或有关部门的死亡证明。

（8）病假、事假。病假、事假，一律扣除日工资。请病、事假一个月累积10天（含10天）以上不计发本月绩效奖金。其他补贴按出勤天数计发。

（9）工伤假。由各门店/部门以书面情况报告公司人力资源部，经总经理批准，核发工资。

（10）年休假。员工入职满一年，可享受有薪年假，当年享用前一年的年假，年假不含公众休息日。（年假统计期限为每年2月底）

在职员工工作满1年未满3年者，可享受有薪年假3天；每增加一年加1天，最高不能超过15天。

有薪年假可分期休假，但不得提前预休，年假需在年度内休完，不得跨年累计；如需一次性休年假，需提前两周向部门主管递交《休假申请单》。

凡在一年内因事请假累计超过12天，或在一年内请病假累计超过20天，或在一年内病假、事假相加超过三十天的，当年不再享受年休假。

员工请假审批流程和权限（如图1-6所示）：

门店员工请假（包括连休、补休）：

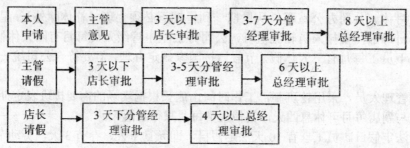

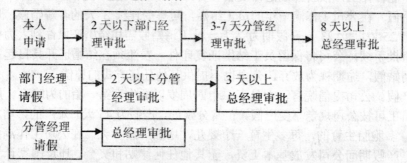

图1-6 员工请假审批流程

员工福利：

卖场管理人员制服规定：卖场管理人员进入区域管理时，须穿专业制服工作。衣服统一由公司以成本价提供，费用由员工自理，将在前两个月的工资中扣除，凡工作满一年的员工（含试用期），在离职时由公司返还服装的费用，具体见《员工工衣管理规定》。

卖场管理人员餐饮规定：每天上班时间内餐饮时间为每次45分钟，并在非营运高峰时间分批享用，每月补助90元/人。

公司职员餐券补助：每位办公室职员每月补助90元/人。

出差补助：根据公司需要派往国内外其他城市及地区学习或开会的人员，国外的培训及会议将发给一定的出差补助；国内其他城市的培训及会议凭发票按一定限额实报实销。

具体的补助及报销标准请参看《出差有关规定》。

不同职位的福利：

（1）卖场主管及以上人员，公司主管及以上人员，由公司行政部统一印制个人名片。

（2）卖场主管及以上人员可参加组织的国内外专业研讨会。
（3）卖场主管及以上人员可参加专业技能培训会。
激励活动：公司是一个大家庭，公司将适时组织各种娱乐活动，丰富生活，沟通友谊，如：春节联欢会、卖场管理层组织的各种活动及公司行政部组织的娱乐活动。

32．档案管理

（1）公司档案。工作伙伴档案是进入公司后由公司人力资源部负责建立和保管的。主要内容包括：个人资料表、升迁记录、培训合同、工资福利、表彰及处分记录等。当离职后，此档案留存本公司。

（2）个人档案。个人档案是指工作伙伴在公司工作前由国家事业单位、机关、学校或企业办理的个人历史记录材料。

33．奖励和惩罚

奖励

记嘉奖：奖励1点

符合以下情形之一者记嘉奖：

（1）顾客表扬信二封
（2）抓小偷二次或举报二次有功者
（3）提合理化建议被采纳，有一定成效者
（4）拾金不昧价值100～1000元
（5）参加竞赛获奖，为门店公司争取荣誉者
（6）超额完成计划任务指标达110%以上者
（7）门店、公司组织重要或突击任务，有突出表现者

记小功：奖励3点

符合以下情形之一者记小功：

（1）抓小偷三次或举报三次有功者
（2）提出建议被采纳，有较大工作效果或可获经济效益500～1000元
（3）拾金不昧价值1000～5000元
（4）维护顾客利益及生命财产，见义勇为者
（5）保护公共财产，防止事故发生或挽回经济损失1000～5000元有功者
（6）超额完成计划任务指标达130%以上者

大功：奖励9点

符合以下情形之一者记大功：

（1）抓小偷四次以上或举报四次有功者
（2）提合理的建议被采纳，有显著改善或可月获经济效益1000元以上
（3）拾金不昧在5000元以上
（4）保护公共财产，防止事故发生或挽回经济损失在5000元以上

（5）对社会作出贡献，使公司获得社会荣誉者
（6）对公司业务有特殊功绩或贡献者
（7）超前完成计划任务指标150%以上者

通报表扬：适用于应该受到奖励的任何情况

奖励书籍或奖金：适用于积点达30点应该受到奖励的情况

公司提供假期和费用的旅游、培训：积点达100点应该受到奖励的情况

提薪：适用于有重大功绩，一般在同一职等系列中提升一个职级；

晋升（含提前转正）：适用于对公司有特殊贡献，才能卓越，工作业绩优异可用胜任晋升职务者

绩效奖金：根据各部门、门店每月对各项考核指标完成情况而定

季度优秀员工：

凡符合下列条件的员工有资格参加优秀员工的评选：

（1）必须本季度出满勤的员工
（2）本季度无任何违纪处罚记录的员工

凡达不到以上任何一条款者，不能评选为优秀员工

优秀员工评比内容：

（1）具有较强的应变能力和主动性，安排工作时很少或不用监督。
（2）有强烈的工作责任心，总是尽最大的努力去完成工作任务，时常能主动承担更多的工作。
（3）有较高的工作效率，总能提前完成工作和超越期望。
（4）专业知识与专业技能很好结合运用，并达到理想的水平。
（5）负责的区域商品陈列好、卫生干净、损耗少。
（6）总是主动与他人积极合作，相互帮助，是合作精神的楷模。
（7）工作素质优异，很少或没有在工作中发生错误。
（8）有较好的服务意识，对顾客热情、主动、周到、礼貌、微笑，顾客评价较高。

优秀员工的评选名额：

优秀员工的评选按门店员工总数的6%名额评出（四舍五入计算名额数），具体门店各部门的名额分配由各店长确定。

优秀员工的奖励：

每季度评出的优秀员工，每人奖励100元，以红包形式颁发，并配发一个"优秀员工"标志在工牌上。

被评为优秀员工，将记入员工的个人档案，作为年终奖、调薪、晋升考核的重要依据之一。

优秀员工评选程序如图1-7所示：

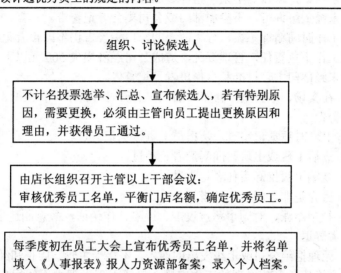

图1-7 优秀员工评选程序

处罚

处罚主要分为记警告、记小过、记大过、罚款、经济赔偿、通报批评、延长试用期、降低工资职级、行政降级、转岗、撤职、终止聘用、辞退、除名、刑事诉讼等。

记警告：罚款10元；记小过：罚款30元；记大过：罚款90元

以下列举受处罚的部分行为，未列入的违反行为的处罚可参照执行。

纪律和考勤处罚：

（1）员工让别人代为打卡，代打卡者记大过一次，被打卡者记大过一次，如当日未上班按旷工处理，特殊情况下要由部门负责人/店长签卡。每月各部门、门店的考核汇总报表，若有出现错误现象，视情节轻重，给予统计员和负责人以纪律处分。

（2）谎报病假，请病假未按公司的规定完备请假手续，缺勤时间按旷工计。

（3）上班串岗、离岗者记警告，严重影响工作者记大过，对公司造成较大损失者辞退处理。

（4）工作时间内接待亲友或利用当班时间处理私事者记警告。

（5）上班时在卖场聊天、嬉戏、姿势不规范或集体组织学习或部门会议时开小会、吃东西、打瞌睡等不集中精神参加者记警告。

（6）未经上级许可，不参加部门或公司集会者记警告。

（7）工作时间精神不振，行为散漫的，口头警告仍不改正者记警告。

（8）工作不负责任，管理混乱，造成公司经济损失500元以下者记小过。

（9）未经部门主管批准私自换班者，记警告。

（10）在卖场、办公室、仓库吸烟，在上班时听音乐、看报纸、干私活、打私人电话记警告。

（11）上班时睡觉记小过，防损员上班睡觉记大过。

（12）酒后上班或上班时间喝酒者记小过。

（13）欺骗上级推卸责任者记小过。

（14）搬弄是非、闹不团结者记小过。

（15）拉帮结派、对同事恶意攻击、诬陷、作伪证，故意制造事端者记大过，情节严重者辞退。

（16）无理拒绝公司或上级发出的通告，不接受主管、店长和经理的指令或故意不服从主管店长、或经理的工作安排，包括无正当理由不履行公司指派的加班工作者记小过；经劝告无效而影响工作者记大过。

（17）上班时间偷吃商品者赔偿公司损失并予以辞退。

（18）开门前2分钟未做好营业准备工作者（现场清理、兑好尾数、备好零钞、打扫卫生、商品陈列、备好服务工具等）记警告。

（19）吃饭排班时不服从主管安排，吃饭超时、误时者除记警告外，误时时间按迟到处理。

（20）两班交接时，随意提早离岗、未做好交接工作者记警告。

（21）未及时缴交单据，或丢单、错单、漏单者，除按财务单据管理规定扣款处罚，记警告。

（22）不遵守公司的安全和防损规定者，按公司安全和防损规定处理，情节严重者予以辞退。

（23）擅自进入非个人职责所在的工作场所，未经许可接触本人职责以外的机密信息如标价牌、商品资料、文件、规章制度者记小过，情节严重者予以辞退。

仪容仪表和服务处罚：

（1）上班时不佩戴工作证及穿着不整齐或头发凌乱，或将员工证、工作服给予他人使用者记警告。

（2）未按公司要求，保持个人仪容仪表，衣冠不整、穿露脚趾、露脚跟鞋、松糕鞋或高跟鞋等记警告。

（3）收银员不化淡妆或化浓妆者记警告。

（4）工作时间在岗位上有站姿不正、倚靠货架、柜台等影响形象的行为，口头说教不改者记警告。

（5）遇到顾客投诉或其他事务本人不能处理而不及时向上级主管报告者记警告。

（6）对顾客冷淡、不礼貌、服务不周等，受到投诉者记小过；服务态度恶劣，与顾客吵架者记大过，严重者辞退；与顾客打架者辞退，如造成严重后果，送往公安机关追究刑事责任，同时予以辞退。

（7）因顾客购物时提供不合理的包装而造成损坏要求赔偿者，赔偿顾客损失并记警告。

（8）对顾客的咨询不理不睬者记警告。

（9）对顾客大宗购买后要求送货出门、上车，拒不主动合理协助解决者记警告。

（10）安全和内部纪律处罚：

（11）盗窃或擅取顾客、公司或同事的财物或串通外人偷盗商品按偷一罚十赔偿损失，并作辞退处理。

（12）毁坏公司、顾客或同事的财物，如涂污墙壁、毁坏照明设施、毁坏工具等，赔偿损失并记小过。

（13）私自对自己购买的商品更换标价或擅自打少单价者一律按偷窃处理。

（14）验货或整理商品时打烂商品，由当事人按价赔偿。

（15）员工上班时间不准在商场购物，下班后在商场购物必须主动接受防损员的检查，任何人不得带同类商品进出商场，违者一律记小过，对商品解释不清者即按偷盗处理。

（16）当班期间，由于不遵守操作规程或违纪而造成丢失商品、现金者，按情节轻重进行经济赔偿。贵重商品如有损失，不管交接班时点数与否，当班者赔偿损失并记小过。

（17）领用店内商品（公用）没有进行登记，未按规定程序办理和点数者记小过，情节严重视为偷盗，作辞退处理。

（18）未经许可驾驶公司的车辆，或开动任何机械装置者记小过。

（19）利用职务之便侵占公司财物者记大过，情节严重者予以辞退。

（20）工作时间内因私事未经领导同意而随便使用公司工作电话者或长时间打私人电话、长途电话和声讯电话者赔偿话费，并记小过。

（21）违反作业或操作规程，损坏设备或工具，浪费原材料、能源，给公司造成损失，影响公司正常秩序；拿取店内的购物袋等低值易耗品并挪为它用，乱用、浪费包装袋（盒）、不爱惜公物等赔偿损失并记警告。

（22）在公司电脑设备上玩电子游戏，或未经许可使用公司电脑设备上国际互联网络，或使用公司电脑设备做私事者，记警告。

（23）未经许可修改公司电脑业务数据、篡改公司文件、考勤记录、工作原始记录者，记大过，严重者予以辞退。

（24）未经许可进入办公室翻阅资料或越权进入公司电脑系统查阅资料等记大过。

（25）在工作场所内高空抛物者记警告。

（26）品行不端、行为不检者记小过，屡劝不改者辞退。

（27）卫生质量管理处罚（不局限以下行为）：

（28）个人卫生达不到标准，未做好四勤（勤洗手、勤剪指甲、勤洗澡洗头、勤洗换工作服）或身上有异味者记警告。

（29）不维护公共环境卫生，如乱仍纸屑杂物或随地吐痰等记警告。

（30）抹布没有经常洗晾、消毒，有异味者记警告。

（31）在卖场堆放或货架上陈列了过期、变质、包装残损食品、用品、变质残次的生鲜商品，能分清责任的责任人记小过，分不清责任的该区每人各记警告，受到投诉且需要赔款的由责任人赔款并记大过，分不清责任的由该区有关人员分摊。

（32）在空调机房乱堆乱放清洁工具或杂物者记警告。

（33）地上有明显污迹、积水或货品、货架上有灰尘、污垢等，柜台和陈列商品不符合卫生规范者记警告。

（34）交班前、营业结束后不自觉完成岗位卫生者记警告。

工作成效处罚：

（1）在实习期或试用期达不到工作要求或不服从、不接受管理者的辞退。

（2）对上级布置的文字、数据资料（岗位或柜组信息、意见、统计信息等）不及时反馈者记警告。

（3）对工作不尽责、出勤不出力、工作效率低记小过。

（4）因工作效率低或疏忽导致公司蒙受损失者赔偿损失，记大过。

（5）不按规定时间完成工作任务，影响整体工作计划者记大过。

（6）因能力方面无法完成本职工作任务者转岗或辞退。

（7）不按规定的流程和程序工作者记小过，给公司造成损失者记大过，情节严重者辞退。

（8）商场作业人员打错价、写错价格牌、写漏价格牌者，未造成损失的记警告，已造成损失的由责任人赔偿。

（9）收货不认真造成错点、漏货、单据填写错误或不落实双人复核工作，未交区域员工审核者赔偿损失,并记小过。

门店主要岗位操作规范处罚:

收银员:

(1)收银员的岗位操作务必遵守《收银员手册》有关的原则和要求,如有违反者按《收银员手册》有关规定处罚,具体行为示例但不局限以下行为:

(2)收银员一个月累计错打4次者记警告。

(3)收款时不使用礼貌用语或不唱收唱付者或找赎时不礼貌将零钞和"电脑小票"直接交到顾客手中者第一次口头警告,第二次记警告。

(4)收款时发现商品错价现象,不指正或故意错收者,一经查实马上给予解聘,并扣除当月全额工资。

(5)不执行制度乱开发票给他人者记小过。

(6)不认真看守收款通道,被顾客带出入商品或带入违禁物品者记警告。

营业员:

(1)生鲜商品明显的订货过多或过少,造成大量报损或货架缺货者记警告。

(2)属人为责任缺货者;仓有架无者;负责区域内商品陈列不丰满,出现老虎口或陈列不规范或POP、特价标签、价格标签张贴不规范,生鲜商品护理不及时造成卖场形象差者,记警告。

(3)对大宗商品交易(500元以上)款、货有差错者,责任人赔偿损失,记小过。

(4)工作中发生意外而不及时通知主管或付店、店长者,记小过。

(5)受到报刊、上级和同行业检查批评者记小过。

(6)发现顾客偷窃时,不立即向防损员或上级报告,造成商场失窃者记小过。

防损员和服务台:

(1)营业期间不按责任范围定位站岗、离岗、闲谈、聚堆、倚坐商品者记警告。

(2)冷落和怠慢顾客者记小过。

(3)不积极主动协助其他岗位同事工作者记警告。

(4)防损员发现顾客偷窃时,不大胆立即向上级报告或捉拿,造成商场失窃者记大过。

(5)发现顾客违反入场规定(吸烟、带袋、饮食商品等)入场,不制止者记警告。

(6)发现商品物价、计量、质量有问题而不及时反映者记小过。

(7)存放顾客寄放物品时不轻拿轻放、发放保管牌乱抛乱扔给顾客者记警告;随意打开顾客提包并有偷窃行为者予以辞退;因保管不善导致顾客行李、物品损坏者,赔偿损失并记小过;发错寄存小包,造成顾客损失者,赔偿损失并记小过。

盘点：

（1）盘点前商品整理准备工作不力的岗位责任人，包括盘点前未完全清理有关流转单据、借出商品、陈列商品、待处理商品和退货商品等遗留问题的相关人员，记警告；在抄写盘点表时，凡抄错、抄漏、字迹潦草不清，不按顺序、堆位抄写的，抄写经手人、审核组长和主管人员各记警告。

（2）在单方盘点表或双人对数复核时，凡有改动商品品名、数量和单价的，不按规定在改动处签名认可者记警告。

（3）商品盘点表未经认真对数复核或漏签责任人全称者记警告。

（4）盘点发生差错经复核发现漏单、失单、漏数或盘点表汇总有错误等人为差错者记警告。

（5）隐瞒、虚报盘点结果的员工或柜组、分店责任人者记大过，严重者予以辞退。

（6）不在规定时间内处理盘点差错表的相关责任人，记小过。

（7）对盘点的组织、安排、人力调配等整体工作不力，而影响盘点效果的门店店长和副店，记大过，严重者予以辞退。

对管理人员的特别要求，管理人员不能以身作则，违反公司管理规定的，从重一级处罚：

（1）辖区商品因人为因素明显缺货者记大过；商品陈列不规范者记小过；特价标签/POP 张贴不规范者记小过。

（2）卫生管理不符合公司要求者记小过。

（3）质量管理不符合公司要求，如过期、变质、残次品未及时下架、处理者扣记大过。

（4）商场管理员不能及时、准确掌握现场情况，发生对公司名誉和利益产生负面影响的事件而未能及时有效处理者记大过。

（5）管理人员不能严格执行公司的规章制度，不能督导、管理及培训部属员工，员工纪律松散，对部属发生的严重违纪情况未能及时察觉并采取有效措施补救的，直接上级管理人员要承担管理不善的连带责任，记大过；有包庇、偏袒违纪员工行为将转岗、降职或辞退。

（6）对公司政策、通知、促销活动，未能及时上传下达，执行不力，采取应付态度，工作进度明显落后于其他部门却不能采取积极主动措施改进的；对上级交代的工作任务，办理不力，也没有及时跟进和协调，导致工作未能完成者记大过或转岗、降职或辞退。

（7）管理人员不能严格执行公司的规章制度，不能督导、管理及培训部属员工，员工纪律松散，对部属发生的违纪情况未能及时察觉并采取有效措施补救的，直接上级管理人员要承担管理不善的连带责任；有包庇、偏袒违纪员工行为将处以记大过、转岗、降职或辞退。

（8）对公司政策、通知、促销活动，未能及时上传下达，执行不力，采取应付态度，工作进度明显落后于其他部门却不能采取积极主动措施改进的；对上级交代的工作任务，办理不力，也没有及时跟进和协调，导致工作未能完成者记大过、转岗或辞退。

以下列举的行为违反基本商业道德和行为准则，一经查处，其聘用将被终止，无需提前通知，公司不提供任何补偿：

（1）在聘用时提供假资料或做假帐（或伪造证明或文件）以欺骗公司。

（2）拒绝服从工作分配，影响工作的。

（3）收银员私留货款者。

（4）侮辱上司或挑拨同事关系、与同事争执而发生辱骂、斗殴。

（5）对待顾客态度粗鲁或者辱骂、殴打顾客。

（6）故意损害公司的声誉，且证据确凿。

（7）因破坏、窃取、毁弃、隐匿公司设施、器材及文书等行为，致使公司遭受重大损失者。

（8）未经许可，将公司机密泄漏给外单位、他人、与公司有利益冲突的竞争者。

（9）在工作场所内进行、唆使不道德的行为者。

（10）骚扰及从事对公司或其他员工的健康、安全有威胁的活动。

（11）煽动或参与怠工或罢工以及擅自在公司内张贴、移去或派发任何文件或传单。

（12）未经允许，占有或使用公司财产。

（13）因严重失职造成公司重大经济损失者。

（14）偷窃。

（15）收受贿赂，私自向供应商或业务往来单位索要/收受回扣、小费、礼品或其他形式的非正常馈赠，滥用职权谋取私利；擅自挪用供应商赠送品送人或归为己有者。

（16）其他严重的不诚实或欺诈行为。

（17）有聚众闹事、吸毒、赌博行为或上班时间酗酒等。

（18）全职员工从事第二职业或兼职的。

员工有以下情形之一者，其聘用将立即终止，而无需提前通知，也不提供任何补偿：

（1）在试用期证明该员工不符合录用条件。

（2）严重违反公司劳动纪律和规章制度，按规定应受到即时除名或开除处分。

（3）假公济私，滥用职权对员工进行打击报复的。

（4）严重失职、营私舞弊，对公司利益造成重大损害的。
（5）被依法追究刑事责任的。
员工有以下情形之一的，将被提前30天通知辞退：
（1）因公司机构调整，原岗位消失而又无合适工作安排的。
（2）不能胜任工作，经培训或岗位调整后仍不能适应公司工作的。
（3）绩效未达标及执行操作规范较差。
（4）因精神或机能障碍或身体虚弱、患病或非因工受伤医疗期满后，不能从事原工作也不能另行安排工作的。

除以上处罚外，员工因工作失误给公司造成直接或间接经济损失的，公司有权对犯过员工要求适当的经济赔偿。公司要求赔偿损失的情况包括（但不局限于）以下所列的情况：
（1）偷窃公司财物。
（2）利用职务之便，徇私舞弊，收受贿赂等行为。
（3）盘点损失以及商品报损超过规定比例的，包括贵重商品损失。
（4）因个人未按规定或常例操作，造成工作失误给公司造成损失。
（5）任何不诚实行为给公司造成的损失。
（6）电子数据信息损失。
（7）私打长途电话及声讯电话。
（8）不按有关卫生规定加工熟食、即食商品，造成顾客患病需要公司承担责任的。
（9）在卖场发现有商品过期、变质的，能分清责任的由责任者承担，分不清责任的由该区管辖人员集体承担。
（10）发错寄存物品并造成顾客损失的，责任人要给予赔偿。
（11）因制单、制表多联复写不清的或不按规范填写或因不及时交单日/处理单据，或因丢单/销单/漏单导致公司损失的。
（12）收货不认真造成错点、漏货者或不落实双人复核并区域员工审核者。
员工行为触犯刑法，由司法机关依法惩处的，公司将无条件对该员工予以除名，对公司造成经济损失的，公司依法保留要求赔偿的权利。
处罚原则：
遵循事实，严明纪律，规范员工的操行及工作表现。
本奖惩条例给予员工解释及投诉的权利，员工有权对所受纪律处分提出投诉。

奖惩审批权限
员工受嘉奖、记小功、月优秀员工和记警告、小过等问题的处理由店长或部门经理审批。每月底报人力资源部备案。
员工记大功、记大过、辞退、开除必须报人力资源部审批。呈报资料需备有：

被处罚人检讨书，事情调查报告及处罚请示。

特殊的奖励计划

（1）团队奖。团队奖应在办公室工作伙伴中选拔，提供两项团队奖项用于鼓励和选拔通过促进公司取得成功的交叉功能团队。团队必须具有公司的行为并且达到了与公司3个支柱有关的一项（顾客100%的满意，销售业绩，创造利润），有主要战略创意，或为公司节约大量的费用/工序。

获奖团队将在下一年度第一季度末宣布。

（2）服务工龄奖。服务奖将鼓励您对公司的忠诚和贡献。您将在您的满五周年，十周年，十五周年，二十周年，二十五周年，三十周年和三十五周年时得到此奖。

（3）积极管理奖。凡积极管理，坚持原则，纠正不良行为，做出较大贡献者，经高级管理人员讨论，决定发一个月至三个月工资的奖金。

34．训练、发展

公司的事业是人的事业，人员的训练和发展是我们首要关心的焦点。

公司办公室人员训练

（1）卖场训练：公司职员根据工作安排需在卖场进行2周以上的卖场训练，以了解营运的基本过程。

（2）课程训练：公司各部门人员（除营运部）根据不同职位及工作需要，选修营运系统的部分课程，课程参加时间及内容由各部门主管按《公司职员基础培训课程》（附后）与培训部商定。

（3）营运选修课程完成后，经考试合格发给公司单课结业证书。

（4）根据工作及发展需要，由部门主管及分管经理决定，参加本部门的专业课程及会议。

（5）参加公司特别组织的有关培训班。

（6）根据需要参加政府部门组织的有关训练课程。

（7）其他训练：如日常工作中主管及资深人员给予的相互间的训练。

公司人员发展

（1）部门内纵向发展、训练。

（2）根据工作需要，本人特长，调往其他部门发展。

公司的训练更多的肩并肩、一对一的在工作中进行，您的主管和其他工作伙伴是您不断获得训练的最好资源，只要您用心，您会发现训练无所不在，只要您努力进取，您同样会发现成功就在您的脚下。

卖场管理人员训练

卖场管理人员根据不同的职位及发展需要，安排以下课程：

（1）基本营运课程：完成基本营运课程，考试合格及工作表现好。

（2）基本管理课程：完成基本管理课程，考试合格及工作表现好。

（3）中级营运课程：完成中级营运课程，考试合格及工作表现好。
（4）高级营运课程：完成高级营运课程，考试合格及工作表现优异。
（5）营运督导课程：营运督导手册，考试合格及工作表现优异。
（6）培训督导课程：培训督导手册，考试合格及工作表现优异。
（7）部门经理课程：考试合格及工作表现优异。
（8）根据需要参加公司组织的有关训练课程。
（9）卖场经理参加组织的主题会议。
（10）见习经理以上人员参加组织的主题会议。
（11）工作中的一对一随时训练。

卖场管理人员发展：
纵向发展：

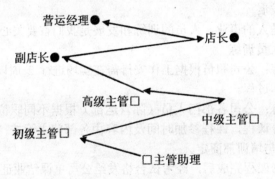

图1-8 管理人员纵向发展示意图

横向发展：
（1）调公司其他部门任职。
（2）据公司在的发展及工作需要调往其他城市及地区。

四、公司职员基础培训课程

表1-15 基础培训课程表

职位	营运课程	专业课程				
		财务部	人力资源部	营运部	行政部	工程部
普通职员	沟通 顾客满意 卖场安全与卫生消毒	出纳 会计原理 电脑制表	卖场实习、电脑学习	商品陈列	电脑原理 公文写作公共学基础	

(续表)

职位	营运课程	专业课程				
		财务部	人力资源部	营运部	行政部	工程部
主管及主管助理	人员管理 时间管理	会计帐务处理 会计电脑化	《劳动法》及其相应法规		法律有关常识 谈判技巧 公关学原理	供电、消防、环保规划手续程序
店长及部门主管	领导风格辅导 处理特殊状况 认知与保留	会计报表编制 财务分析	基本人力资源课程		政府有关法律	施工管理 控制成本技巧
部门经理 店长	达到您的目标 面试与甄选 改进工作管理 教练式经理	成本控制、税法培训价格分析、审计培训计划编制	高级人力资源课程		孙子兵法 "三十六计"	综合识图 概算定额 卖场工程计划管理控制造价成本

注：所有新进成员至少需在卖场进行至少一周的实习。

【要点回顾】

1. 培训工作既关系到企业的竞争力和可持续发展，同时也关系到员工个人的可持续发展和长远发展。

2. 员工培训要专业技能培训和文化思想态度教育培训相结合。

3. 培训流程包括培训需求分析、计划、组织实施、反馈改进等步骤。

第二章 连锁企业的组织结构

【学习目标】
1. 让员工知道企业的组织结构及自身岗位在企业中的位置;
2. 了解门店的经营运作;
3. 明确店长的岗位职能。

第一节 总部的组织结构

一、连锁企业组织结构类型

连锁企业的基本的组织架构一般由两大部分组成：总部和门店。连锁总部是连锁企业的灵魂所在、连锁经营的指挥领导层、经营决策层和后勤服务层；门店是连锁经营的基础，承担着具体实施的执行功能。为了连锁企业的管理和发展，连锁企业必须明确总部与门店的组织系统，通过总部的标准化、专业化、集中化管理使门店的作业清晰化、高效化。

（一）中小型连锁企业的组织结构

小型连锁企业一般采用直线型组织（如图 2-1 所示）。这种组织结构适用于门店数目不多、门店面积不大、经营商品较少、经营区域集中的连锁企业，主要是初创期的连锁企业。由于连锁企业在初创期规模较小，管理并不十分复杂，一般仍是由总经理一人负责所有总部业务，各分店经营对总经理负责，如图 2-1 所示。

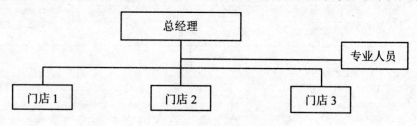

图 2-1 小型连锁企业组织结构

直线型组织虽然专业分工较差，但由于承担责任的总经理往往就是连锁企业的所有者，而且在所经营的业务方面一般比较精通，因此可以承担起小型连锁企业的中央管理任务，但当连锁门店不断增加而导致管理事务增多时，一些专业人员可以承担专业职能来辅佐帮助总经理的管理和经营，如财务职能由专业财务人员承担，采购职能由专业采购人员承担，但因为规模仍然较小，一般还不设置专门的职能部门。

（二）中型连锁企业的组织结构

随着连锁企业进一步发展壮大，规模不断扩大，商品品种不断增加，经营区域也不断扩大，总经理一人将无法处理所有的事物，简单的直线型管理组织形式也将无法适应，需要增加相应的职能部门，此时的连锁经营组织将过渡到直线职能型组织。一般，中型连锁企业的组织体系分为两层：上层是总部，管理整体事业的组织系统；下层是门店（见图2-2）。

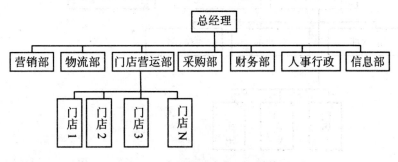

图2-2 中型连锁企业组织结构

如果连锁企业规模较大，职能部门增加而导致协调工作大量增多时，总经理就需要一个或几个助手来帮助他管理公司事务，一般可在总经理和职能部门之间设置一个中间管理岗位，如副总经理或总经理助理进行协调工作。由于上级协调的有效程度取决于组织中每个上级所负责协调的部门相关性特征，因此，在组织机构设置中，可把那些业务相关程度高、交往频繁的部门划归在同一上级的协调范围中，如，可将营销部、商品部、门店运营部统归一个副总经理负责管理；可将物流部、采购部统归另一个副总经理负责管理。

（三）大型连锁企业的组织结构

大型连锁企业的特点是门店数量较多，地域分布较广，管理事务也较为复杂，有些连锁企业甚至是跨国经营或者业务类型增加而趋向多元化经营，此时，组织形式一般采用多层次或事业部型组织。

对于跨区域连锁企业，由于连锁门店分布范围广、数量较多，因此，宜采用三级组织模式，即"总部—区域管理部—门店"（见图2-3）。在三级管理中，连锁总部的部门职能转移到区域管理部的相应部门中去，它主要承担对企业政策和发展规划的制定、监督执行,以及协调各区域管理部。区域管理部是适应连锁企业发展、区域扩展的需要而设立的,拥有自己的经营管理组织,在总部指导下负责本区域经营发展规划,处理本区域门店日常的经营管理。区域管理部实际上是总部派出的管理机构,在许多重大问题上的决策仍由总部做出。见图2-3。

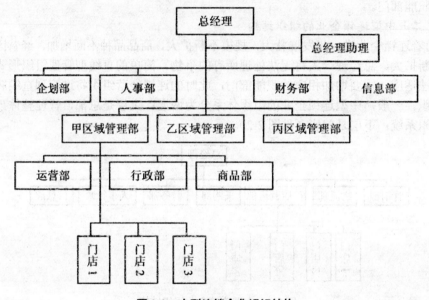

图2-3　大型连锁企业组织结构

二、总部的机构设置及管理职能

连锁总部(是指门店以上的管理系统,包括最高层连锁本部和各级管理总部)是企业的决策管理中心和后勤服务中心。总部与门店的关系唇齿相依,密不可分,在实际运作中,既要实现总部对各分店的控制管理作用,又要合理的处理好门店的灵活性和总部的控制关系。一般来说,总部需承担以下功能:

(一)管理功能

总部担负着连锁企业长期可持续发展的重任,高屋建瓴,明确未来发展方向,并将不断成熟的管理技巧传递给门店管理者。

(二)指导功能

门店一旦开门营业,许许多多实际的运作问题将接踵而至,如果仅仅靠门店自己的能力往往是无法应付各种问题的,因此,总部有必要安排专业人员持续地指导门店的运作。一则可以将总部的最新经验技术和政策规划及时传递给门店,二则可以即时解决经营中出现的各种问题,协助门店高效成功运作。

(三) 教育培训功能

连锁运作的成功关键在于如何将连锁运作的精华传递给每一个门店管理者和员工，资源共享，信息共享，将连锁运作的成功经验，系统地让门店员工接受并可以很快地运用，不仅使分店很好的传承总部的企业文化的精髓，并且向顾客呈现具有统一理念的产品和服务。在此，总部扮演了非常重要的角色。很多连锁企业专门设立了培训机构，甚至是培训大学，目的就是让进入企业的每一位员工接受企业的经营理念和岗位操作技巧，在很短的时间内进入符合总部发展要求的工作。

(四) 营销功能

这里所指的营销的是指广义的营销，涵盖了市场调查、商品采购、价格制定、渠道的选择和管理、整体形象塑造、服务设计、门店的促销与活动、广告媒体的运用等。总部依据自己综合的实力，从集团总部整个战略发展的角度去安排各种营销方案的工具和组合，从根本上提升企业的竞争力。

(五) 展店功能

连锁企业的发展很重要的一点就是连锁门店的扩张，虽然规模大并不一定代表企业强，但不断扩张本身便反映了企业的成功趋势。要想达到高而有效的开店成功率，总部必须依据自己的战略发展规划，设计出真正属于自己的开店策略，包括企业战略规划、全面展店计划、市场潜力分析、商圈调查与评估、开店流程制定与执行、开店投资与效益评估等，保证连锁事业不断发展和强大。

(六) 研发功能

研发功能对企业发展而言是非常关键的，尤其是当企业的发展上了一个新台阶之后，或是目标市场的顾客需求发生变化之后，企业需要不断的创新来提高管理和运作的效率和顺应时代的不断发展，如何提升企业管理水平，适应顾客的需要，顺应时代的潮流设计，改进出迎合消费者需求或开发引导出消费者需求的产品和服务，就成了企业持续发展的重要课题。只有持续不断地进行研发，研发出适合顾客需要的产品和服务，研发出更有效率的运作体系，才能保持企业发展的活力。

(七) 物流服务功能

连锁企业总部物流配送服务一般是以配送中心为核心，集中采购、统一配送，高效地将门店销售的商品及经营所需的原料和用具送达各连锁门店，从而达到降低成本、提高门店运作效率的目的。当然，也可以分地区分区域建立物流中心。连锁企业的规模效益很大一部分是通过总部的物流服务功能实现的。连锁企业总部的集中采购，可以达到规模经济的效应，高效的信息化的管理，提高了企业运作的效率和效益。

（八）财务功能

企业归根结底是要盈利的，最终要体现在财务方面，对财务的实时控制和有效财务管理是总部的一个重要的职能。财务功能包括了正确的财务及会计系统、税务处理、防弊和稽核、善用和调度资金等，对财务的有效控制是总部的重要职能。

（九）信息功能

随着计算机和网络技术的普遍运用，企业信息管理成了企业管理不可分割的一部分。信息功能主要集中在顾客消费信息、经营环境变化、国内外行业发展趋势、新观念和新技术及企业内部信息的搜集和整合等，高效的信息化的管理是总部的一个非常重要的职能。

第二节 门店岗位设置及店长职能

一、门店职能

1．贯彻总部的经营管理理念；
2．维持门店良好的顾客服务水平，时刻树立顾客服务意识；
3．维持门店良好的销售业绩并能够根据市场变化不断向总部提出营销建议；
4．商品管理，主要包括商品质量、商品缺货、商品陈列、商品盘点、商品损耗以及商品销售活动的实施等方面的管理，维持门店内商品整齐生动丰富的陈列；
5．店面环境管理，主要包括店面的外观管理以及气氛营造、卫生管理、经营设施管理等店内环境管理，确保店内清洁舒适的购物环境；
6．人事管理，主要包括员工管理、顾客管理以及供应商合作管理等；合理控制人事成本，保持员工工作的高效率，激发员工工作的热情；
7．信息管理，主要包括门店经营信息管理、顾客投诉与建议管理、竞争者信息管理等，及时将信息与总部信息部门沟通；
8．现金管理，包括收银管理和进货票据管理等，做到准确无误；
9．加强防火、防盗、防工伤、安全保卫的工作。

二、门店岗位设置

（一）门店组织结构图（见图2-4）

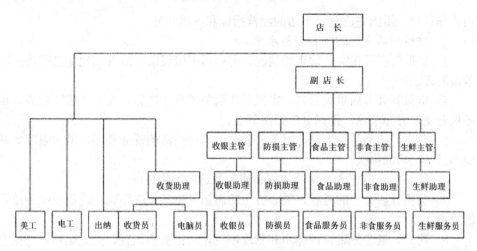

图 2-4 门店组织结构图

（二）门店岗位设置

门店的基本职能简单来讲就是销售服务及现场管理，门店一般由卖场和后场两个部分构成。由于门店的功能比较单一，以销售业务为中心，所以一般来讲在组织结构管理上不按部门划分，而是按岗位划分。其主要岗位有：

1. 店长——全面负责门店管理，贯彻落实总部的经营管理理念，做好与总部的沟通工作；
2. 副店长/店长助理——协助店长管理门店或分管某一方面的业务；
3. 值班长——负责门店现场管理；
4. 收银员——负责收银作业；
5. 理货员——负责理货作业；
6. 财务人员——负责内部核算及现金、单据等管理；
7. 服务人员——负责向顾客提供柜面或服务；
8. 仓务人员——负责进货、仓务及商品管理。

在设计门店的岗位职务时应注意两个基本问题：

一是建立职务等级制度，如收银员分为一级收银员（负责收银）和二级收银员（收银组长）；

二是要根据卖场面积来设置不同岗位，如几千平方米以上的大型卖场往往具有加工生鲜食品的功能，所以应设立加工组及相应的后场加工人员和前场（现场）加工人员。

三、店长岗位职责

1. 贯彻落实总部的经营管理理念，制定分店长期发展规划和年度计划及各部门管理目标，组织完成总部下达的经营指标和各项任务。

2．维持门店良好的顾客服务水平。

3．依据门店所在实际的市场情况，向总店申报促销申请及其他促进销售提高效益的方法。

4．审核签订分店重大合同，审批分店财务预算、决算，控制分店经营成本和各项开支，开源节流，提高分店经济效益。

5．负责门店商品、人员、财务的安全，维持正常的营业秩序，最大限度地减少和预防门店的损失。

6．维持门店内整齐生动的陈列和清洁舒适的购物环境。

7．负责分店员工的考核，关心员工的思想及生活，进行职业道德和业务技能的培训。

8．建立、健全分店管理体系和管理制度，决定机构设置、员工编制，任免管理人员（主管以上）并对管理人员进行考核、奖惩和晋升。

9．协调与上级主管部门关系，保持与政府机构、行业机构沟通，维持良好的关系。

10．布置、检查重大接待任务，参加重要活动和接待重要贵宾。

11．按店长负责制的管理体制，对公司总部负责。在分店各部门实行层级负责制，规定各级管理人员的职权范围。完善商场运行机制，调动各级员工的工作积极性。

12．维护公司形象，提高公司声誉，领导分店经营管理活动，建立和扩大销售市场。

13．督促、检查分店的服务质量、卫生、安全工作，加强员工职业道德和业务培训，协调各级关系，关心员工思想和生活。

四、副店长岗位职责

1．负责协助店长工作，制定、组织分店的行政计划，起草公司总结和各类事件报告。

2．负责管理本店的所有商品陈列的设计和具体实施。

3．负责管理商品的续定货和库存的管理，控制缺货。

4．负责督办、落实店长布置的工作，做好与店长的沟通工作。

5．保证、检查本店员工按照公司各项标准、规范的操作，并进行针对性培训和指导。

6．组织实施周期盘点、年度盘点，做好统计工作。

7．在店长的领导下，负责店长办公室的日常工作。

8. 做好上传下达，下情上报工作；深入基层，调查了解掌握实际情况，发现问题及时汇报，做好店长参谋和助手。

五、店长岗位说明书

表 2-1　店长岗位说明书

基本信息	
单位/部门：**营运部**	岗位名称：**店长**
岗位编号：	职务等级序列：
直接上级岗位名称：**营运经理**	
直级上级岗位编号：	职务等级序列：
修改日期：200×年××月××日	颁布日期：200×年××月××日
审批人：	
工作联系	
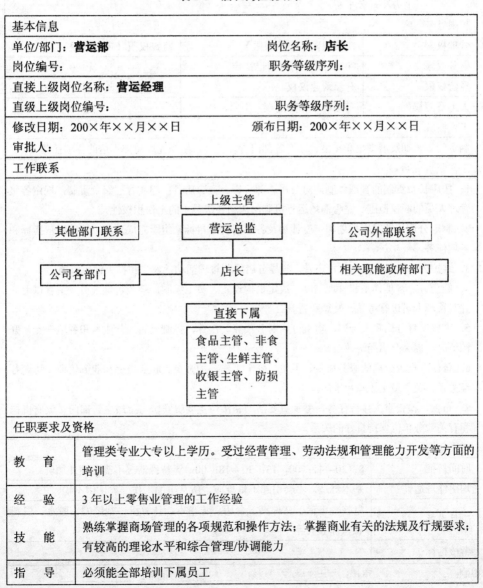	
任职要求及资格	
教　育	管理类专业大专以上学历。受过经营管理、劳动法规和管理能力开发等方面的培训
经　验	3年以上零售业管理的工作经验
技　能	熟练掌握商场管理的各项规范和操作方法；掌握商业有关的法规及行规要求；有较高的理论水平和综合管理/协调能力
指　导	必须能全部培训下属员工

（续表）

人际关系	良好的人际协调能力	
决策能力	有良好的综合分析问题和解决问题的能力，超强处理突发事件的能力	
分析协调	根据事情的发生并找出原因所在，再与对方沟通协调好工作	
其他要求	具有良好的职业道德，强烈的责任心和事业心。有较强的综合管理能力，秉公办事，公平待人	
权限		
管理权限	决策权限（审批权限）	监督权限（审核权限）
财务权限	200元以下可以自己决定	无
经营权限	有经营建议权	有经营数据监督权
人力资源权限	有招聘下属确定权	无
工作概况		
制定门店长期发展规划和年度计划及各部门管理目标，组织完成总部下达的各项任务		
工作职责说明		
1．按店长负责制的管理体制，对公司总部负责。在分店各部门实行层级负责制，规定各级管理人员的职权范围。完善商场运行机制，调动各级员工的工作积极性。 2．制定分店长期发展规划和年度计划及各部门管理目标，组织完成总部下达的经营指标和各项任务。 3．维护公司形象，提高公司声誉，领导分店经营管理活动，建立和扩大销售市场。 4．健全分店管理体系和管理制度，决定机构设置、员工编制，任免管理人员（主管以上）并对管理人员进行考核、奖惩和晋升。 5．审核签订分店重大合同，审批分店财务预算、决算，控制分店经营成本和各项开支，开源节流，提高分店经济效益。 6．督促、检查分店的服务质量、卫生、安全工作，加强员工职业道德和业务培训，协调各级关系，关心员工思想和生活。 7．布置、检查重大接待任务，参加重要活动和接待重要贵宾。与上级主管部门、政府机构和有关业务单位保持良好的关系。		
工作环境		
时间特征	8：30—12：00，13：30—18：00，无特殊情况不需要额外加班	
均衡性舒适性	基本舒适，不会引起不良反应，所从事的工作一般忙闲不均	
工具设备	电脑、电话、文件夹、台历、记事本、计算机、裁纸刀、胶水、资料袋、订书机等	
考核指标		

拟制：_____ 审核：_____ 复核：_____ 批准：_____

六、店长权限表

表2-2 店长权限表

类别	事 项	店长权限	说明
人事	主管级以下员工录用	审批	公司在人事上只控制到主管级,主管级以下由门店任命;人员编制上,开店前,总部制定人员编制表,开店后总部按编制给费用额度,在费用额度范围内门店有权作人员增减
	主管级以下员工请假	审批,报人事备案	
	主管级(含主管级)以上员工请假(三天以内)	审批,报人事备案	
	员工休年假	审批,报人事备案	
	主管级以下员工的店内调动	审批,报人事备案	
	分店主管级以下人员辞工、辞退	审批,报人事备案	
	分店主管级以下人员晋职、降职、晋级、降级、停岗	审批,报人事备案	
	按公司规定奖励或处罚	审批,报人事备案	
	员工店内通报	审批,报人事备案	
	员工班次安排	审批,报人事备案	
价格变动	合作档口敏感商品价格调控(每个档口不少于20%的商品)	审批	
	敏感商品促销、调价(商品目录由公司指定)	审批	
	生鲜熟食商品促销调价	审批	
	批发(2000元以上)综合毛利不低于5%	审批	
商品管理	DM商品选取	与采购共同确定	
	堆头商品更换	审批	采购收取费用或指定堆头除外
	商品陈列调整、货架调整	审批	大面积商品陈列调整及货架调走,须向公司申请
	滞销商品清退建议	审批	采购经理须在三个工作日内答复,如不清退,须给出书面原因
	普通商品损耗(给定额度内)	审批	营业额的3‰
	生鲜商品报损	审批	
	商品削价(给定额度内)	审批	进价30%以内
财务管理	内部领用(500元以下)	审批	
	分店临时开支审批(单笔200元以下、月度总额在1000元以内)	审批	
	供应商遗留促销赠品处理	审批	
	处理顾客投诉时,给顾客300元以内的赔偿	审批	
其他	不牵涉和供应商谈判或非公司供应商的单位促销活动	审批	
	营业时间变更(临时性调整)	审批	

第三节 门店与总部的关系

一、门店与总部的职能分工

门店与总部唇齿相依，密不可分。总部的集中采购降级了产品和服务成本，产生了规模效应；另一方面，总部把管理经营经验传授给分布，依据经验曲线的有关原理，提高了门店经营的效率和效益。另外，总部通过门店进行品牌输出，通过软实力，能够通过顾客的品牌忠诚度迅速打开市场。

从职能分工来看，总部的职能是管理，门店的职能是销售。总部的作用是研究企业的经营技巧，把成熟的经营技巧直接传授给门店，指导门店的经营，提高门店企业管理水平，并且给门店提供强大的后勤保障和支持，使门店免于后顾之忧。同时，由于连锁企业是同行业、多门店的经营，总部统一开发经营技巧可以广泛应用于各个门店，经验共享，使所有门店的经营管理水平普遍提高，获得技术共享效益，同时分担了技术开发的成本。

另外，连锁总部设置不同职能部门进行业务管理。如，由财务部负责收付款业务，对现金流进行专业化管理；由信息部负责各种信息的收集、传递和分析，实现信息流的专业化管理等。

二、定价环节总部与门店的分工

作为与市场直接接触的门店，如何提高销售额提高业绩获得更大的收益是门店直接面对的问题。价格是销售的一个强有力的武器，每一家连锁分店就像是驻扎在外面的战斗军队一样，在遵循中央的指示依策略指导作战行动的同时，由于其所在的区域或地区的市场个性差异，所以，又需要拥有某些程度的自主权，依据门店所处的市场环境做相应的调整和改变。因此，连锁店的价格策略的执行与管理尤其困难。

售价的形成一般可分为三个阶段，第一阶段是设定价格目标，第二阶段是维持价格水准，第三个阶段是调整售价。这三个阶段并无时间期限，在实际运作中，总部与分店有着密不可分的关系。

首先，在定价时，不仅要考虑成本，还要考虑竞争。因为各连锁分店的商业区域特性均不完全相同，其各自面临的竞争对手也不相同，故总部决策价格，要首先对各个分店所在的区域做市场调查，从各分店不断搜集价格资讯，以作为定价的重要判断因素。总部可以制定统一的价格标准，同时，也可以允许门店根据具体情况自行定价，但，总部要及时更新各分店的具体定价信息，很好的管理控制分店的商品价格，同时，要避免某些分店店长为了个人私利虚报价格，总部应做好监督管理作用。

其次,在维持价格水准时,一方面,总部要考虑到"公平"和"利于管理"的限制,可以强制各连锁门店统一售价,但为了有效的管理,又不能任由各门店自行定价,以免扰乱市场行情,造成管理失控,因为如此不但可能损失销售利润,还会遭致顾客的不满,故,有必要依据区域特性或区域目标市场,订出几种价格模式。

最后,在价格调整时,总部的授权和监督管理非常重要。授权太大,固然有弹性较大相对灵活的优点,但也会相对地造成市场价格的紊乱的情况,造成总部无法控制的局面;授权太小,虽然可易于控制管理,但前线作战单位往往将之推卸为业绩不振的因素,且此举可能导致总部迎战应变能力的削弱。

因此,在价格的形成过程中,总部与各连锁分店间要不断维持"充足的情报搜集"、"适当的授权"、"时效掌握"、"有效控制管理"等良性又迅速的互动。

【要点回顾】

1. 连锁总部是连锁企业的高层组织,是连锁经营的指挥领导层、经营决策层和后勤服务层;门店是连锁经营的基础,承担着具体实施的执行功能。连锁企业必须明确总部与门店的组织系统,通过总部的标准化、专业化、集中化管理使门店的作业单纯化、高效化。

2. 总部与门店的关系唇齿相依,密不可分。一般来说,总部需承担以下功能:管理功能、教育培训功能、指导功能、营销功能、展店功能、研发功能、物流服务功能、财务功能、信息功能。

3. 在价格的形成过程中,总部与各连锁分店间要不断维持"适当的授权"、"充足的情报搜集"、"时效掌握"等良性又迅速的互动。

第三章　连锁企业的基本制度

【学习目标】

通过本章学习，你应该能够：

1. 了解认识异动与离职管理制度、员工培训管理制度、合理化建议管理制度、绩效考核及薪酬与福利待遇管理制度、办公用品及资产管理制度等。

2. 熟悉招聘管理制度、考勤管理制度、员工行为规范与准则、奖罚制度、差旅制度、节约制度与保密制度、宿舍管理制度等。

第一节　人力资源管理制度

一、招聘管理制度

（一）招聘

1. 人事行政部依据公司发展的战略需要，公司根据人员编制计划，面向公司和社会公开招聘，做到按需录用、择才录用、任人唯贤。分析、预测人力资源供给和需求状况，按编制制定年度招聘计划，报总经理批准后执行。

2. 各职能部门、分店有招聘需求时，一般岗位须提前一周（主管级以上人员须提前十五天），按需求的种类填写《人力需求表》，审批后方可执行。

3. 用人部门须同时提供相关岗位的技能测试题和答案。

4. 增加新的岗位必须附新增岗位的《职务说明书》及增员/增岗申请报告。

5. 普通员工一般在一周至半个月内招聘到位，主管级以上员工一般在一个月内招聘到位。

（二）招聘渠道

1. 内聘管理

（1）人事行政部在内部公告栏上或通过门店店长早会时间发布内聘信息，具备应聘资格的员工可前往申请，内部选拔方式根据职位需求有竞争性上岗和非竞争性上岗两种，以人事行政部的通知为准，应聘者原所属部门领导应予以大力支持。

（2）应聘员工需要填写《任职资格评定表》，并附个人简历一份，由所属部门直接领导签署意见后到人事行政部应聘，或者直接将个人简历投入公司招聘专用电子邮箱。

（3）内部应聘的面试方法与外部招聘相同。由人事行政部把应聘人员的简历调出审查。

（4）经面试、复试合格的应聘人员经原直属主管同意后即可到人事行政部填写《内部调动审批表》，办理调动手续。

（5）内招的人员试用期为二个月，不合格者则延长试用期或由人事行政部另行安排。

2. 外聘管理

（1）在内部招聘无法满足用人需求时，人事行政部即采取外聘渠道：人才市场现场招聘、网络招聘，特殊岗位可通过宣传媒体发布招聘信息或通过猎头公司进行招聘，招聘费用由用人部门承担。

（2）人事行政部负责对应聘人员的初试、证件的验证和辨别，用人部门复试后须立即将结果反馈至人事行政部。

（3）如选择现场招聘时，用人部门根据需要也可委派人赴现场进行面试。

（4）外部招聘须严格按照外部招聘程序进行（见招聘工作流程图）。

（5）离职人员一般不得再招聘入职（特殊情况如关键工程技术人员、专业人员例外）。

（6）公司原则上不招收与本公司员工有亲戚关系的人员入职。

（7）人事行政部负责在外部网络上发布、更改职位信息，对收到的应聘资料进行初选，合适人选可安排面试，中高层职位的人员资料需长期储备。

3. 本着"公平竞争、择优录取"的原则，在同等条件的应聘者中，优先考虑内部人员。

（三）聘请条件和标准

1. 选拔和使用干部应坚持德才兼备原则，坚持任人唯贤，实行回避制度。

2. 选拔人员一般应具备以下条件：

（1）工作责任心强，业务熟悉，有较好的业绩和具有相应职务的组织领导能力，有良好专业的基础。

（2）聘任部门经理、门店店长应有5年以上专业工龄，大学以上文凭。

（3）聘任门店副店长、部门主管职务需具备二年以上专业工龄。

3. 选拔使用管理人员应逐级提拔，一般不越级。对于德才兼备和业绩突出者，公司又迫切需要的人才可以越级提拔。

4. 提拔管理人员的试用期一般为三个月，试用期满，经直属上级和人事行政部考核合格后，给予聘任。聘任后才可享受职务待遇。业绩特别突出者，或同行业平级招聘者，经总经理同意后可提前给予聘任。

5. 管理人员享受的待遇按照"即聘即享，即免即失"的原则执行。干部在聘任后行使相应职权，承担相应责任、享受相应待遇。待遇享受原则上是从聘任的次月起开始执行。

6．贯彻干部"能者上，庸者下"的任用制度，根据经营绩效考核结果及年龄、身体等其他情况。对不胜任者进行降职或免职。

7．各部门、门店要注意培养和推荐选拔年轻而优秀的经营管理人员，为企业的发展培养后备干部。

8．所有的任免通知均由人事行政部发出。

（四）入职手续

1．员工入职前必须到区级以上医院进行体检，体检合格者方可办理入职手续。

2．办理入职手续时，员工需呈交相片、身份证、毕业证、学位证、职称资格、荣誉证书、离职证明失业证（本市户口）、计生证、暂住证（外地）等其他资格证书原件审核，并将复印件交人事行政部门归档。发现使用虚假证件者，一律不予录用。若在员工入职后发现其证件虚假的，公司将予以开除。

3．司机、水电工、财务人员、厨师等人员需有相关的技术等级证书。当婚姻状况、子女出生、学历、职称、联系电话或其他有关个人资料变更时，一般应在一周内告知人事行政部门。

4．防损员、理货员、财务、收银人员、店长、司机（城市户籍员工只需提供户口本复印件即可）需提供担保人（城市户口）亲笔签署的经济担保书及担保人的身份证原件和复印件。

5．担保人需具条件：城市户籍（现役军人、学生除外）、具备独立的经济能力、年龄在18~60周岁。

6．核对完资料后，必须录入花名册，签订试用合同，完善人事档案；

7．办完上述事项后，签发工作证、考勤卡、《员工手册》，领取制服及适合的工具或文具等。

8．发放人事入职通知单，管理员工并开具任免通知书。

（五）职务设置

公司一般设以下职级：

公司总部设：总经理、分管中心总监、部门经理、主管、文员。

门店设：店长、副店长、主管、助理、文员、电脑员、防损员、电工、美工、验货员、主管、主管助理、普通职员。

（六）试用及转正

1．所有新入职员工试用期一般为三个月，最长不超过六个月，并签订试用合同。门店员工一般必须经过三天的试工期方可成为试用员工。

2．新员工在试用期结束前半个月，填写《员工转正申请表》，并要求员工提交自我评定表。

3. 直属上司收到员工转正申请表后，必须填写《员工评定表》，直属上司就其工作态度、工作能力、职业发展等内容进行整体考评。并将考评意见及转正相关资料交人事行政部负责人进行复评，由人事行政部与员工直接沟通存在的缺点和优点，同时及时通知转正的具体时间和工资。

4. 转正一般以半个月为单位，15日之前入职的员工，第三个月底可以转正，15日以后入职的，转正必须到第四个月底。试用期满后经考核合格者，一般应于当月10日前将《员工转正表》交人事行政部门汇总，并签订正式的劳动合同。见图3-1。

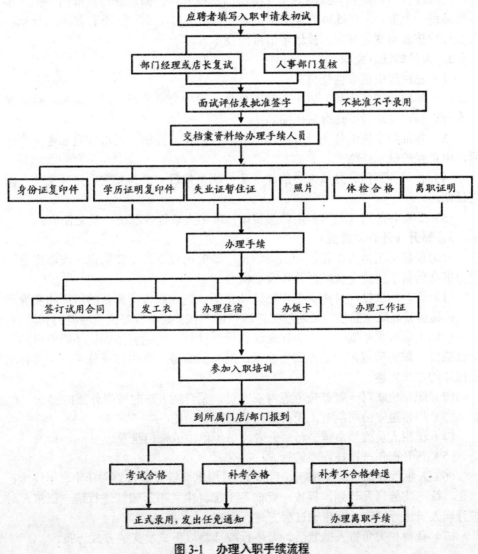

图3-1 办理入职手续流程

二、人事异动与离职管理制度

(一) 人事异动管理制度

1. 人事异动的办理

(1) 审批权限：人事异动审批权按招聘权限程序执行，若有更改一般以公司书面文件为准。

(2) 办理程序：一般由申请人所在部门（门店）填写相关的申请表格，经所在部门经理（门店店长）批准后交人事部门审核办理，需总经理签批的，由人事行政部统一上报，未获批准的异动申请退回申请部门（门店），获得批准的异动由人事行政按公司规定发文，抄送申请部门及本人。

2. 人员的任、免职

(1) 总经理由董事会任免。

(2) 部门经理（店长）以上人员的任免一般由公司推荐，以书面形式报人事行政部审核，经总经审批准后任免。

(3) 各部门主管的任免一般由部门经理（店长）提出，人事行政部考核合格后，由总经理批示任免。

(4) 公司各部门、分店人员的任（免）职生效日一般为发文之日或文件内指定日期。

(5) 公司各部门（门店）主管级员工一般由人事行政部统一发文任免。

3. 晋升（升职和调资）

公司鼓励员工努力工作，在出现职位空缺的前提下，工作勤奋、表现出色、能力出众的员工将优先获得晋升和发展机会。

(1) 晋升的依据：有相关工作经验和资历；完成职位所需要的培训和实操训练，并具备较高职位的技能或通过拟任职位的考核；具备较好的适应能力和潜力；有良好的人际关系基础，在职工作表现与操行良好；能达到该职位任职资格的；达到拟晋升职务所规定的工作阅历要求；对有关职务工作内容充分了解，并体现出浓厚的工作兴趣。

(2) 职位空缺时一般首先考虑内部人员，无合适人选时考虑外部招聘。

(3) 严格遵守公司制度，无严重违法违纪记录的。

(4) 试用人员成绩卓越破格晋升者由试用单位或部门推荐。

(5) 晋升操作严格按程序进行。

(6) 人事行政部一般于每年6月和12月根据企业发展规划和年中、年终考评结果，统一实施晋升计划，提拔一批储备干部。由人事行政部进行统一审核，对拟升职人员进行评审，评审通过后方进行上报。

(7) 获得相关负责人批复后，人事行政部将以正式发文的方式公布。

（8）在年度工作中，对公司有特殊成就，表现优异的员工，随时予以提升。

（9）员工在接到晋升通知后，应在指定日期内办妥移交手续，然后就任新职。

（10）凡因晋升变动职务，一般由晋升之日起二个月后按新岗位薪资待遇计算。

（11）凡是员工第一次晋升后，一般必须经过半年，考核合格后才可以有第二次晋升的机会，特殊情况另行处理。

4. 调职

（1）员工调职的基本原则：符合企业的经营方针和公司的人事管理制度；充分发挥员工的个人潜力，做到量才适用；配合公司的经营需要，合理调整人员结构。

（2）调职一般由申请调入部门提出，调出单位同意后，由行政人事部门按要求填写《内部调动审批表》，经批准后可实行。如调动人员不服从调令而辞职，后又在公司范围内提出入职要求的，一般不得接收；如因不明真相而已接收的，在接到被辞职公司通知后两天内，一般应予以劝退或辞退。

（3）员工一般自调职之日起两个月内执行原职位的薪资待遇，试用期（两个月）满并试用合格后实行新职位薪资待遇。

5. 降职

（1）降职的基本原则：不能胜任本职工作调任其他工作；配合公司的经营需要，合理调整人员结构；出现严重工作失误，给公司带来较大损失；培训考核成绩低下者，经培训后仍不能胜任原工作者；连续两次绩效考核不合格者。

（2）降职由用人单位填写《内部调动/晋升/降职审批表》，经审批备案或发文执行。

（3）员工从降职次月1日起执行新职位的薪资待遇。

（4）员工收到降职通知后应于指定日期内办理好移交手续履任新职，一般不得借故推诿或拒绝交接。

6. 复职

以下情况可申请复职：

（1）员工被降职3个月后，工作能力和态度进步较大，能胜任原职位，而且原职位仍处于空缺情况下。

（2）员工升职后经试用未能达到新职位要求者。

（二）离职管理制度

1. 离职类别

（1）辞职：由本人提出、按离职程序办理相关手续视为辞职。

（2）自动离职：一般员工连续旷工三天或全年累计旷工达十天者作自动离职处理，将予以解除劳动合同，不计当月工资，不做任何经济补偿。

（3）劝退：公司裁员或认为某员工不适宜本职工作，可劝退。

（4）辞退：员工在工作期间严重违反公司制度或工作态度、技能、绩效等不符合公司要求，公司决定提前终止与员工的劳动关系者可即时辞退，依据有关规定处理后再按离职程序办理相关手续。职员有下列情况之一时，公司可以不须给予任何通知期和经济赔偿而解除劳动合同：在试用期内被证明不符合录用条件的；严重违反劳动纪律或公司规章制度的；严重失职，营私舞弊，使公司利益造成重大损失的；被依法追究刑事责任的；连续旷工三日以上的。

（5）开除：如员工触犯法律，被依法追究刑事责任的将给予开除，不给予结算工资及经济补偿。

（6）其他情形。

2．离职提前通知期

（1）员工因故辞职应提前向直属主管人员提出申请，所有员工辞职须同时知会总公司人事行政部，提前申请期如下：与公司签订合同的正式员工一般提前30日申请，公司将根据招聘人员在申请之日30天之内随时通知办理离职手续；试用期员工一般提前7日通知。

（2）公司劝退、辞退员工时，必须事前通告其本人，并由其直属主管向其本人传达辞退通知，辞退预告期依据下列规定：正式员工必须提前30日通知；试用期员工提前7日通知。

3．离职手续的相关规定

（1）员工辞职一般须向直属主管按上述规定提前提出书面申请（按总公司统一规定的离职申请表），经部门经理（门店店长）批准；门店普通员工辞职由直属主管及门店店长批准，报总公司人事行政部复核；主管级（含主管级）以上人员辞职须店长同意，人事行政部审核，总经理批准后，人事行政部方可办理离职手续。

（2）员工无论何种理由提出辞职申请，自提出之日起的三十日内仍须在原工作岗位继续工作，直至公司批准其离职，并将工作移交完毕，辞职经批准但手续未办完离开公司者，按自动离职处理。公司一般保留在三十天任何一天批准办理离职手续的权利。

（3）员工离职前人事行政部门一般必须对其进行一次离职面谈，了解其离职的原因及公司人事管理、企业管理中需改进的地方，员工辞职由人事行政部负责人进行谈话，主管级（含）以上人员离职须由人事行政部经理进行谈话，谈话后须填写《离职谈话记录表》由人事行政部门归档。

（4）辞退主管级以下员工时一般必须由其直属主管级以上人员提出申请，经部门经理（店长）批准后，交人事行政部复核后办理，被辞退员工在收到辞退通知后要及时办理工作移交及离职手续。

（5）辞退经理（店长）级人员由直属主管提出意见，人事行政部核实，听取被辞退人员的申诉后，提出意见报总经理审批。

（6）辞退或辞职员工若在入职时与公司签有保密协议的，须根据协议内容在离职后的约定时间内保守公司机密，否则公司有权追究相关的法律责任。

（7）员工在办完工作及资料（书面及电子版）移交，归还所借用物品（办公用品、电脑设备、生产资料或设施、工衣、书籍、交通通讯工具、工牌、证件等）后，还须返还向公司缴付的各项财务费用（个人借款、食宿费用、各种赔偿金或扣款），方可进行薪资结算，人事行政部门为其办理劳动合同终止、退保等相关手续。

（8）离职员工若因个人原因离职的，离职前参加外部培训并签订了《培训协议书》的，一般应按规定承担相关培训费，并在离职前结算相关费用。

（9）员工于离职后6个月内，经发现在职期间有亏空、舞弊或业务上不法事情，除应负担赔偿责任外，情节严重者，将追究法律责任。如部门负责人、工作接手人知情不报或故意疏失，须受连带处分。

（10）被辞退的员工对辞退处理不服，无理取闹纠缠领导影响本公司正常生产工作秩序的，公司将提请公安部门按照治安管理处罚条例的有关规定处理。

（11）员工离职手续的程序：

① 个人至人事行政部领取并填写《离职申请表》；

② 填写完毕后，交所属部门主管负责人批准，批准日期为生效日期；

③ 到期后所属部门负责人指定的人员进行工作和工具的交接，到人事行政部进行办公用品交接，并须所属部门负责人在《离职申请表》上签名确认；

④ 离职人持《离职申请表》到人事行政部办理离职手续；

⑤ 离职人持人事行政部开具的《离职申请表》附条，至下个月15日后的第一个周五到财务部进行结算。

（12）所有办完离职手续的员工，必须到下月发薪日才领取工资。

三、员工培训管理制度

（一）指导思想

1. 入职培训主要讲授公司的发展历史、经营宗旨、企业文化理念、规章制度等，使新员工能在最短的时间内认同企业，尽快适应公司发展需求，配合企业的思维变革和管理革新。

2. 实施岗前和在职工作技能培训，使员工熟悉工作环节和业务流程，掌握工作标准和技巧，提高工作效率。

3. 实施管理知识和技能培训，全面提升和更新公司各级管理人员的管理技能和管理思维，提高公司整体管理水平，从而提高公司效率。

4. 围绕公司的企业文化建设，实施有特色的企业服务意识培训，采用丰富的文体活动及灵活的培训方式定期对员工进行团队精神教育，提升员工的素质，增强企业的凝聚力和前进动力。

（二）培训形式

1. 脱产培训：是就工作中必须具备的具有共性的技能、知识、理念等，组织员工进行集中的脱产学习，由专任讲师主持授课。

2. 在职培训：是指上级领导在日常工作中对员工的培养训练，即通过制定工作计划、分配调整工作、听取汇报和意见、评价考核业绩、推进工作改善、帮助解决问题等途径对员工进行的指导。

（三）培训种类

1. 公司内部培训

为进一步了解公司，适应岗位职责要求，员工可申请或被指定参加公司内部举办的各种培训课程，课程类别主要有：行业介绍、公司简介、公司制度、礼仪、专业操作规程等知识，还包括公司理念推广、自我开发、专业技能训练等。

2. 公司外部培训

（1）外部培训：员工因工作需要由总经理指派或本人提出外部培训申请经批准后，参加顾问公司、大学、政府机构、培训公司或公益法人机构所举办的培训。

（2）所有外部培训均需同时具备以下两个条件：第一是因特定需求，公司目前无法提供培训课程的；其二是申请培训内容，必须与受训者在本公司目前或未来职务相关的。

（3）参加培训前，申请人需填写《外部培训申请表》并附课程简章，申请经批准后，须将申请表交人事行政部备案，并签订《培训协议书》，培训费用由被培训人所在单位承担。

（4）培训结束后，被培训人在课程结束一周内将培训心得报告（由上级签署意见）、培训相关资料连同培训证书复印件交至行政人事部部备案。

（5）培训费用（不含交通费及其他补助）支付标准：参加培训前必须签订公司的《培训合同》，暂由公司支付，自培训之日起没有为公司服务满一年的，员工离职时必须赔偿公司的培训费用（不包含交通费和补贴）。特殊情况按实际情况另行约定。

（6）员工参加自考、函授、电大、夜校等方式取得的"毕业证"或"资格证"，经行政人事部验证后作为本人加薪、晋升的参考依据。

（四）培训评估和考核

1. 各部门、门店可对培训课程内容、培训效果、实施等方面进行评估，以便行政人事部做出最适用的培训计划。

2. 参加培训的人员，如有公务不能参加，须向主管领导请假，无故迟到、早退、旷课者按《考勤管理制度》处理。

3. 员工晋升、任职前均需通过任职资格考评，成绩不合格者不得任职或晋升。

四、考勤管理制度

（一）考勤方式及对象

1. 除总经理外，全体员工均作为考勤对象，一般上下班均必须走员工通道进行打卡，办公室打卡两次/天。门店员工按班次打卡。

2. 出差的人员凭《因公出差申报单》记录考勤。

3. 考勤统计由行政人事部前台于每月初统计，经审批后报绩效专员计算工资，复核后交财务审核发放。

4. 特殊人员不参与打卡的必须总经理签名批准。否则全部必须打卡。

（二）工作时间

1. 上班时间（根据企业的具体情况而定）：如　AM　08：30--12：00
　　　　　　　　　　　　　　　　　　　　　　　PM　13：30--18：00

2. 总公司一般每周日休息1天，各部门休息期间必须有人轮流值班，值班期间有紧急情况必须由其他按轮休处理，门店可根据实际情况，另行制定上班时间，上报行政人事部审批备案。

3. 门店主管级以上营运人员，一般每周应工作六天，按轮休处理，其他职员每月休息两天，特殊性质可以适当调整上班时间和休息时间，报公司行政人事部备案。

4. 卖场每天上班时间内餐饮时间一般为每次45分钟，并在非营运高峰时间分批享用。

（三）打卡及外出管理

1. 代人或授人打卡者，一经发现，一般双方应立即予以记小过处分，并扣薪（如50元/次等），被发现超过三次一般即双方开除。

2. 人事行政部负责考勤制度的执行与考勤的管理工作，考勤结果直接与工资挂勾。

3. 员工在打卡时，应自觉遵守秩序。

4. 因卡钟出现故障或停电而不能正常打卡时，一般应由各门店出纳或前台负责登记上下班时间。

5. 凡是在公司打卡的员工公事外出时，必须填写《员工公出外勤申请表》，部门负责人签名交人事行政部确认后方生效。同时必须在外出告示板上写明外出时间、事由、地点及预计返回时间，以便相关人员及时了解其去向。

6. 员工因公外出未能按计划返回公司时，应提前告知直属上级和行政人事部门,并委托相关人员在外出告示板上注明,事后补办相关手续。

7. 在市内办理公务不能按时打卡或已按时上下班但忘记打卡者,必须在有证明人证明下(上司或公司内部能证明的人)填写《出勤解释单》,证明理由充足部门负责人及人事行政部才可以审批,考勤人员根据审批的《出勤解释单》进行签卡,严禁私自签卡。

8. 私自签卡按没有打卡处理。凡是没有打卡也没有《出勤解释单》的,全部按旷工处理。

9. 因公外出当天不能往返的为出差。出差人员须提前填写《因公出差申报单》一式两份,并附申请报告说明出差目的、内容、地点、时间、费用预算(参加会议或外部培训的须附上会议议程安排、邀请函、课程简章)等,经相关负责人审批并交行政人事部门复核后方生效,否则作缺勤处理。

10. 员工在市内因公不能回到公司就餐的,凭《外勤申请表》到前台核实后可以报销(如:5元/餐),出差外市的按差旅标准报销。

11. 各门店出纳在每月4日前将考勤卡作好统计,考勤卡和统计表送到人事部,过期办理无效。

12. 如有遗失考勤卡,需书面申请补办(如:需交20元工本费),由直属上司核实,并交人事部备案。

(四)请假流程

1. 员工请假一般须填写《请假申请单》,并在批准后交人事行政部门备案,未在人事行政部备案的请假无效,强行请假作旷工处理。

2. 请假三天以内的一般由部门主管、店长审批,人事行政部门确认,三天以上、十天以内一般由店长审批,总部确认,十天以上一般由总经理审批,人事行政部门确认。

3. 员工请长假一般须提前20天以上向行政人事部门申请,并附医院或当地政府相关证明。

4. 凡请假员工,假期未满上班或超假必须到人事部门办理销假或续假手续。未办理销假手续者假期内上班不计工资(但若属有薪假期应按标准发放有薪假期工资),超假但未办理续假手续者以旷工论(特殊原因经向行政人事部门及直属上司口头请假经同意后除外)。

(五)缺勤、全勤处理

1. 一般员工单次迟到/早退超过3分钟,迟到/早退在30分钟内(含30分钟),扣X元/分;

2. 一般迟到/早退在30分钟以上至1小时内(含1小时),扣X元/分外,另扣全勤奖;

3. 一般迟到超过1小时(不含1小时),按旷工半天处理;

4. 一般情况下，旷工一天扣三天工资，旷工超过三天作自动离职处理。

5. 当月没有迟到、早退，同时没有请任何病事假者，公司给予全勤奖（奖金额公司另定：如30元等）。

6. 加班管理及补休

（1）员工必须服从公司安排的任何加班，不得借故推诿。

（2）公司提倡高效之运作，员工的本职工作应于正常上班时间内完成，不得故意拖延。

（3）员工正常工作没有完成而需延长工作时间的不能算加班。

（4）公司员工因工作需要，符合以下条件并经过相关领导审批的，可计为加班：

（5）在休息日或法定节假日内，公司因为经营业务等原因而要求员工加班的。

（6）由于发生严重自然灾害或其他灾害，为避免公司财物遭受损失而进行抢救的。

（7）突发性、不属于正常工作范围内的工作而必须通过延时工作或利用休息日、法定节假日完成工作的。

（8）在休息日加班的，需提前半天提出申请，详细填写《加班申请单》，由相关领导批准后交人事行政部门备案，并以此作为加班补休的凭证，补休不能累计超过三个月，否则当自动放弃补休处理。

（9）加班处理：在正常上班时间外加班的，一律按同等时间安排补休。

（10）凡是要补休的员工必须提前半天申请，否则当旷工处理。

（六）休假规范

1. **法定假日**

法定假日均为有薪假，法定假日如下：

（1）元旦（公历1月1日）。

（2）春节（农历正月初一、初二、初三）。

（3）五一劳动节（公历5月1、2、3日）。

（4）国庆节（公历10月1、2、3日）。

（5）法律规定的其他假期。

以上法定假日期间，因公司是超市的特殊情况，员工应服从公司轮休工作的安排。

2. **事假**

因私事请假为事假，事假为无薪假。事假一般以一小时为起点，但最多不得超过二十天。三天（含）以内的假期应提前一天申请，四至十五天（含）的假期应提前五天申请，十五天以上应提前七天申请。

3．病假

（1）员工因病不能上班，一般需在当天上班后1小时内向部门经理（门店店长）口头告假；

（2）复工当日需凭区（县）级以上医院开具的病休证明和病历办理病假手续；

（3）无区（县）级医院开出的病休证明按事假处理；正式员工一般每月可享有一天的有薪病假，超出天数按实际天数扣薪，有薪病假不得跨月累计。

4．婚假

入职满半年的正式员工依照国家法律规定结婚（初婚），可享受3天有薪婚假；晚婚者增加10天晚婚假（女24周岁，男26周岁为晚婚），但须符合下列条件：

（1）当事人须向行政人事部出示结婚证正本并提供复印件；

（2）婚假自结婚登记之日起半年内有效；

（3）婚假为连续假期，不可间隔。

5．计生假

（1）转正后的正式员工怀孕后，符合国家计划生育政策的（持有准生证及其他有效证件的），可享有九十天产假，其中产前休假15天，休产假的当年不再享受公司年假。

（2）其他计划生育假按国家相关规定处理。

6．丧假

员工直系亲属（指父母、配偶、子女与配偶之父母）死亡时，公司给予有薪丧假三天。若需要到外地料理丧事的，可根据路程远近给予不超过两天的路程假。

7．有薪年假

（1）为公司服务满一年以上的员工可享受有薪年假为5天，每增加一年各增加一天。

（2）休假时间应尽可能安排在淡季，旺季员工不得休年假，确实需要的应服从公司领导的安排。

（3）有薪年假与其他假期一起连续休假的，假期累计不得超过20天。

（4）员工休完年假1个月内不允许辞职，否则作旷工处理。

（5）有薪年假可分期休假，但不得提前预支，年假需在年度内休完，不得跨年累计；如需一次性休年假，需提前两周向部门主管递交《休假单》，年假每次最少休假半天；

（6）在一年内因事请假累计超过二十天，或者在一年内请病假累计超过四十天的，或者在一年内病假、事假相加超过五十天的，当年不再享受休（年）假待遇。如在当年享受带薪年休假后，再请病假、事假超过以上规定的，则在下一年不再给予年休假。

（7）有薪年假不包括法定假期和休息日在内。有薪年假只在当年度内使用，不得跨年度累计休假。

五、合理化建议管理制度

（一）指导思想

为了培养员工对公司经营管理的参与意识，发挥员工的聪明才智，调动员工为公司出谋策划的积极性，提高其自主管理能力，激发员工关心企业、热爱公司的热情，鼓励员工为公司的发展提出合理化建议，推动公司各项工作的有效开展，特制定本制度。

（二）管理职责

1．一般由人力资源部负责建议的收集、筛选、呈报、组织评议、跟踪、反馈，并对已采纳的合理化建议的实施情况进行记录及奖励等方面的组织工作。

2．为确保工作质量及有效性，对合理化建议能正确评估、合理授奖，公司设置"合理化建议审核评议委员会"，由高层领导（如董事长）亲自领导。（以下简称审核委员会）其工作职责如下：

（1）研究与制定合理化建议的管理政策与制度建设。

（2）对重大建议事项进行评议，并决定是否采纳。

（3）对已采纳实施的建议进行过程跟踪，以防范决策失误，并及时以调整，避免风险。

（4）对实施后产生效益的合理化建议进行效益评估。

（5）制定奖励政策，审核各项获奖项目的具体内容。

3．各职能部门主管人员均应鼓励本部门员工积极参加与公司合理化建议活动，并做好各项建议的传递申报工作。

（三）合理化建议的征集方式

1．所有的合理化建议均得用书面的形式提出，填写公司统一制定的《合理化建议申报表》（具体见附件一）。

2．员工提出合理化建议可以直接交至人力资源部，也可以交至本部门的主管再转至人力资源部。

3．各部门可不定期地组织开座谈会，直接收集部门员工的合理化建议，然后统一用书面形式转人力资源部。

4．营运部门可在日常工作生活过程中，注意听取与收集来自顾客与商家的合理化建议，整理后转至人力资源部，其他部门同样也应按此办法仿效实施。

5．为了使合理化建议征集工作更具有目的性与有效性，公司可以结合公司不同时期的中心工作，公布一些重点攻关项目，以征集措施与方案，公布的内容可在会议上提出，也可用宣传橱窗、黑板报、海报方式提出。

（四）合理化建议的质量把关及管理程序

1．人力资源部在收到书面建议书后，首先应进行初步审查把关，对建议书中内容填写不清的应退回重新填写清楚。

2．建议书内容如偏于批评，或无具体的改进内容，或不签具真实姓名者，人力资源部应以为内容不合要求，不予交付审议，一般应于三日内退还提交人，并向提交人说明退还理由。

3．人力资源部接受建议书后，认为内容完全者，应区分两种情况进行办理：一是建议提案明显合理，不存在实施风险，投入成本较低的方案，可直接与实施部门沟通，然后报请上级领导同意后，下达实施令；一是建议提案所涉内容复杂，或方案重大，或投入时间长，或专业性很强不能简单识别的，应提交审核委员会办理。

4．人力资源部对提交审核委员会的建议案不得拖延时间，一般必须在收件三日内编号密封送审核委员会，审核委员会也应及时组织好评审工作。

5．为避免审核委员会各委员对建议人的主观印象偏见，影响评核结果的公平起见，人力资源部在建议提案未经审核委员会评定前，对建议人的姓名给以保密，不得泄露。

6．审核委员会收受建议书后，经过评议，按评议结果进行区别办理，具体有以下几种方式：

（1）如果评议为该提案的设计不科学，采纳价值不大，或不具备实施条件，投入风险太大，则应给予否决，由人力资源部退还建议人。

（2）如果建议提案的意见很好，评议时从总体上给予了肯定，只是某些方面还不够完善，需要作些调整修改将会更周密可靠。对这种情况应视为基本通过。可由建议人按审核委员会意见去加以完善，或直接由审核委员会讨论修改后定稿下达实施令。

（3）在对建议提案评议时认为构思很好，但缺乏可靠的论证，则资料准备更充分些，建议人如无条件和能力调研，可由公司进行这项工作，待论证结果出来后，再决定是否采纳。

（4）如果建议提案经评议确认合理、科学、有价值、理由充分、方案严谨，应立即向上级领导汇报并下达实施令。合理化建议的审理及管理过程必须按以上要求和工作程序进行（流程图见附件二）。

7．一份建议书的提出，蕴涵着员工的诸多心血和对于公司发展的关注及对公司的爱，因此，每一份建议书都必须得到严谨的对待，无论建议采纳与否，都必须向员工详细说明原由，并对员工表示衷心的赞赏和感谢。对提案人的反馈不能超过一个星期。

（五）合理化建议实施与效果评估的管理

1．经由审核委员会评议通过的各建议案，一旦公司下式下达了实施令，任何部门和个人均不得对建议人的地位或其他个人偏见而产生歧视,更不能有意出难题阻挠实施与拒不实施,否则公司将严加惩处。

2. 实施部门在接到经公司领导审批同意实施的合理化建后,应与合理化建议的人员进行沟通,了解方案内容的细节问题,共同商量实施的具体方法与步骤。

3. 方案的实施应结合本部门实际和资源情况,要作出详细、合理的安排,并应列出实施进度表,报公司领导审批同意后组织好实施。

4. 人力资源部应对合理化建议的实施进度进行跟踪,实施过程的详细情况和产生的成效变化,均应反馈给审核委员会。

5. 合理化建议在进行实施中,若出现不佳状况应及时加以分析,是属于工作中的问题,应加强实施的管理力度,若是建议案本身缺陷,则应果断停止或重新修订以避免产生更大的损失。

6. 合理化建议是进行创新的活动,万一实施失败,也不应对建议人加以责备,而应当从中总结经验,特别要从审议的管理工作中找出不足之处。

7. 每项建议案实施完毕,实施部门应要根据结果,写出总结报告,实事求是说明产生的经济效益或社会效果,报人力资源部。

8. 有些建议案的项目应分阶段实施,如事关全局性的事项,应先进行实验性的作业,待完全成熟后再进行推广和全面实施。这是操作中应注意的事项。

9. 人力资源部应将实施完毕的建议案提交审核委员会进行效果评审,确定奖励等级,对符合条件的项目,应整理材料,上报审核委员会审批后,给建议人颁发奖励。

10. 人力资源部做好合理化建议的统计记录及资料归档管理。

(六)合理化建议范围

1. 公司规章制度、工作程序的建议和完善建议。
2. 企业文化建设、团队精神和凝聚力的培养和建议。
3. 公司组织机构的岗位设置,人员配备的建议。
4. 激励机制的建立,绩效的评估与考核的建议。
5. 员工培训方面的建议。
6. 人才吸纳、选用、晋升及个人职业生涯设计的建议。
7. 市场开发、网络建设及客户管理和销售政策的改进建议。
8. 广告创意设计与营销策划的设想和改进建议。
9. 信息管理方面的建议。
10. 管理方法、手段创新的建议。
11. 新品开发与改进的建议。
12. 企业发展战略的建议。
13. 生活后勤的改进建议。

14．财务管理方面的改进建议。
15．改进生产作业提高产量、质量方面的建议。
16．各种预防危害、减少损失或节省费用方面的建议。
17．能为公司带来收益的其他各种改进工作的建议。

（七）考核与奖励办法

经审核委员会论证有效益的，按建议项目的重要程度及其影响范围，进行物质奖励和精神奖励，物质奖励先按项目一次性给予一定金额（如100~500元）的奖励，另对建议在实施一年内因改善而降低成本或增加收入的，按年节约或新创价值的一定比例计提奖金，具体额度和比例由审核委员会确定。其中：个人完成项目，奖励本人，已调离岗位者，转发至本人。集体完成项目：按难度大小、实施难易、贡献大小进行分配。精神奖励通报表扬，大会表彰，宣传窗、黑板报、报刊宣传等。

1．为鼓励员工积极参加与合理化建议的活动，公司对所有被采纳实施建议提案的人员发给鼓励奖，每一项建议均最少可获得一定数额的奖金（如100元），在提案被审核委员会批示采纳时即可发放。

2．公司审核委员会对提案的实施效果，要认真检查考核，可在实施部门上报的总结报告等资料基础上组织评估复核。并按公司制定的《提案审议评分标准》（见表3-3）的内容，逐项评分。

3．公司将根据各提案评分的情况发放贡献奖，具体如下：
（1）评分在50~60（含50分）（反映在个别问题点上的）　　四等奖　X元
（2）评分在60~70（含60分）（一般性的）　　三等奖　X元
（3）评分在70~80（含70分）（较重要的，多为改良性的）　　二等奖　X元
（4）评分在80~90（含80分）（重要的，多为创新性的）　　一等奖　X元

4．除了以上各等级的奖项之外，对有特殊贡献者（90分以上），公司将发给X元以上的特殊贡献奖，该奖项由总经理掌握，具体条件和奖金额由总经理视情况决定。

5．建议的提案如系多人共同提出，其所得的奖金应为共同拥有，各人应得多少按各人贡献情况区分，由提案人员自己内部商定后造表到公司。

6．相同提案公司只认可先提出者。

7．两提案相似，即对同一事项各有见解，如公司认为可取长补短全都采纳，可两提案合并为一提案，鼓励奖可不变，各方均可各获得X元，但贡献奖则只享受一份，再分别主次颁发或平均发给。

8．效益验证：合理化建议实施见效三个月后，由审核委员会对其结果进行有重点的论证，主要衡量是否给企业带来一定的效益和影响，决定是否将其变为新的操作规范或执行标准，使合理化成果固定下来。

9．价值计算参考标准

（1）计算开始时间：按该项建议得到实施后，显现效益之日计算；

（2）计算方法：采用前后比较法，实施过程中所产生的各项费用采取月度分摊法或月度预提法；

（3）计算原理：创造净价值=创新价值（差额）－实施费用

10．合理化建议奖励金在公司成本费用中列支，不列入工资总额，公司可适当提取合理化活动费。

11．附件

附件一：合理化建议申报表（表3-1）

附件二：贡献奖审核报批表（表3-2）

附件三：提案审议评分标准（表3-3）

表3-1　合理化建议申报表

姓　　名		所在部门		职　　务	
提案报名					
作用概述					
原有缺失					
具体改善办法					
预期效果					
评审意见					

表3-2　贡献奖审核报批表

提案编号：	年　　月　　日	
提案人员		
提案名称		
实施部门评语		
提案审议评分	1．动机评分 2．创造性评分 3．可行性评分 4．职务相关性评分	5．应用范围得分 6．投资回收期得分 7．应用效益得分 得分总计：
审核委员会评议		
实施效果复核		
奖励核定		
总经理批示		

表 3-3 提案审议评分标准

项目	评分条件	分数	项目	评分条件	分数
动机	上级指示	2	范围	小范围应用	2
	原有缺陷激发	6		局部范围应用	6
	主动发觉	10		大范围应用	10
创造性	依据相关资料或完全模仿	2	投资回收	一年以上	2
	参考资料研究改良	6		半年至一年	6
	独特发明	10		半年之内	10
可行性	需对提案作重大修改后方可执行	2	应用效益	效益一般	10
	原提案需稍作修改后即可实施	6		效益可以	20
	完全按原提按实施	10		效益很好	30
				效益特大	40
职务相关性	与职务直接相关	2	说明	效益应按一年获得收益计算 效益一般：1万～2万元
	与职务间接相关	6		效益可以：2万～4万元 效益很好：4万～6万元
	与职务无关	10		效益特大：6万元以上

六、绩效考核及薪酬与福利待遇管理制度

（一）绩效考核管理制度

本制度以员工工资制度为基础。即员工绩效考核的结果与员工工资及晋升直接挂钩。

1．考核对象

本考核管理办法适用于经理级以下正式员工，包括公司外派工作人员。一般下列人员不列入本考核范围之内：

（1）临时员工、兼职人员、特约人员；

（2）复职不足两个月的员工；

（3）在按季度考核期间，休假或停职超过 2 个月的。

（4）员工试用期满后的转正考核不适用于本管理办法。

2．考核体系

对员工的绩效考核按考核范围，分为基本考核和业务考核两大部分。

（1）基本考核：主要的考核范围为德、能、纪、效四大方面。包括员工在工作能力方面的领导能力、计划组织、知识技能、创造进取力；工作完成情况等；工作态度方面的有纪律性、沟通协调性、责任感、勤奋性、品德言行等，基本考核主要实行定性考核。

（2）业务考核：主要考核员工在工作成绩方面的工作数量、工作质量、工作

效率、工作改善等；包括工作目标任务完成情况、成本费用控制情况、专业服务质量和服务水平等方面指标进行考核。业务考核原则上实行定量考核。

3. 月度考核与年度考核

绩效考核根据考核的时期和考核内容的详略，分成月度考核和年度考核。

（1）平时考核

是指对一个工作年度内的每个月度进行的绩效考核；员工的基本考核实行按月考核。即不分部门，每一月度均实施考核一次；员工平时性的月度基本考核和业务考核由其直接主管领导根据工作表现以及完成岗位工作量的情况和公司下达的月度各项指标负责实施考核。

（2）年度考核

公司对员工的基本考核和业务考核实行年度考核。考核的主要内容是对本年度《目标任务计划书》的完成情况进行考核。

员工绩效考核体系图（如下图）：

员工的月度考核中基本考核占 30%，业务考核占 70%；对员工的年度考核中基本考核占 40%，业务考核占 60%。见图 3-2。

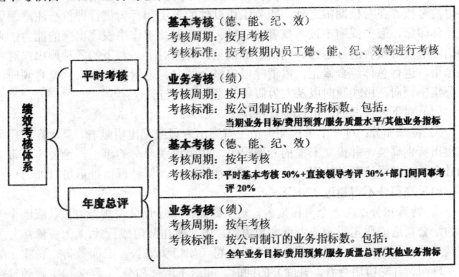

图 3-2　员工绩效考核体系图

4. 特殊情况下的考核实施

（1）在考核期间，如果考核实施人因工作原因人事调动，如距当次考核日期不足 1 个月的，一般仍由其实施当次考核。如考核实施人因离职、辞退等原因不能完成当次考核的，由间接上级领导代为考核。

（2）在考核期间，被考核人如果因人事变动而调离原部门时，调离时间距考核期不足 1 个月的，一般仍由原所在部门进行考核。

（3）在考核期间，员工因辞职、辞退等原因而从公司离职的，如距上次考核时间不足 1 个月的，按上一次考核结果计算发放离职工资，超过 1 个月的，由考核实施人进行临时考核并计发离职工资。

5．考核时间

月度考核：一般为每月的 25～30 日，（次年的 1 月份除外），具体时间可由公司另定。

年度考核：随每年最后一次季度考核之后，一般在次年的 1 月份之前进行。

6．月度考核和年度考核的评定

（1）员工月度考核和年度考核实行百分制。即满分为 100 分。

（2）考核实施人按照考核表的项目和考核要求，对照员工考核期内的工作表现进行评定打分。

（3）考核实施人对员工进行考核时，应注意以下问题：不徇私情，力求评价客观、公正、严谨；不轻信偏听，以被考核者在日常业务工作中的具体事实为依据作出评价，而不是根据其档案资料（学历、工龄、年龄、性别等）进行评价；不对被考核者在考核期限之外、职务工作以外的事实和行为进行评价；注意避免凭总体印象，夸大或缩小被考核者的成果、态度以及工作中表现出来的能力；必须消除对被考核者的好恶感、同情心等偏见，排除对上、对下的各种顾虑；对考核结果，进行总体综合修正，以消除以偏概全倾向、逻辑推断倾向、宽容倾向、过分集中倾向、极端倾向以及人为假象，避免偏颇与失误；

（4）对下列情况的，可以实行特别加、扣分：

① 特殊加分：对一个考核期内员工有突出表现或突出贡献者，其所在部门可以提出特别嘉奖，并提交书面的专题报告，注明特别嘉奖的事由、给公司所带来的社会效益及经济效益情况，经公司主管领导审核、总经理审批后可以加 5～15 分，但最高得分不得超过 120 分。

② 特殊扣分：在一个考核期内，员工如因严重违反公司规章制度、或因个人行为给公司造成恶劣影响或者重大损失的，由其所在部门或行政/人力资源部公司视情节严重程度，按公司有关规定给予处罚（如口头警告、书面警告、罚款、降级、降职、开除留用查看，开除）的同时，并给予考核扣分，经公司主管领导审核、总裁审批后可以扣 5～20 分，情节特别严重的，可以扣除全部分值。

③ 如考核实施人在考核时出现严重偏差，给予考核实施人同等误差分值的扣分。

7．考核表格及适用范围

根据公司员工担任的工作职务、岗位特点及对员工的综合素质的不同要求，将基本考核的考核表格划分为三种类型：

(1)《行政管理人员考核表》（适用于担任行政职务的总公司的管理员工）

(2)《门店管理人员考核表》（适用于担任经理级、主管级职务非行政职务的管理员工）

(3)《普通职员考核表》（适用于不担任管理职务的员工）

8. 月度考核和年度考核的考评结果

考核的结果一般可划分为五个等级：

优　　秀：90～100 分；

良　　好：80～89 分；

称　　职：70～79 分；

基本称职：60～69 分；

不　称　职：60 分以下。

9. 考核结果的反馈

考核实施人须将考核结果（包括考评得分和总结评语）通知被考核人，并做出说明，指出其优缺点与错误，同时提出改进意见。被考核人对考核结果如无异议，应在考核表上正式签名，以示确认。

10. 考核复议及调整

(1) 平时的考核结果原则上不予调整。

(2) 公司任何部门或员工对本人或他人的月度考核结果有异议的，均有权提议复评，并向公司行政人事部门提交书面《复评申请报告》（行政/人力资源部员工可直接提交至公司主管行政的领导）。《复评申请报告》须列明申请复评的考核项目、理由以及建议，并签署提议人的真实姓名。《复评申请报告》由行政人事部及时进行情况调查，对所述情况属实的，应组成复评小组。复评小组由被考核者的间接上级领导和所在部门的其他同事进行考评，并以简单加权平均法计算考核结果。对复评结果与初评之间的误差值大于 10 分以上的，以复评结果作为当期的最后考核结果。

(3) 各考核实施人进行考核时必须公平、公正、客观、合理，如发现考核严重失实、考核评分偏高或偏低（指在年度考核时，不同考核实施人的考核结果与总评结果的误差值在 10 分以上的；或者在月度考核时，初评结果与复评结果的误差值在 10 分以上的），除按考核复评办法进行复评、并以复评结果作为最终考核结果外，公司还将对该考核实施人予以误差值的一倍处罚扣分，并在总经理批准，在考考核人当次考核中扣减。

11. 考核结果的应用

对员工的基本考核和业务考核结果，作为公司管理的可靠依据，用于效益工资分配、调薪、奖惩、晋升、教育培训、调动和调配等人事待遇工作。

(1) 月度考核：月度考核的考核结果，将与员工的岗位工资直接挂钩，并按所对应的浮动比例进行计算发放：

月度考核结果与岗位工资的浮动比例关系如表3-4：

表3-4 月度考核表

考核得分	考核评定	岗位工资浮动比例	备注
100分以上	A$^+$ 优秀$^+$	120%	每加满5分即上浮5%，不满5分不计
90～100分	A 优秀	120%	
80～89分	B 良好	110%	
70～79分	C 称职	100%	
60～69分	D 基本称职	90%	
60分以下	E 不称职	80%	

（2）年度考核

公司根据员工年度考核的结果，可以据此对员工的工资级别或职位进行调整。具体规定如表3-5：

表3-5 年度考核表

年度考核结果	工资职级调整	备注
当年年度考核为"优秀"的	可升1～2级	
当年年度考核为"良好"的	可升1级	
当年年度考核为"称职"的；	可不升不降	
连续两年年度考核为"称职"的；	可降1级	
当年年度考核为"基本称职"的；	可降1级	
连续两年年度考核为"基本称职"的；	可降1～2级	
当年年度考核为"不称职"的	可无条件解除劳动合同	

主管级以下员工的升、降级工资报公司人事行政经理审核；经理级以上员工的升、降级工资报总经理审批。

公司每一个考核年度对升、降级按比例实行总量控制，并建立末位淘汰制度。如果员工年度考核级别相同则以实际得分排名，额满为止。

具体比例见表3-6：

表3-6 工资职级调整表

工资职级调整	控制比例
升一级以上或晋职的	5%以内
升一级工资	20～25%
不升不降	50～60%
降一级	10～15%
解除聘用	3～5%

（3）下列人员不得升工资职级、晋职：在本年度内，有"记过"以上处分的；在本年度内，累计旷工两日以上的；无特殊原因，其业务考核成绩低于公司核定的目标值的70%的；满试用期后，连续参加考核的月份数少于3个自然月份的；公司规定的其他情况。

（二）薪酬及福利待遇管理制度

为了合理体现公司按劳分配、多劳多得和有效激励的原则，就员工工资制度作如下规定。

1. 工资

（1）工资结构：基本工资、绩效工资（岗位工资）、提成奖励（另行制定和公布）、全勤奖、工龄工资、补贴等 部分组成。

① 基本工资：按员工所担任职务或从事的工作岗位、专业技术水平以及参照社会平均薪金水平而制定的标准工资。

② 工龄工资：是按员工在本公司实际工作年限而计发的工资，即员工为公司服务满一年，则增计工龄工资 X 元（如 30 元等），但工龄工资的增加在本人全额工资已达到本人所在工资序列的最高限额时自动停止。

③ 浮动工资：即绩效工资，按员工所在的部门、担任的职务岗位责任，制定具体考核标准而确定。此工资每月按绩效考核结果计算该考核期应发放的数额。（绩效工资=绩效）

（2）工资发放：

① 工资计算周期：按自然月度。即自当月 1 日到最后一日。工资以 30 天计算。

② 员工工资一律实行按月发放。一般为每月 15 日前发放。如遇节假日可提前发放。

③ 工资发放方式：由银行代发或现金发放。

④ 员工必须当面及时核清工资数额或当面清点。

⑤ 如有计算疑问或错误，一般应在工资发放日后的七个工作日内（因假期、差旅而不能查核的时间顺延）呈报行政人事部门求证，过期不再核数，责任自负。

⑥ 离职员工工资结算日为最后工作交接日，离职工资原则上在下月发放工资时统一发放。

（3）薪资保密：

员工的薪资是保密的，也是员工隐私的一部分，公司严禁员工交流个人的薪酬信息，违者按奖惩条例规定处理。

（4）等级序列体系工资：

公司根据员工所担任的职务的高低、责任的大小、工作范围的不同，以及工作岗位对专业技术水平的要求等情况，并参考社会类似岗位的平均薪金水平制定的标准工资所构成的体系。

(5) 员工工资职级、序列的调整

一般每一年 6 月和 12 月终了,按照公司绩效考核管理办法的有关规定,结合员工全年度的绩效考评结果,以及下一年度的经营计划和预算方案,对员工的工资职级、序列作出调整。具体调整办法按公司另行制订的《绩效考核管理制度》办理;每次调级工资一般不允许超过公司规定的最高数额(如 500 元),特殊情况必须经过申请,总经理批准后方可;员工的工资将随其职级、序列的变化而变化。

(6) 公司可从员工工资内代扣以下款项:按国家规定计算并代扣代缴的个人所得税;社会保险费应个人缴纳的部分;公司代付的房租、水电及煤气等应由个人承担的费用;搭餐费;违反公司规章制度的罚款;员工借款;其他多付款项。

(7) 新入职初次定级

公司对新入职员工初次定级时,公司将在起薪最低级别参考标准的基础上,根据其本职工作的完成情况、工作质量、工作态度、遵守公司规章制度情况以及个人所具备的资历、经验、技能等综合因素予以套级。一般情况都按其所属职务或岗位的最低级别套级,特殊情况(如特别优秀的人员)必须经过总经理特别批示方可套用其他级别工资。每位职员的级别核定结果由公司直接通知员工本人。公司将建立和完善员工职位分析和职务说明制度,以规范员工工资职级、序列的核定办法,并根据员工的职位的详细要求以及本人的工作成绩、工作能力、工作态度等综合因素核定其工资职级、序列。岗位工资实际发放的数额与员工的平时绩效考核结果相挂钩。

(8) 工资等级序列体系见表 3-7(此表是示例):

表 3-7 工资等级序列体系表

职级	序列	基础工资	职级	序列	基础工资
A 级 (总经理)	一级		D 级 (主管级)	一级	
	二级			二级	
	三级			三级	
	四级			四级	
B 级 (经理级)	一级		E 级 (助理级)	一级	
	二级			二级	
	三级			三级	
	四级			四级	
C 级 (店长级)	一级		F 级 (员工级)	一级	
	二级			二级	
	三级			三级	
	四级			四级	

(9) 不同岗位最低(高)基本薪资级别参考标准,见表 3-8:

表 3-8 基本薪资级别参考标准表

	职务	最低起薪级别	最高薪资级别	绩效工资	合计
非管理员工	清洁工、杂工、厨工	G8（400）	G7（600）	200	600-800
	见习员工（初中以上学历）	G6（500）	G5（700）	300	800-1000
	正式员工（初中以上学历）	G5（600）	G3（800）	400	1000-1200
	中级员工（初中以上学历）	G4（700）	G2（850）	450	1200-1300
	高级员工（初中以上学历）	G3（800）	G1（900）	500	1300-1400
管理员工	见习助理（管七级）（高中以上学历）或初中，本职工作两年	G1（900）	F4（1000）	550	1450-1550
	正式助理（管七级）（高中以上学历）或初中，本职工作两年	F4（1000）	F3（1100）	600	1600-1700
	中级助理（管七级）（高中以上学历）或初中，本职工作两年	F3（1100）	F2（1200）	650	1750-1850
	高级助理（管七级）（高中以上学历）或初中，本职工作两年	F2（1200）	F1（1300）	700	1900-2000
	见习主管（管六级）（中专以上学历）或初中，本职工作三年	F1（1300）	E4（1400）	800	2100-2200
	正式主管（管六级）（中专以上学历）或初中，本职工作三年	E4（1300）	E3（1500）	900	2200-2400
	中级主管（管六级）（中专以上学历）或初中，本职工作三年	E3（1500）	E2（1650）	1000	2500-2650
	高级主管（管六级）（中专以上学历）或初中，本职工作三年	E2（1800）	E1（2000）	1000	2800-3000
	见习副店（管五级）（大专以上学历）或大专学历，工作两年	E1（2000）	D4（2200）	1000	3000-3200
	正式副店（管五级）（大专以上学历）或大专学历，工作两年	D4（2300）	D3（2500）	1000	3300-3500
	中级副店（管五级）（大专以上学历）或大专学历，工作两年	D3（2500）	D2（2700）	1000	3500-3700
	高级副店（管五级）（大专以上学历）或大专学历，工作两年	D2（2700）	D1（3000）	1000	3700-4000
	见习店长（管四级）（本科以上学历）或大专学历，工作三年	D1（3300）	C4（3500）	1500	4800-5000
	正式店长（管四级）（本科以上学历）或大专学历，工作三年	C4（3500）	C3（3700）	1500	5000-5200
	中级店长（管四级）（本科以上学历）或大专学历，工作三年	C3（4000）	C2（4200）	1500	5500-5700
	高级店长（管四级）（本科以上学历）或大专学历，工作三年	C2（4200）	C1（4500）	1500	5700-6000
	见习中心经理（管三级）（任职资格：本科以上学历）	D1（3800）	C4（4000）	1000	4800-5000
	正式中心经理（管三级）（任职资格：本科以上学历）	C4（4000）	C3（4200）	1000	5000-5200
	中级中心经理（管三级）（任职资格：本科以上学历）	C3（4500）	C2（4700）	1000	5500-5700
	高级中心经理（管三级）（任职资格：本科以上学历）	C2（4700）	C1（5000）	1000	5700-6000
	总经理秘书（管四级）（任职资格：本科以上学历）	E2（1800）	E1（2000）	1000	2800-3000
	副总经理（管二级）（任职资格：本科以上学历）	C1（6500）	B1（7500）	1500	8000-9000
	总经理　（管一级）	A1（8000）	不封顶	2000	不封顶

2. 津贴

（1）工龄津贴：员工为公司每服务满一年，增计工龄工资 X 元（具体数额由公司自定）。

（2）住房津贴：公司给员工提供集体住房，费用按房价由公司补贴一半，其余各人自己分摊；

（3）就餐补贴：公司为员工提供工作午餐，餐费由公司提供部分补贴；

（4）交通补贴：对自己解决上下班交通问题的员工发放，而由公司安排住宿的员工不予发放。交通补贴的发放标准为 X 元/月（具体数额由公司自定），在月终计薪时随工资一并发放

（5）通讯补贴：公司对达到一定级别的员工给予相应的移动电话费补贴，具体由《移动话费管理制度》规定。

3．年终加薪

一般每年六月一日起及十二月一日为公司考核评定职员是否加薪日期。主要按考核制度执行。

4．年终双薪

（1）年度结束时，在岗员工一般就可享受一个月基本工资的双薪，计算年度为 1 月 1 日至 12 月 31 日。

（2）实发数等于当年 12 月的合同工资除以 12 乘以工作月数（超过半月算一个月，不足 15 天不算）。

5．特殊奖金

对工作态度积极努力，有杰出表现者，公司将评选好当家之星、优秀门店、优秀主管、突出贡献奖等，发放特殊奖金，以肯定和鼓励。

6．医疗

（1）公司员工享受按国家规定的相关医疗福利。

（2）公司一般每年为员工提供一次免费体检。如属个人原因无参加体检的，责任自负。

7．特别贺金

（1）生日。职员生日时，公司将发给有总经理签名的贺卡和礼物。

（2）结婚。职员结婚时，一般可获得分公司给予的 X 元道贺金。（凭结婚证书领取）

（3）子女出生。公司职员在第一胎子女出生时，一般可获得公司给予的 X 元道贺金（凭独生子女证领取）

（4）探病。员工或员工家属生病或住院，办公室职员可以购买 X 元以内的慰问品代表公司进行慰问。

8．员工活动

（1）公司为保障员工的身心健康，将不定期组织体育锻炼和娱乐活动。

（2）员工均有机会参与公司每年定期或不定期举行的各项活动，例如公司周年庆祝活动、春节晚会、郊游、员工生日等各种文体娱乐。

（3）凡是优秀员工，每年将由公司组织外出旅游一次，具体时间和地点将由

人事行政部负责。

9. 其他

（1）公司为符合条件的正式员工办理养老保险。

（2）公司为员工提供宿舍住宿（水电费自理，按实际表数分摊），费用员工分摊一半。

（3）卖场副店以上，公司主管及以上人员，由公司人事行政部统一印制个人名片。

（4）卖场副店及以上人员可参加组织的国内外专业研讨会，人选由营运分管经理及总经理决定。

（5）卖场主管以上人员可参加专业技能培训会。

七、移动话费管理制度

1. 公司一般情况下不为员工购置移动电话，但对员工因办理公务所发生的移动电话费用（简称移动话费），按具体情况予一定金额的限额补助。

2. 原则上，主管级以下普通员工（含主管级），不得申请报销移动话费，特殊工作岗位或确实因为业务需要除外。

3. 一般情况下，公司对移动话费实行"员工提出报销申请、公司核定报销限额、限额内实报实销，超支部分员工自负"的管理方式，即：核定移动话费报销限额的流程为：

（1）经理级以上的管理员工可根据实际工作需要，写出书面的报销申请；

（2）由部门经理出具审定意见后，报人事行政部审核确认。

（3）在公司的《移动话费报销限额参考标准表》内，人事行政部负责人可以直接批准，由公司据实报销。

（4）对超过报销限额的，公司只按限额标准进行报销，超支部分不再补发给员工，而由其个人承担。

4. 移动话费报销限额参考标准如表3-9：（此标准是示例，不同公司可能不同）

表3-9 移动话费报销表

项　　目	外勤（100%）	复合勤（70%）	内勤（40%）	说　　明
副总经理	400元/月	300元/月	160元/月	1、外勤：是指经常外出办理公务的员工。2、内勤：是指较少外出公务的员工。3、复合勤：是指较多外出公务的员工。此标准仅供参考
中心经理	280元/月	200元/月	150元/月	
部门经理、店长	250元/月	180元/月	120元/月	
部门主管	200元/月	100元/月	60元/月	

八、人事档案管理制度

1. 人事档案的内容

（1）人事档案管理内容包括：人事规章制度、员工个人档案材料、考勤记录、绩效考核记录、培训记录、福利资料、社保（工伤、保险）资料、涉外人事资料、各类人事报表、离职人员档案、人才库存档案等。

（2）人事档案包括书面文字档案和电子文本档案，以上两种档案应互为补充。

2. 人事档案的保存

（1）所有人事档案都属于机密文件，应妥善保管，不得随意泄密，确保人事档案的机密性。

（2）行政人事部门应有专人负责人事档案的保存，定期将归档的人事资料分类立卷登记，人事档案的保管期限分为永久保存和定期保存两类。以电子文本存档的文件，需同时用软盘进行备案，以防病毒感染；

（3）离职人事档案一般保留一至两年，档案保管期满，对于需要销毁的档案，由人事档案管理人员列出需销毁档案的清单，经人事行政经理审查，并得到批准后方可销毁。

（4）档案销毁经批准后，由人事档案管理人员编制人事档案销毁清册，销毁时应由人事档案管理人员、人事行政部经理和有关人员共同参加，并在销毁清单上签名或盖章确认。

3. 人事档案的借阅

（1）部门经理或门店借阅本部门人事档案，须得到人事行政经理批准；

（2）外单位人员查阅我公司人事档案，须持有单位证明，经行政人事经理批准，方可在批准查阅的范围内查阅。

（3）人事档案管理人员须在《人事档案借阅登记表》中对借阅人、借阅时间、借阅档案内容及查阅理由等事项逐一进行登记。

（4）人事档案不得带离公司，（如有特殊情况需带离时，需经行政人事经理批准），并在限定的借阅期内归还。

（5）任何人不得借阅自己本人的档案。

4. 人事档案的更新、移交

（1）因公司员工的学历、职称、联系电话或其他有关个人资料都可能会变更，行政人事部应定期每年一次对公司员工人事档案进行更新。

（2）因档案管理人员变动或公司架构改变等情况，人事档案需要转交的，须办理交接手续，并经档案管理部门的上级负责人同意。

5. 一般情况下，人事档案的保存期限

（1）永久保存的档案：以公司、门店名义发布的公司人事文件；政府下发的

人事文件。

（2）保存 5 年以上的档案：有关薪资、福利、补贴、保险发放及领取的记录；有关人事管理方面的内、外部协议；有关人事诉讼、纠纷处理的文书；有关人事异动的资料及各级文件。

（3）保存 3 年以上的档案：员工花名册；管理级员工个人资料；有关员工奖惩的记录；各类保险的设立、变更及取消的帐簿。

（4）保存 2 年以上的档案：有关人事方面的收文、发文记录；有关人事方面的会议记录、资料或备忘录；主任级以下员工及临时录用人员的资料。

（5）保存 1 年以上的档案：有关人事方面的临时文件；考勤资料；试行的文件；重要的工作底稿。

第二节 行政管理制度

一、员工行为规范与准则

（一）品德要求准则
1. 尽忠职守，服从领导，保守公司秘密；
2. 爱护公司财产，不浪费，不化公为私；
3. 遵守公司一切规章制度及工作守则；
4. 维护公司信誉，不做任何有损公司信誉的行为；
5. 忠于职守，不做有损公司的事，时刻维护公司的利益，树立公司的良好形象；
6. 遵守国家法律法令，不做有损于国家民族利益尊严的事；

（二）仪容仪表要求
员工的仪容仪表代表公司的形象，你必须遵守下列要求：
1. 注意个人卫生，包括每天洗澡、理发、刷牙、使用除臭剂，手指甲保持清洁、剪短；
2. 衣着整洁干净，整齐；
3. 发型整洁，女士脸部不应有头发遮住，发型紧靠头部；
4. 男士头发应在衣领之上，梳齐，鬓角要修清，不准留胡子、长发；
5. 男士建议穿西装、打领带；夏季可着衬衣打领带，深色裤子；
6. 女士化淡妆为宜，装饰不应太多，穿工衣或行政职业装；
7. 卖场管理员工必须穿上好当家制服上班；
8. 公司办公室人员，周一至周四应穿职业装或正式套装，周五、六可穿（除超短裙、无袖衫、低领衫以外的）休闲装。

（三）行为规范

1. 注重礼貌待人，见到同事或客人应该道声"您好"、"早上好"、"再见"等礼貌用语；

2. 与人交谈，应做到语调温和，用词准确礼貌，不可粗声大噪、手舞足蹈。

3. 员工之间要互相尊重，团结协作，珍惜他人的劳动成果，积极参加集体活动，不说不利于员工团结的话，不做有损于员工团结的事。

4. 员工进入办公区内及在工作时间（8：30—18：00）必须在胸前佩带公司统一制发的胸卡或员工临时胸卡，不得将胸卡带在袖口，腰间或放入衣袋。

5. 严格按岗位操作规程操作，严禁违章指挥，违规作业，对违章行为造成的事故进行追查和处理。

6. 不得将亲友或无关人员带入工作场所，发现形迹可疑或不明身份的人及时报人事行政部。

7. 任何时间员工不得在办公区域内喝酒、赌博、打麻将、打纸牌或进行其他娱乐活动等不良行为。

8. 要有敬业奉献精神，不得利用工作之便贪污舞弊，不得收受任何单位或个人的利益。

（四）办公行为规范

1. 服从上司指令，切实贯彻执行8小时复命制（即对于所布置的工作在8小时之内给予工作进程的汇报），对不能按时完成的工作指令，需及时说明原因，以尽快寻求解决方案；

2. 不得在办公区内看与工作无关的书报、杂志，不得大声喧哗、追逐嬉戏、聊天、进食、偷闲怠眠和玩游戏，影响他人办公。

3. 不占用公司电话处理私人事务，非工作需要不打长途电话；使用电话需谨记"长话短说"的原则。

4. 注意防火、防盗，发现事故隐患或异常情况立即报有关部门处理，消除隐患。

5. 下班做到"五关"（关灯、关计算机、关打印机、关复印机、关风扇空调）。防止浪费和安全事故的发生。

6. 办公室最后离开的员工，必须锁门，确保公司的财产安全。

7. 勤俭节约，合理利用，防止浪费资源的现象发生。稿纸尽量双面使用，凡是使用过一次的再用纸，已经使用过的一面必须用笔划上作废记号。

（五）环境卫生

1. 员工应保持周围环境的整洁，不得随地吐痰、丢废纸、烟灰、烟蒂等杂物。

2．公司范围内除指定地点外，严禁吸烟，在允许吸烟场合有女士时，应先征求女士意见，同意后方可吸烟。随时保持本岗位范围的清洁卫生，不准吃零食、酗酒和赌博。

3．办公桌椅、计算机表车间桌面不得有灰尘，办公区和车间内物品、材料摆放整齐，个人办公区内不得随意张贴资料，各部门公用办公设备指定专人负责管理卫生状况。

4．办公桌屏风上不能乱贴任何东西，保证统一美观；

5．妥善保管办公用品，工作桌面必须整齐、干净，文件摆放清晰有序，容易查找，下班前必须将所有文稿放置妥当防止遗失、泄密。

6．公司规定每周五的下午卫生日，总公司全体办公室人员齐动手，清除自己办公桌周围的垃圾，保证干净、整洁、整齐。

7．总公司将成立卫生检查小组（成员包括：财务部经理、采购部经理、信息部经理、人事行政部经理），以便每周大扫除后进行检查，并对检查不合格的给以登记，并对不合格的部门给以公布，两次以上不合格的将收到罚款20元/次处理；

（六）用餐、饮水

1．员工饮水应使用个人水杯，接待来客可使用一次性纸杯。

2．员工吃饭必须注意台面卫生，不能弄脏台面文件。

3．为了保持公共区域的卫生，员工应按规定处置各类废弃物，请将废弃物入篓，剩水、剩茶、剩饭等倒入指定的地方。

（七）工作责任和态度

1．遵守公司各项规章制度；遵守本岗位所属部门的各项管理细则。

2．遵循公司利益第一的原则，自觉维护公司利益。

3．服从上级指挥，服从分配，服从调动，下级服从上级，不推诿，不扯皮，不顶撞上级。

4．根据自身岗位实际情况提出合理化建议的义务。

（八）胸卡管理

1．本公司员工在上班时间必须将佩戴胸卡在正前胸，不得随意佩戴（办公室员工佩带工作证）；

2．任何人不得将本人胸卡转借给其他人佩戴。

3．胸卡遗失者需在第一时间报人事行政部，人事行政部负责补办，费用为10元/个（员工自己出资）。

4．在办公时间内如有发现未按要求佩戴此卡的每次罚款20元，由行政部监察。

5．辞职的员工在办理离职手续时需将胸卡退回人事行政部。否则扣款10元。

（九）检查监控

1．各部门主管必须负责本部门办公环境和礼仪着装的检查、督导。

2. 行政人事政部负责公司办公环境和员工行为规范的监督和违章纠正处罚工作。

二、印章、证件管理与办公用品的管理规定

(一) 印章、证件管理规定

1. 公章的使用管理

(1) 公司所有的公章（包括部门章），都必须在财务部登记，按内外用途存印鉴；

(2) 公司章、合同专用章，财务专用章和发票专用章由总经理指派财务部专人保管，各部门印章及业务章由人事行政部指定专人保管，保管人员必须熟悉全面工作，富有责任心；

(3) 各部门印章保管人必须在人事行政部签名领用印章，更换公章管理人员必须办理移交手续；

(4) 使用公章必须经过批准和登记手续，用章登记本必须妥善保管，用于备查，保管时限为两年。

(5) 凡需要加盖公司印章者，必须先填写《盖章申请表》，在表上详细注明用章日期、用章部门、办理人、盖章文件主题内容、数量，并由核批人签名确认。持章人在核实无误后方可盖章。

(6) 一般性往来文件的盖章，需由本部门主管签名同意。

(7) 凡属于合同、财务报表、机密文件等文书、文件，一律由公司总经理核准签批后方可盖章。

(8) 如因私人原因需要加盖证明章时，本人必须提出报告，并按职责由相应的管理部门负责人审查签字同意（重大事情需经公司领导批准）后方可用章。

(9) 各部门对内公章仅限于公司内部使用，不准对外。

(10) 持章人在盖章前，必须核对各项盖章条件是否属实，审核人必须认真负责，做到坚持原则，一丝不苟，否则，公司将视乎情节的轻重对其做出违纪处理，甚至解除劳动合同，而不给予任何经济赔偿。

(11) 当发现有质疑，要马上向上级反映，了解清楚事情的真确性，杜绝一切危害公司利益的事情发生。

(12) 未经批准，不得携带任何公章外出，无特殊情况，也不得携带盖有公章的空白介绍信、函外出，如要办理，须经所在部门负责人或公司总经理批准，并填上被介绍人姓名及联系出差内容，方可带走，出差回来后及时将未用的介绍信、函交回，办理注销手续。

(13) 公章管理人员因事外出，公章必须交部门负责人暂管。

2. 公司证件

（1）公司的证件正本和营业执照正副本一般应留存行政人事部档案室，由行政人事部负责办理相关证件的年审及有关变更手续，与财务有关的税务登记证及组织代码证等由财务负责。

（2）严禁将营业执照正、副本转借他人或用做他用，违者除依法追究责任外，并以罚款处理。

（3）保管人员应将证件的名称、证号、批准办理单位、有效期限、年审日期、保管部门和经办部门等事项详细列明，并打印清单交相关经办部门备案，经办部门到期应主动索要有关证件在规定时间内办理年审或换证等手续。

（4）凡发生证件过期年审或续期所造成的责任，由经办部门负全责。

（5）各部门因工作需要必须用公司营业执照、其他证件副本或复印件，必须填写使用申请单，经部门主管同意签名，在保管部门办理登记后，方可借用；

（6）证件管理人员应熟悉公司的运作过程，富有责任心，保证证件的安全和正确使用；

（7）证件保管人员的更换必须办理移交手续，移交人及接收人必须签名确认方生效；

（8）所有证件的使用必须填写《借用证件申请单》，并在表上注明日期、编号、用途、审批人、申请人等栏目；

（9）原则上借用各种证件副本或原件必须当天归还，特殊情况须经总经理批准方可；

（10）严禁拿公司的营业执照副本或复印件作它用，否则一经发现，必将扣罚当事人 1000 元以上，并由当事人承担因此所造成的所有法律责任。

公司证件的管理部门列表（表 3-10）。

表 3-10　公司证件的管理部门列表（此表是示例）

序号	证件名称	管理部门	发证单位	发证单位地址	年审时间
1	营业执照正副本	财务部	XXXX 局	XX 路 XX 街 X 号	每年 3～6 月
2	电子营业执照	行政人事部	XXXX 局	XX 路 XX 街 X 号	每年 8 月
3	守重企业称号牌	行政人事部	XXXX 局	XX 路 XX 街 X 号	每年 8 月
4	食品卫生许可证	行政人事部	XXXX 监督所	XX 路	每年 8 月
5	场所卫生许可证	行政人事部	XX 疾病预防中心		隔年 8 月
6	组织代码证	财务部	技术监督局	XX 路 X 号	每年 3～6 月
7	税务登记证	财务部	地税和国税局		每年 3～6 月
9	烟草经营许可证				
10	酒类经营许可证				

（二）办公文具用品管理规定

1．本规定所称办公文具分为消耗品、管理消耗及管理品三种。

（1）消耗品：铅笔、刀片、胶水、胶带、胶水、大头针、图钉、曲别针、笔记本、复写纸、卷宗、标签、便条纸、信纸、橡皮擦、夹子、打印油、原子笔、涂改液、标记纸钉书针等。

（2）管理品：剪刀、美工刀、钉书机、打孔机、大型削笔器、钢笔、打码机、姓名章、日期章、日期戳、计算机、印泥、打印台、文件夹、文件袋、签字笔、白板笔、笔式擦、电池、其他办公文具等。

2．办公文具分为个人领用与部门领用两种："个人领用"系个人使用保管用品，如圆珠笔、橡皮擦、文件夹等；"部门领用"系本单位共同使用用品如打孔机、大型钉书机、打码机、投影仪等。

3．文具用品及经常性使用物品的申领（包括卡片、信纸、信封的印刷等），必须填写《请购单》，统一由公司人事行政部审批，财务部确认后，交采购员进行定制或采购。

4．各门店/部门于每月的某一日提出次月文具用品需求计划表，送总公司人事行政部统计全公司需求量。交采购人员购买后发放。但管理性文具的请领不受上述时间限制。

5．人事行政部可向文具批发商采购，或采购部与相关的供应商联系，其必需品、采购不易或耗用量大者应酌量库存，特殊文具无法采购者，可以经人事行政部门同意授权各门店自行采购。

6．原则上办公用品严格控制在本商场优先购买，如无货，才考虑外购。

7．采购公司的所有物品，均必须货比三家，在质量相同的情况下，如有员工提供供应商的价格比原来采购的物品的价格低，采购人员必须与原来的供应商协商，按低价供应，如协商不成，应立即更换供应商，尽最大的可能采购到价廉物美、高质量的物品。

8．采购的所有物品，必须经过验收入仓程序，总部办公室物品的验收由人事行政部。

9．验收入仓时必须详细填写供应商的电话、地址，同时入仓单上必须注明品牌、品种型号、单价、数量和厂家等，以备查价部查核，否则验收人员有权不提供验收证明。

10．采购人员必须对采购物品的质量作保证。

11．仓库和财务有权就采购物品的价格、质量和数量进行监督和投诉。

12．如采购过程中或采购回来后，发生损坏或质量有问题的货品，由采购人员负责。

13．消耗品可依据历史记录（如以过去半年耗用平均数）、经验法则（估计消耗时间）设定领用管理基准（如圆珠笔每月每人发放一支），并可随部门或人员的工作状况调整发放时间。

14. 管理消耗品、文具应限定人员使用，自第三次发放起，必须以旧品替换新品，但纯消耗品不在此限。

15. 管理性文具列入移交，如因使用自然发生故障或损坏，应以旧品换新品，如因人为保管不当造成损坏必须由部门或责任人负责，如遗失应由个人或部门赔偿或自购。

16. 门店领用所有物品必须经过审批后交出纳登记，否则不予发放。文具严禁取回家私用。印制卡片必须确认，否则出现错印问题由印制人确认。

三、合同管理与大事记录管理

（一）合同管理办法

为了加强合同（含协议，下同）管理，规范合同的签订、执行和保管等有关程序，做好公司内部各环节工作的衔接和协调，提高经济效益，制定本规定。

1. 除立即结清、零星采购和一般性费用支出外，一般金额在达到一定数量（如一千元）以上的经济活动均须签订经济合同，包括物资采购、项目投资、广告投资、财产保险、资产租赁行为、借款及涉及公司重大利益的其他经济事项。

2. 凡要签合同之前，必须填写《合同申请表》，注明合同的类别、性质、内容、合同金额、对方公司名称、负责人、电话、地址和和合同样稿，公司合同的签署人为总经理，但签署前必须将合同初稿和合同申请表交总经办部审核，由总经理代表签署合同。

3. 一般合同金额在 10 万以上的，经办单位须提供对方资信、风险评估报告等方面的资料，还必须有三证齐全，所有的合同均必须经过总经办的审查。

4. 合同中涉及预付款项条款的，应严格按照约定的条件、时间付款，原则上预付款金额不能超过合同总金额的 20%。

5. 签订后的合同正本由总经办建档保存，合同副本送财务部和业务主管部门。各业务主管部门应按执行中、执行完毕或项目等分类归档管理。

6. 与合同有关的信件、电报、图表以及文件等资料是合同必要的附件，也应该由管理部归档妥善保管。

7. 公司合同管理实行"统一管理，分工负责，协作履行"。总经办负责合同的登记盖章与存档，财务部负责合同执行情况的监督，业务部门负责合同的执行，各部门都必须指定专人负责合同的保管。

8. 为了便于业务合同执行情况的监督，凡涉及分期付款的合同，在办理首次付款时，经办人必须到财务部填写《合同执行情况报告表》，并如实填报。

（二）大事记录的管理

1. 对公司成立以来的一切重要纪事，公司总经办部需详细记录在案，便于日后对公司成长历程的回顾、检讨失败及总结经验。

2. 公司大事记录分成长历程、人事聘任（指担任重要职位的人员）、失败个案等，标志着公司每个阶段、每个时期所发生的要事纪要。

四、会议制度与行文及档案管理

（一）会议制度

1. 适用范围

本制度适用于公司所有会议。包括：每月、季、年的例行会议，以及临时召开的各种会议。

2. 管理原则

（1）必要原则：所有会议的召开确有客观必要性。

（2）有备原则：会议前必须充分准备，做到有备而战。

（3）纪律原则：会议有明确的纪律：迟到罚站；手机、BP机消音；禁止中途退场。

（4）有效原则：会议要有正面的实际效果，要充分沟通，推动工作，实现会议目的。

（5）简短原则：会议节奏要尽可能化繁为简，决不短会长开。

（6）节约原则：会务安排要简单、实用，避免为形式而浪费资金。

（7）及时总结：所有会议须及时总结，并书面记录及存档。

3. 会议目的

了解和搜集相关信息、检查工作的进程、解决实际经营存在的问题和障碍，讨论相关的提案（专题讨论），总结、检查、计划和布置工作，培养更加出色的管理人员；

4. 会议的一般分类

（1）公司级会议：主要包括全年/半年总结大会，员工的沟通大会、联谊会、春节聚餐晚会等。应分别报请总经理室批准后，由行政人事部负责组织召开，不定期召开。

（2）公司例会：公司所有部门主管及门店负责人的工作例会。指定每周的某一工作日如每周一上午10：00召开。

（3）专业会议：是公司的技术、业务综合会，由分管领导批准，主管业务部门负责组织。

（4）职能部门与门店工作交流会：各职能部门与门店召开的工作会，由各部门领导决定召开并负责组织（包括部门内的例会，部门与部门或门店之间的沟通会）每周一下午召开。

(5) 门店例会：各门店定期举行的例会。

(6) 门店班前会，每天上下班交接班时举行的工作会。

5．会议安排

(1) 为避免会议过多或重复，全公司正常性会议一律纳入例会制，原则上要按例行规定的时间、地点、内容、组织召开。

(2) 所有会议召开必须有专门的会务安排人和会议主持人。

(3) 主持人负责会议议程的拟定、会议内容和目标的确定、会议进程的控制、会议资料的整理和收集等工作；

(4) 行政人事部负责会前通知、会务会场落实、会议资料准备、会议纪律维持、会后场地清洁、资料存档等工作。

(5) 例会必须专人记录，按规定格式详细记录会议内容；

(6) 会议记录每周固定时间准时上交总经理、各职能部门一份。

6．主持注意事项

(1) 每次开会前必须确定主持人，所有会议主持人均为参加会议人员的领导人，主持人必须有把握和主持会议的能力，即：计划、策划、解决问题、交涉、说服、协调等能力，努力提高会议的效果和质量。

(2) 主持人要综合与会者的发言，学会用一个发言人的支持加强另一个建议，以使方案不断趋于成熟。

(3) 要将可行性方案的论证列为重点，从时间方面给予保证。

(4) 不要压制不成熟、不成体系的意见，而要善于从中发现合理的建议并予以选用。

(5) 要善于在众多意见中寻找和强调一致性。

(6) 汇总意见时不要"一言堂"。

(7) 意见成熟时要抓紧确认，通过规定的程序形成决议。

(8) 必须要以"平等一员"的身份出现，尊重每一位与会者。

(9) 要善于引起对方的关注。

(10) 尽可能利用好录音、录像、照片、投影等辅助手段。

(11) 详尽的情况要以书面形式发给与会者。

7．会议纪律

(1) 参会人员要严格遵守会议时间，不得迟到、早退。如因特殊情况不能参会，须在会前规定时间内向会议召集人请假，得到批准后方可不到会。

(2) 参会人员应按公司着装要求着装，如会议对着装有特殊要求，应按会议要求着装。

(3) 会议进行中，不得随意走动、交谈，如因特殊情况需暂时离开的，须在征得主持人同意后方可离场。

(4) 会议主持人在会前要明确会议主题、时间、地点、参会人及其他特殊要求，并及时通知参会人员。

(5) 会议主持人可以为会议设纪律监督员负责会场纪律。

(二) 行文及档案管理

1. 收文的管理

(1) 凡来总公司公共文件均由人事行政部前台文员负责登记签收，并分类登记编号后再分转各部门处理。

(2) 公司外出人员开会带回的文件及资料应送交人事行政部前台文员进行登记编号保管，一般情况下不得个人保存。

2. 发文的管理

(1) 发文的规定

① 全公司上报下发正式文件的权力集中于人事行政部，各部门均不得自行向下、向上发送正式文件。各部门需要向上反映汇报重要情况或向下安排布置重要工作要求发文应向人事行政部提出发文申请，并将打印稿交人事行政部审核。人事行政部审核后，统一归口按顺序编文号后发文。

② 对全公司影响较大，涉及两个以上部门范围的文件，须由总经理室分管领导签发。

(2) 发文的范围：以公司名义及门店名义颁发的规章制度、奖惩、命令、人事任免、重要性通知、通告、决定、决议、请示、报告、编写的会议纪要和会议简报、报告及其他指示性的文件，均属于发文范围；公布公司规章制度；转发上级管理部门文件或根据上级文件精神制订的公司文件；公布公司架构变动或干部任免事项；公布全公司重大经营、技术、管理、生活福利等工作的决定；发布有关奖惩决定和通报；其他有关全公司的重大事项。

3. 文件的借阅和清退

(1) 各部门因工作需要借阅一般文件，需经部门负责人签写便条，重要文件须经分管文件负责人同意后方可借阅。

(2) 借阅文件应严格履行借阅登记手续，就地阅看，按时归还。

(3) 各部门应指定一位兼职文书人员，负责本部门文件收交、保管、保密、催办检查工作，并保持相对稳定，人员变动应及时通知人事行政部。

4. 文件的归档范围及立卷

(1) 凡下列文件统由人事行政部负责归档：上级机关来文，包括上级对公司报告、申请的批复；公司发出的报告、指示、决定、决议、通报、纪要、重要通知、工作总结、领导发言和经营工作的各类计划统计报表等；公司级的会议、公司中层以上干部会议以及各种专业例会记录；公司级大会所形成的报告、总结、决议、发言、简报、会议记录等；有保存价值的员工建议、谈话记录及处理结果；参加上级召开的各种会议带回的文件、资料及本公司在会上汇报发言材料等；上级机关领导来公司检查视察工作的报告、指导记录以及本公司向上级进行汇报的提纲和材料；反映本公司经营活动、先进人物事迹及公司领导等工作的音像摄制品；公司大事记；公司向上级请示批复的文件及上报的有关材料；本公司干部任免的文件材料及关于职工奖励、处分的材料；本公司员工劳动、工资、福利方面的文件材料；员工的人事档案材料。

（2）各部门及各部门员工日常工作中形成的活动资料，均须由各部门兼职文书人员负立卷后交人事行政部统一归档。

（3）公司的文件资料由人事行政部统一进行管理，首先由人事行政部门进行编号分类，并组织各部门文书人员培训；具体立卷工作由各部门的文书人员负责立卷，立卷后交人事行政部统一归档。

（4）立卷要求：文件立卷应按照内容、名称、作者、时间顺序、分门别类地进行整理归档；立卷时，要求把文件的批复、正本、底稿、主件、附件（包括文本文件和电子版）收集齐全，保持文件、材料的完整性；坚持平时立卷与年终立卷归档相结合的原则。重要工作、重要会议形成的文件材料、要及时立卷归档。

5. 文件的销毁

（1）对于多余、重复、过时和无保存价值的文件，人事行政部应定期清理造册和销毁。

（2）各部门销毁公司级的文件，需事先向人事行政部提出申请，经审核同意后，将文件交人事行政部进行销毁。

6. 处罚

有下列行为之一者，据情节轻重，给以行政处分或处罚；造成损失的，根据档案价值和数量，责令赔偿；构成犯罪的，应依法追究当事人的责任：

（1）损毁、丢失或擅自销毁应当归档的文件和档案的；

（2）涂改、伪造档案文件的；

（3）私自出卖、倒卖档案文件的；

（4）擅自占有和非法携带档案文件外出的；

（5）档案工作人员玩忽职守造成损失的；

（6）兼职或离职档案管理人员离职时不按时按规定移交档案文件资料的。

五、资产管理制度

为加强公司资产的管理，保证公司财产的安全和完整，最大限度地提高资产的使用价值和运营效率，以实现资产的保全、保值和增值，以保证反映经营成果，特制定本办法。

（一）固定资产的范畴

1. 资产的管理范畴包括：指固定资产和单位价值超过 500 元以上的低值易耗品。

2. 固定资产是指使用期限超过一年的房屋、建筑物、机器、机械、运输工具以及其他与生产经营有关的设备、器具、工具等。

3. 不属于生产经营主要设备的物品、单位价值在 1,000 元以上，并且使用年限超过两年的，也应作为固定资产。

4. 固定资产分为生产用和非生产用。生产用固定资产包括：机器设备、运输车辆、通讯设备、机械工具经营工具。非生产用固定资产包括：公务辅助车辆、办公设备、福利设备、通讯设备。

5. 低值易耗品是指不能作为固定资产管理的各种用具物品，如工具、管理用具、办公文具、玻璃器皿以及在经营过程中周转使用的包装容器等。具体包括：凡使用年限在一年以下的器具、工具等等（由行政人事部负责，按使用人登记）。

（二）基础工作

编制固定资产目录，制作固定资产卡片，确保账卡相符、账实相符。固定资产目录即固定资产明细账，要求进行编码管理，基础资料维护到具体项目，由固定资产会计负责；固定资产卡片由实物使用或保管单位主管负责，固定资产会计负责业务指导；

（三）编码管理

资产编码办法由财务部统一管理和执行

1. 编号办法

（1）按"一物一号"的原则进行，不允许重复号码；

（2）根据同一资产购入日期先后顺序进行连续编号，中间不断号；

（3）资产报废、变卖等资产处置之号码保留，新入资产编码时不重复，不补充以前报废变卖资产号码。

（4）资产编码由财务部进行，各门店新增资产、调拨资产由门店申请，总部进行编号。

（5）各资产编码应贴于不易受损之部位，各使用人员要及时检查编码条是否有脱落现象，如有遗漏应及时向总部申请补打编码条（同时，各资产人使用人需对遗失编码条承担损失费）；

2. 财务部管理责任

（1）负责按规定进行固定资产和低值易耗品的核算，并指导和检查各门店按规定进行核算，建立固定资产和低值易耗品台账。

(2) 根据有关批文、单证办理资产新购、新建、报废、租出、盘盈、盘亏及调拨的财务手续。

(3) 正确计算提取固定资产折旧，按规定摊销低值易耗品。

(4) 参与资产评估工作，配合有关管理部门提供有关会计核算资料。

(5) 建立健全固定资产卡片，一式三份，其中一份交人事行政部，一份交使用部门（门店）贴在相应的资产上，一份自存作为台账。

(6) 配合人事行政部每半年进行一次财产清查工作，确保账、卡、物相符。清查结果经批准后负责进行会计处理。

(7) 负责整个资产的核算、业务指导、组织盘点等工作。

3. 各门店管理责任

(1) 各门店仓管部门负责本公司的资产管理工作，并与行政部门建立对口动作关系，即在门店第一行政负责人的领导和人事行政部的指导下，执行本门店资产管理办法和保证资产安全运行的措施，按规定和要求向公司报送各项报表，组织与督促本公司各资产责任部门（门店）按规范办理资产新增、报废、调拨、借入、借出以及核算、维护保养等方面的工作。

(2) 第一行政负责人（门店店长）作为资产经营责任人，对本公司的资产负有保全、维护保养和有效利用的主要责任。

(3) 各门店应指定负责人，应按规定建立资产台账和固定资产卡片，固定资产卡片应提交给仓管部门和资产使用部门，资产使用部门的卡片要贴在相应的资产上或以其他方式保存，仓管部门的卡片要及时上报总公司财务部。

(4) 各使用部门（门店）根据固定资产卡片和低值易耗品购建资料建立实物台账，做到账、卡、物相符。实物台账要妥善保管，并随时接受主管部门的检查。

(5) 对每项资产的管理要落实到人，责任人或使用人要遵守操作规程，建立健全设备使用情况记录，严格交接制度，确保设备安全运行。

(6) 每半年进行一次财产清查盘点的自查工作，并配合公司组织的盘点和清查工作。

(7) 建立健全固定资产维修保养制度和主要设备巡检制度，日常设备的维修保养要对外订立维修、保养协议或合同，不断提高自修能力和质量，使各项资产经常处于良好状态。

(8) 经常检查设备事故隐患，采取防范措施，做到安全运转，对发生事故，要及时报告，并查明原因，分清责任，按规定处理。

(9) 各项固定资产的技术资料应妥善保管，重要资产的权属文件要上交公司人事行政部。

(10) 定期进行资产使用情况的分析，积极向公司提出闲置资产的处理建议，以提高资产的使用效果。

(11) 具体责任要落实到柜组、实物责任人。
(12) 服从公司根据整体需要对资产进行的担保、抵押和其他处置。

4. 人事行政部管理责任

(1) 非经营用固定资产，由行人事政部统筹管理，并分部门，落实到责任人；

(2) 新增的固定资产不管是否投入使用，必须由使用部门人事行政部组织专人验收。暂不使用的固定资产应由仓库妥善保管，存放得当；发生遗失和毁损，除不可抗力外，由使用或保管部门负全部责任。

(3) 协助每次清查和盘点工作；

(4) 对各使用部门（门店）进行单位资产的维护管理和使用操作规程的检查指导，定期进行维护保养、设备完好率、设备利用率的检查。

(5) 按规定程序协助各部门（门店）及时办理新增、报废、调拨、借入、借出以及对外担保、抵押资产的手续，并将有关资料及时送达财务部处理。

(6) 负责保管固定资产的有关技术资料和有关权属文件。严守机密，不得丢失，不得泄密。

(7) 对每项实物资产的管理，应落实到人，保证财产完整，发生损坏丢失要追究责任。

(8) 正确合理地使用办公设备和车辆。使用人员要遵守操作规程，建立健全设备（车辆）使用情况记录，严格交接制度，确保设备（车辆）安全运行。

(9) 计算机、复印机、传真机等办公设备和车辆应定期检查事故隐患，采取防范措施，做到安全运转；对发生事故，应做到三不放过，即事故原因未查清不放过，事故责任者与相关人员未接受教训不放过，没有防范措施不放过。

（四）定期清查盘点制度

一般应为每年6月30日、12月31日，财务部门会同营运、人事行政及使用部门，对固定资产状况进行一次全面盘点，弄清资产存在及使用状况，查清盘盈、盘亏原因，制作盘点报告，按公司管理权限，报批后进行相应处理；由于管理失误，造成资产流失的，按照公司有关规定，追究主管人员及实物负责人的经济责任。

（五）请购流程及审批权限

请购固定资产，必须填写请购单（一式三联，使用部门一联，主管部门一联，财务一联，样式另附），按照公司的审批权限，报有关领导审批后安排采购；预算外请购，按规定的程序办理（详见《预算管理制度》、《财务审批制度》）；

（六）部门间调拨程序

跨部门或各门店之间、门店与总部之间调拨固定资产，需填写《固定资产调拨单》（一式四联，调出单位一联，调入单位一联，主管部门一联，财务一联，表样另附），由调出部门填写，部门主管审核，财务经理复核签字后，方可办理实物转移，确保资产安全及账实相符；

（七）报废及处置

1. 固定资产报废，由使用或管理部门提出申请，填写《固定资产报废申请单》（一式四联，报废部门一联，主管部门一联，工程部门一联，财务一联，表样另附），报管理部门（或工程部门）审核后，按公司财务审批权限报批后处理；

2. 处理闲置不用的固定资产，由管理或使用部门提出申请，组织财务（审计）、工程技术等有关部门进行评估，填写《固定资产处置审批单》（一式三联，管理部门一联，工程技术部门一联，财务部门一联，表样另附），按公司管理权限报批后执行。

（八）折旧政策

1. 应提折旧的固定资产。除下列情况外，所有固定资产均应计提折旧。

（1）已提足折旧仍然继续使用的固定资产；

（2）因更新改造而转入在建工程的固定资产。

2. 计提固定资产的时间规范。当月增加固定资产，当月不提折旧，下月开始计提折旧；当月减少的固定资产，当月照提折旧，从下月起不提折旧。

3. 折旧方法。统一按直线法，按个别资产分别计算固定资产折旧率，以保证折旧的准确性。

（1）房屋、建筑物，使用年限一般按 20 年计算。

（2）经营用设备、货架、空调设施等，一般按 5 年计算。

（3）管理软件及其他应用软件，一般按 5 年期限摊销。

（4）电脑及办公设备一般按 3 年确定。

4. 净残值率，统一规定为 1%。

5. 为了简化工作，原有资产折旧政策不再改变；新增加资产按新折旧政策执行。

（九）固定资产的后续支出

1. 资产之维修应由使用或维护部门填开维修申请单，经主管部门及工程部门批准后，方可进行（如遇特殊情况需急修，可事后补签），并由店办文员进行文书档案处理记录，总部进行电子档案记录；

2. 所有维护单需经总财务部审核，资产之维修费用申请权限一般情况下为：店长核决权限为单项资产 500 元以下，超过 500 元以上须经总经理核决。

3. 日常修理。固定资产使用过程中正常的修理及保养，记入当期损益；

4. 大修理支出。在一般情况下，如果金额较大，超过 5000 元时，应采取待摊的方法，在一年内分月摊销；如果属于租入营业用房等资产装修，5 万元以下的，在 1 年内摊销，超过 5 万元的，在预计使用期内摊销。如果无法确定使用期限的，按 3 年摊销。

六、奖罚管理制度

为严明公司纪律，调动员工的积极性，提高工作效益和经济效益，公司将对员工实行奖勤罚懒，奖功惩过。

（一）**奖励制度**（注：具体层级、奖金数额由公司自定，以下数额只是参考）

1. 员工奖励的形式一般可分为下列五种：
（1）嘉奖：出通告表扬，并奖励人民币 30 元/次；
（2）记功：出通告表扬，并奖励人民币如 200 元/次；
（3）大功：出通告表扬，并奖励人民币 500 元/次；
（4）奖金：出通告表扬，并奖励人民币 1000 元次；
（5）晋升：提级使用，相应增加薪资。

2. 有下列事情之一者，予以嘉奖：（奖 X 元）
（1）品行端正，工作努力，能适时完成重大或特殊交办任务者；
（2）拾金不昧（价值在 100 元以上）者；
（3）收到顾客表扬信，经公司查证确认的；
（4）抓小偷一次或举报二次有功者；
（5）积极维护公司荣誉，在顾客中树立良好公司形象和品牌；
（6）热心帮助同事或客户，有具体事实，并收到顾客表扬信者；
（7）忍受困难，肮脏难受之工作，足为楷模者；
（8）工作踏实，超额完成工作任务 110%者。

3. 有下列事情之一者，予以记功：（奖 X 元）
（1）对管理制度建议改进，经采纳施行，卓有成效者；
（2）拾金不昧（价值在 1000 元以上）者；
（3）收到顾客表扬信超过 5 封，经公司查证确认的；
（4）抓小偷 3 次或举报违规或损害公司利益者超过 3 次者；
（5）节约物料或废料利用，价值超过 500 元；
（6）遇有灾难或突发事件，勇于负责，处置得当者；
（7）一年内曾嘉奖三次者；
（8）发现职守外故障，予以速报或妥为防止损害，足以嘉许者。
（9）工作踏实，超额完成工作任务 130%者。

4. 有下列事情之一者，予以记大功：（奖 X 元）
（1）遇有意外事故或灾害，奋不顾身，不避危难，因而避免或减少损害超过 1500 元以上者；
（2）维护员工安全，冒险执行任务，确有功绩者；
（3）维护公司重大利益，避免重大损失者；

（4）一年内曾记功三次者；

（5）工作踏实，超额完成工作任务150%者；

（6）抓小偷4次以上或举报4次有功者；

（7）提合理的建议被采纳，有显著改善或可月获经济效益500元以上；

（8）拾金不昧在2000元以上；

（9）保护公共财产，防止事故发生或挽回经济损失在2000元以上；

（10）对公司业务有特殊功绩或贡献者。

5．有下列事情之一者，予以奖金或晋升：（奖 X 元）

（1）多开展经营项目，对公司确有贡献，并使成本降低，利润增加者；

（2）对公司有特殊贡献，足为公司同仁表率者；

（3）一年内记大功五次者；

（4）抓小偷6次以上或举报6次有功者；

（5）提合理的建议被采纳，有显著改善或可月获经济效益1000元以上；

（6）拾金不昧在5000元以上；

（7）超前完成计划任务指标160%以上者；

（8）服务满5年，每年工作评估皆为优良，并未曾旷工或受记过以上处分。

6．其他奖励：季度优秀员工

（1）凡符合下列两个条件的员工有资格参加优秀员工的评选：必须本季度出满勤的员工；本季度无任何违纪处罚记录的员工。

（2）优秀员工评比内容：具有较强的应变能力和主动性，安排工作时很少或不用监督；有强烈的工作责任心，总是尽最大的努力去完成工作任务，时常能主动承担更多的工作；有较高的工作效率，总能提前完成工作和超越期望；专业知识与专业技能很好结合运用，并达到理想的水平；负责的区域商品陈列好、卫生干净、损耗少；总是主动与他人积极合作，相互帮助，是合作精神的楷模；工作素质优异，很少或没有在工作中发生错误；有较好的服务意识，对顾客热情、主动、周到、礼貌、微笑，顾客评价较高。

（3）优秀员工的评选名额：优秀员工的评选按门店员工总数的6%名额评出（四舍五入计算名额数）。具体门店各部门的名额分配由各店长确定。

（4）优秀员工的奖励

① 每季度评出的优秀员工，每人奖励100元，在员工大会上以红包形式颁发，并配发一个"优秀员工"标志在工牌上。

② 被评为优秀员工，将记入员工的个人档案，作为年终奖、调薪、晋升考核的重要依据之一。

（5）优秀员工评选程序见图3-3。

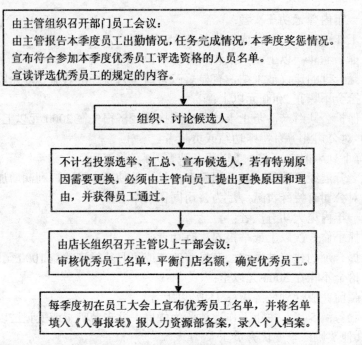

图 3-3 优秀员工评选流程图

注意事项：严禁主管按个人意愿评选，严禁讲人情或轮流当选，严禁不按程序评选优秀员工。若有发现此类现象，经调查核实，给予主管纪律处分。

（二）处罚规定（注：具体层级、奖金数额由公司自定，以下数额只是参考）

1. 员工处罚分以下四种：

（1）口头警告：口头指出违规现象；

（2）记小过：出通告批评，并视具体情况而处罚 30～100 元；

（3）记大过：出通告批评，并视影响严重性而处罚 100～300 元；

（4）开除：予以解雇，并罚款 500～1000 元，还必须追究相应的责任。

2. 有下列情形之一者，初犯者作警告，按规定罚款 30 元；二次重犯，则予以书面警告：

（1）工作时间干私活、阅读与工作无关的书刊小说、听收音机等；

（2）未到下班时间提前去吃饭或上班后还在吃饭者；

（3）卖场员工在上班时间吸烟者；在非吸烟区内吸烟者；

（4）上班时间打游戏或玩 QQ 者；

（5）因过失导致工作发生错误但情节轻微者；

（6）不按规定着装，着装不整齐或仪容不整洁；

(7) 上班时间不戴工作证者;
(8) 不爱护公物甚至损坏公物,情节较轻者;
(9) 乱丢乱吐,影响公共卫生者;
(10) 服务语言不够礼貌;
(11) 上班嬉戏,高声谈笑或粗言秽语者;
(12) 有偷盗动机和行为,但还没有偷盗成功者;
(13) 对各级主管的批示或有限期的命令,无正当理由而未如期完成且处理不当者;
(14) 留他人在公司宿舍过夜者;
(15) 妨害工作或团体秩序,情节轻微者;
(16) 不服从主管人员的合理指导,情节轻微者;
(17) 故意损坏职务下所保管的公司财物,或擅送他人使用,造成损失者;
(18) 违反安全规定,使公司蒙受重大损失者;
(19) 值班时登记不清,交班不清楚,发生问题互相推诿;
(20) 值班时姿态不正,精神不振、叉腰搭臂、手插裤袋打瞌睡,影响形象;
(21) 以上行为二次重犯,升级为书面警告,最低扣罚 100 元。

3. 对有下列情形之一者,将给予书面警告,并按有关规定扣罚:
(1) 蓄意损坏公司或客人财物,但未造成太大损失;(扣罚 100 元)
(2) 服务态度欠佳或对顾客不礼貌,造成顾客投诉,经查明是员工的问题者(扣罚 200 元);
(3) 发现危及财产、人身安全的隐患、违法行为而不报告上司者;(扣罚 200 元)
(4) 偷盗公司财物,价格达到 50 元以上者,除偷一罚五外,另外再扣罚;(扣罚 100 元)
(5) 不服从上司合理、合法之命令;(扣罚 200 元)
(6) 不按时交班,未经同意擅自调班或找人顶替,离开工作岗位;(扣罚 100 元)
(7) 未经同意擅自使用公司财产,但未造成损坏者;(扣罚 100 元)
(8) 提供假资料、报告和报销单据;(扣罚 300 元)
(9) 管理人员放弃原则,对下属违反纪律不劝告,包庇纵容造成损失,不严格执行处罚者;(扣罚 300 元)
(10) 代人或委托人打卡者;(100 元)
(11) 不按时完成重大或特殊交办任务者;(扣罚 200 元)
(12) 值班时饮酒或吃东西;(罚款 100 元)
(13) 值班时玩忽职守造成责任性案件或事故,造成不良后果者;(扣罚 200 元)
(14) 私扣他人证件或物品者;

（15）突发事件临阵逃跑者，后果不算严重者（扣罚200元）
（16）二次重犯第一大点的各条例。
（17）以上任何一项行为，二次重犯即升级记过处分，按有关规定双倍处罚。

4. 对有下列情形之一者，予以记过处分，并按有关规定执行：
（1）发表虚假或诽谤言论，影响其他职员的声誉，或造成意见不和者（扣罚300元）
（2）在公司内有赌博行为者；（扣罚500元）
（3）由于疏忽导致损坏公司财物，情节严重者按价赔偿；（扣罚300元）
（4）违反操作规程或失职，影响公司正常运作；（扣罚300元）
（5）私自接受请客或礼物，影响公司形象者；（扣罚300元）
（6）对上级指示或有期限命令，无故未能如期完成，致使公司利益受损者；情节轻微者（扣罚500元）
（7）对同事恶意攻击或诬害、伪证、制造事端者；（扣罚500元）
（8）因疏忽导致机器设备或物品材料遭受损害或伤及他人者；（扣罚500元）
（9）将上班使用的器械装备随意借给他人使用，无故损坏或丢失装备者；（除必须照价赔偿外，扣罚300元）
（10）不服从主管人员合理指导，屡次不听者；（扣罚300元）
（11）损毁涂改重要文件或公物者；（扣罚500元）
（12）蓄意损坏、破坏公司或他人财物者，除照价赔偿外，另按记过处分处理（扣罚300元）
（13）在工作场所内无理取闹、聚众闹事，影响工作秩序者；（扣罚300元）
（14）其他重大违规行为者（如违反安全规定措施或有关的规章制度，情节严重者，扣罚300元）

以上任何一项行为，若二次重犯一般应即解雇处理。

5. 有下列情形之一者，一经发现，一般应立即予以开除（不发资遣费，同时扣罚500元）：
（1）一个月内连续旷工四天或一年内旷工三十天；
（2）监守自盗或盗窃公司或其他职员财物，情节严重者；
（3）值班人员上班时间睡觉，造成公司损失者；
（4）泄露公司机密情报者；
（5）以权谋私，贪污公司钱物；
（6）私自接受客户或公司业务有关个人或团体的回扣、红包，严重侵害和影响公司的利益者；
（7）在公司内打架斗殴（打人致伤者，必须负担医药费和由此造成受伤者的误工费），影响工作秩序和社会秩序者；

（8）玩忽职守、欺骗上级、弄虚作假、诈骗公司或他人财物者；

（9）发现公司领导、上司或公司职员被人打骂残害时，值班人员视而不见；

（10）携带或收藏一切违禁物品；

（11）对同事暴力打击报复、威胁、恐吓、妨害正常工作秩序者；

（12）煽动怠工或罢工者；

（13）吸毒者；

（14）散播不利于公司之谣言或挑拨劳资双方感情者；

（15）伪造或变造或盗用公司印信者；

（16）利用公司名义在外招摇撞骗，致使公司名誉受损害者；

（17）参加非法组织者（如法轮功组织）；

（18）擅离职守，致使工作产生变故，使公司蒙受难以弥补的损害者；

（19）仓库重地吸烟者；

（20）触犯中华人民共和国刑事法律者。

（21）职员有上述行为的，公司将根据实际情况向司法机关举报或提请有关部门处理。

（三）**其他处罚规定**（注：具体奖金数额由公司自定，以下数额只是参考）

1. 纪律和考勤处罚（警告或罚款30元）

（1）上班串岗、离岗者记警告，严重影响工作者记过，对公司造成较大损失者辞退处理。

（2）工作时间内接待亲友或利用当班时间处理私事者记警告。

（3）上班时在卖场聊天、嬉戏、姿势不规范或集体组织学习或部门会议时开小会、吃东西、打瞌睡等不集中精神参加者记警告。

（4）工作时间精神不振，行为散漫的，口头警告仍不改正者记警告。

（5）未经部门主管批准私自换班者，记警告。

（6）在卖场、办公室、仓库吸烟，在上班时听收录机、看报纸、干私活、打私人电话记警告。

（7）开门前2分钟未做好营业准备工作者（现场清理、兑好尾数、备好零钞、打扫卫生、商品陈列、备好服务工具等）记警告。

（8）吃饭排班时不服从主管安排，吃饭超时、误时者除记警告外，误时时间按迟到处理。

（9）两班交接时，随意提早离岗、未做好交接工作者记警告。

（10）未及时缴交单据，或丢单、错单、漏单者，除按财务单据管理规定扣款处罚，记警告。

（11）工作不负责任，管理混乱，造成公司经济损失500元以下者记小过。

（12）酒后上班或上班时间喝酒者记小过。

（13）欺骗上级推卸责任者记小过。

（14）搬弄是非，闹不团结者记小过。

（15）上班时睡觉记小过。

（16）拉帮结派、对同事恶意攻击、诬陷、作伪证，故意制造事端者记大过，情节严重者辞退。

（17）无理拒绝公司或上级发出的通告，不接受主管和经理的指令或故意不服从主管或经理的工作安排，包括无正当理由不履行公司指派的加班工作者记小过；经劝告无效而影响工作者记大过。

（18）上班时间偷吃商品者赔偿公司损失并予以辞退。

（19）员工让别人代为打卡，代打卡者记大过一次，被打卡者记大过一次，如当日未上班按旷工处理，特殊情况下要由部门负责人/店长签卡。每月各部门、门店的考核汇总报表，若有出现错误现象，视情节轻重，给予统计员和负责人以纪律处分。

（20）谎报病假，请病假未按公司的规定完备请假手续，缺勤时间按旷工计。

（21）遵守好当家公司的安全和防损规定者，按公司安全和防损规定处理，情节严重者予以辞退。

（22）擅自进入非个人职责所在的工作场所，未经许可接触本人职责以外的机密信息如标价牌、商品资料、

（23）文件、规章制度者记小过，情节严重者予以辞退。

2. 仪容仪表和服务处罚（警告或罚款30元）

（1）上班时不佩戴工作证及穿着不整齐的工作服或头发凌乱，或将员工证、工作服给予他人使用者记警告。

（2）未按公司要求，保持个人仪容仪表，衣冠不整、穿露脚趾、露脚跟鞋、松糕鞋或高跟鞋等记警告。

（3）收银员不化淡妆或化浓妆者记警告。

（4）工作时间在岗位上有站姿不正、倚靠货架、柜台等影响形象的行为，口头说教不改者记警告。

（5）遇到顾客投诉或其他事务本人不能处理而不及时向上级主管报告者记警告。

（6）因顾客购物时提供不合理的包装而造成损坏要求赔偿者，赔偿顾客损失并记警告。

（7）对顾客的咨询不理不睬者记警告。

（8）对顾客大宗购买后要求送货出门、上车，拒不主动合理协助解决者记警告。

（9）对顾客冷淡、不礼貌、服务不周等，受到投诉者记小过；服务态度恶劣，与顾客吵架者记大过，严重者辞退；与顾客打架者辞退，如造成严重后果，送往公安机关追究刑事责任，同时予以辞退。

3. 安全和内部纪律处罚（警告或罚款30元）

（1）违反作业或操作规程，损坏设备或工具，浪费原材料、能源，给公司造成损失，影响公司正常秩序；

（2）拿取店内的购物袋等低值易耗品并挪为他用，乱用、浪费包装袋（盒）、不爱惜公物等赔偿损失并记警告。

（3）在公司电脑设备上玩电子游戏，或未经许可使用公司电脑设备上网，或使用公司电脑设备做私事者，记警告。

（4）在工作场所内高空抛物者记警告。

（5）毁坏公司、顾客或同事的财物，如涂污墙壁、毁坏照明设施、毁坏工具等，赔偿损失并记小过。

（6）私自对自己购买的商品更换标价或擅自打少单价者一律按偷窃处理。

（7）验货或整理商品时打烂商品，由当事人按价赔偿。

（8）员工上班时间不准在商场购物，下班后在商场购物必须主动接受防损员的检查，任何人不得带同类商品进出商场，违者一律记小过，对商品解释不清者即按偷盗处理。

（9）当班期间，由于不遵守操作规程或违纪而造成丢失商品、现金者，按情节轻重进行经济赔偿。贵重商品如有损失，不管交接班时点数与否，当班者赔偿损失并记小过。

（10）工作时间内因私事未经领导同意而随便使用公司工作电话者或长时间打私人电话、长途电话和声讯电话者赔偿话费，并记小过。

（11）领用店内商品（公用）没有进行登记，未按规定程序办理和点数者记过，情节严重视为偷盗，作辞退处理。

（12）未经许可驾驶公司的车辆，或开动任何机械装置者记小过。

（13）未经许可修改公司电脑业务数据、篡改公司文件、考勤记录、工作原始记录者，记大过，严重者予以辞退。

（14）盗窃或擅取顾客、公司或同事的财物或串通外人偷盗商品按偷一罚十赔偿损失，并作辞退处理。

（15）品行不端、行为不检者记小过，屡劝不改者辞退。

（16）未经许可进入办公室翻阅资料或越权进入公司电脑系统查阅资料等记大过。

（17）利用职务之便侵占公司财物者记大过，情节严重者予以辞退。

4. 卫生质量管理处罚（不局限以下行为）

（1）个人卫生达不到标准，未做好四勤（勤洗手、勤剪指甲、勤洗澡洗头、勤洗换工作服）或身上有异味者记警告。

（2）不维护公共环境卫生，如乱扔纸屑杂物或随地吐痰等记警告。

（3）抹布没有经常洗晾、消毒，有异味者记警告。

（4）在空调机房乱堆乱放清洁工具或杂物者记警告。

（5）地上有明显污迹、积水或货品、货架上有灰尘、污垢等，柜台和陈列商品不符合卫生规范者记警告。

（6）交班前、营业结束后不自觉完成岗位卫生者记警告。

（7）在卖场堆放或货架上陈列了过期、变质、包装残损食品、用品、变质残次的生鲜商品，能分清责任的责任人记小过，分不清责任的该区每人各记警告，受到投诉且需要赔款的由责任人赔款并记大过，分不清责任的由该区有关人员分摊。

5．工作成效处罚

（1）对上级布置的文字、数据资料（岗位或柜组信息、意见、统计信息等）不及时反馈者记警告。

（2）商场作业人员打错价、写错价格牌、写漏价格牌者，未造成损失的记警告，已造成损失的由责任人赔偿。

（3）对工作不尽责、出勤不出力、工作效率低记小过。

（4）收货不认真造成错点、漏货、单据填写错误或不落实双人复核工作，未交区域员工审核者赔偿损失，并记小过。

（5）因工作效率低或疏忽导致公司蒙受损失者赔偿损失，记大过。

（6）不按规定时间完成工作任务，影响整体工作计划者记大过。

（7）不按规定的流程和程序工作者记小过，给公司造成损失者记大过，情节严重者辞退。

（8）因能力方面无法完成本职工作任务者转岗或辞退。

（9）在实习期或试用期达不到工作要求或不服从、不接受管理者辞退。

6．门店主要岗位操作规范处罚

（1）收银员：

① 收银员的岗位操作务必遵守《收银员手册》有关的原则和要求，如有违反者按《收银员手册》有关规定处罚，具体行为示例但不局限以下行为：

② 收银员一个月累计错打4次者记警告。

③ 收款时不使用礼貌用语或不唱收唱付者或找赎时不礼貌将零钞和"电脑小票"直接交到顾客手中者第一次口头警告，第二次记警告。

④ 收款时发现商品错价现象，不指正或故意错收者，一经查实马上给予解聘，并扣除当月全额工资。

⑤ 不认真看守收款通道，被顾客带出入商品或带入违禁物品者记警告。

⑥ 不执行制度乱开发票给他人者记小过。

（2）营业员：

① 生鲜商品明显的订货过多或过少，造成大量报损或货架缺货者记警告。

② 属人为责任缺货者；仓有架无者；负责区域内商品陈列不丰满，出现老虎口或陈列不规范或 POP、特价标签、价格标签张贴不规范，生鲜商品护理不及时造成卖场形象差者，记警告。

③ 对大宗商品交易（500元以上）款、货有差错者，责任人赔偿损失，记过。

④ 工作中发生意外而不及时通知主管或副店、店长者，记过。

⑤ 受到报刊、上级和同行业检查批评者记过。

⑥ 发现顾客偷窃时，不立即向防损员或上级报告，造成商场失窃者记过。

（3）防损员和服务台：

① 营业期间不按责任范围定位站岗、离岗、闲谈、聚堆、倚坐商品者记警告

② 不积极主动协助其他岗位同事工作者记警告。

③ 发现顾客违反入场规定（吸烟、饮食商品等）入场，不制止者记警告。

④ 冷落和怠慢顾客者记小过。

⑤ 发现商品物价、计量、质量有问题而不及时反映者记小过。

⑥ 存放顾客寄放物品时不轻拿轻放、发放保管牌乱抛乱扔给顾客者记警告；随意打开顾客提包并有偷窃行为者予以辞退；因保管不善导致顾客行李、物品损坏者，赔偿损失并记小过；发错寄存小包，造成顾客损失者，赔偿损失并记小过。

⑦ 防损员发现顾客偷窃时，不大胆立即向上级报告或捉拿，造成商场失窃者记大过。

（4）盘点

① 盘点前商品整理准备工作不力的岗位责任人，包括盘点前未完全清理有关流转单据、借出商品、陈列商品、待处理商品和退货商品等遗留问题的相关人员，记警告；在抄写盘点表时，凡抄错、抄漏、字迹潦草不清，不按顺序、堆位抄写的，抄写经手人、审核组长和主管人员各记警告。

② 在单方盘点表或双人对数复核时，凡有改动商品品名、数量和单价的，不按规定在改动处签名认可者记警告。

③ 商品盘点表未经认真对数复核或漏签责任人全称者记警告。

④ 盘点发生差错经复核发现漏单、失单、漏数或盘点表汇总有错误等人为差错者记警告。

⑤ 隐瞒、虚报盘点结果的员工或柜组、分店责任人者记大过，严重者于以辞退。

⑥ 不在规定时间内处理盘点差错表的相关责任人，记小过。

⑦ 对盘点的组织、安排、人力调配等整体工作不力，而影响盘点效果的门店店长和付店，记大过，严重者予以辞退。

7. 对管理人员的特别要求

管理人员不能以身作则，违反公司管理规定的，从重一级处罚：

（1）辖区商品因人为因素明显缺货者记大过；商品陈列不规范者记小过；特

价标签/POP 张贴不规范者记小过。

（2）卫生管理不符合公司要求者记小过。

（3）质量管理不符合公司要求，如过期、变质、残次品未及时下架、处理者记过。

（4）商场管理员不能及时、准确掌握现场情况，发生对公司名誉和利益产生负面影响的事件而未能及时有效处理者记大过。

（5）管理人员不能严格执行公司的规章制度，不能督导、管理及培训部属员工，员工纪律松散，对部属发生的严重违纪情况未能及时察觉并采取有效措施补救的，直接上级管理人员要承担管理不善的连带责任，记大过；有包庇、偏袒违纪员工行为将转岗、降职或辞退。

（6）对公司政策、通知、促销活动，未能及时上传下达，执行不力，采取应付态度，工作进度明显落后于其他部门却不能采取积极主动措施改进的；对上级交代的工作任务，办理不力，也没有及时跟进和协调，导致工作未能完成者记大过或转岗、降职或辞退。

（7）管理人员不能严格执行公司的规章制度，不能督导、管理及培训部属员工，员工纪律松散，对部属发生的违纪情况未能及时察觉并采取有效措施补救的，直接上级管理人员要承担管理不善的连带责任；有包庇、偏袒违纪员工行为将处以记大过、转岗、降职或辞退。

（8）对公司政策、通知、促销活动，未能及时上传下达，执行不力，采取应付态度，工作进度明显落后于其他部门却不能采取积极主动措施改进的；对上级交代的工作任务，办理不力，也没有及时跟进和协调，导致工作未能完成者记大过、转岗或辞退。

8. 以下列举的行为违反基本商业道德和行为准则，一经查处，其聘用将被终止，无需提前通知，公司不提供任何补偿：

（1）在聘用时提供假资料或做假帐（或伪造证明或文件）以欺骗公司。

（2）拒绝服从工作分配，影响工作的。

（3）收银员私留货款者。

（4）侮辱上司或挑拨同事关系、与同事争执而发生辱骂、斗殴。

（5）对待顾客态度粗鲁或者辱骂、殴打顾客。

（6）故意损害公司的声誉，且证据确凿。

（7）因破坏、窃取、毁弃、隐匿公司设施、器材及文书等行为，致使公司遭受重大损失者。

（8）未经许可，将公司机密泄漏给外单位、他人、与公司有利益冲突的竞争者。

（9）在工作场所内进行、唆使不道德的行为者。

（10）骚扰及从事对公司或其他员工的健康、安全有威胁的活动。

（11）煽动或参与怠工或罢工以及擅自在公司内张贴、移去或派发任何文件或传单。

（12）未经允许，占有或使用公司财产。

（13）因严重失职造成公司重大经济损失者。

（14）偷窃。

（15）收受贿赂，私自向供应商或业务往来单位索要/收受回扣、小费、礼品或其他形式的非正常馈赠，滥用职权谋取私利；擅自挪用供应商赠送品送人或归为己有者。

（16）其他严重的不诚实或欺诈行为。

（17）有聚众闹事、吸毒、赌博行为或上班时间酗酒等。

（18）全职员工从事第二职业或兼职的。

9. 员工有以下情形之一者，其聘用将立即终止，而无需提前通知，也不提供任何补偿：

（1）在试用期证明该员工不符合录用条件的。

（2）严重违反公司劳动纪律和规章制度，按规定应受到即时除名或开除处分。

（3）假公济私，滥用职权对员工进行打击报复的。

（4）严重失职、营私舞弊，对公司利益造成重大损害的。

（5）被依法追究刑事责任的。

10. 员工有以下情形之一的，将被提前30天通知辞退：

（1）因公司机构调整，原岗位消失而又无合适工作安排的。

（2）不能胜任工作，经培训或岗位调整后仍不能适应公司工作的。

（3）绩效未达标及执行操作规范较差。

（4）因精神或机能障碍或身体虚弱、患病或非因工受伤医疗期满后，不能从事原工作也不能另行安排工作的

11. 除以上处罚外，员工因工作失误给公司造成直接或间接经济损失的，公司有权对犯过员工要求适当的经济赔偿。公司要求赔偿损失的情况包括（但不局限于）以下所列的情况：

（1）偷窃公司财物。

（2）利用职务之便，徇私舞弊，收受贿赂等行为。

（3）盘点损失以及商品报损超过规定比例的，包括贵重商品损失。

（4）因个人未按规定或常例操作，造成工作失误给公司造成损失。

（5）任何不诚实行为给公司造成的损失。

（6）电子数据信息损失。

（7）私打长途电话及声讯电话。

（8）不按有关卫生规定加工熟食、即食商品，造成顾客患病需要公司承担责

（9）在卖场发现有商品过期、变质的，能分清责任的由责任者承担，分不清责任的由该区管辖人员集体承担。

（10）发错寄存物品并造成顾客损失的，责任人要给予赔偿。

（11）因制单、制表多联复写不清的或不按规范填写或因不及时交单日/处理单据，或因丢单/销单/漏单导致公司损失的。

（12）收货不认真造成错点、漏货者或不落实双人复核并区域员工审核者。

（13）员工行为触犯刑法，由司法机关依法惩处的，公司将无条件对该员工予以除名，对公司造成经济损失的，公司依法保留要求赔偿的权利。

（14）处罚原则：遵循事实，严明纪律，规范员工的操行及工作表现；本奖惩条例给予员工解释及投诉的权利，员工有权对所受纪律处分提出投诉。

（四）奖惩审批权限

1. 员工受嘉奖、记功、月优秀员工和记警告、小过等问题的处理由店长或部门经理审批。每月底报人力资源部备案。

2. 员工记大功、记过、辞退、开除必须报人力资源部审批。呈报资料需备有：被处罚人检讨书，事情调查报告及处罚请示。

七、差旅制度、节约制度与保密制度

（一）差旅制度

1. **差旅费标准**（以下表格是示例）

表3-11　差旅费标准表

地　点	职位	住宿费	市内交通	伙食补助
北京、上海、海南、福建、广东省内经济特区	副总经理	250	50	50
	部门经理/店长	160	50	50
	主　管	120	50	50
	助理	100	50	50
其他地区	总经理	140	40	40
	部门经理/店长	120	40	40
	主管	80	40	40
	助理	60	40	40

单人出差，单人住宿，住宿费提高50%

单位：元/天/人

2. **使用流程**

（1）出差申请：员工因公出差，必须事先申请，并填写公司的"出差申请表"。

(2)费用预算：出差员工按公司规定差旅标准，预算出差中各项费用，填在"出差申请表"中的"费用预算"一栏中。（出差员工由公司统一预订的机票、车票，不包括在差旅费用预算中）

(3)审批、借款：出差员工将填写好的"出差申请表"交由相关领导签字后，凭此表在财务部借款。

(4)出差登记：出差人员将"出差申请表"交人事行政部，报销时人事行政部核销后才可以按《差旅费报标准》报销。

(5)报销：差旅结束后，出差人员将实际费用填在"实际费用"一栏与预算进行核对。超支的部分必需作出详细说明。

3．长途车资的标准

以下表格是示例：

表3-12　长途车资标准表

级别	飞机		列车乘坐标准				轮船	巴士
	豪华仓	经济仓	软卧	硬卧	软坐	硬坐		
总经理	√	√	√	√	√	√	一等仓	√
中心经理	/	√	√	√	√	√	一等仓	√
店长	/	√	/	√	√	√	二等仓	√
主管	/	/	/	√	√	√	三等仓	√
助理	/	/	/	√	√	√	三等仓	√
备注	1．打钩为各级别人员可享受的交通工具乘坐标准； 2．普通员工在乘坐长途超300公里以上或乘坐时间超过6小时的，可享受列车软卧的待遇；（深圳、珠海除外）							

4．招待费标准

业务招待费可以根据实际情况，每次向总经理申请，按申请的金额实报实销。

5．市内交通、误餐标准

(1)市内交通费

① 部门经理/门店店长（不含）以下员工市内办理公务，应以搭乘公交车、地铁为主，对因业务需要或紧急情况而搭乘出租车的，应事先由部门经理/店长同意，事后报总经理审批。

② 员工外出公务需利用公司现有车辆的（如经理/店长级以上人员，采购人员，财务人员办理相关业务及其他紧急事务），由人事行政部门统筹安排，不另外报市内交通费。

③ 员工正常上下班的交通费均不得报销。

④ 市内交通费报销应上注明起止地点及事由。

(2) 误餐费：

① 员工公出（不需住宿）中午无法回公司食堂就餐的，且未发生业务招待费的，经人事行政部门核准，可按每人每餐5元补助误餐费。

② 报销时须在《费用报销审批报告》上注明时间、地点和原由。

（二）节约制度

1. 凡是公司的职员，都必须养成良好的节约习惯；

2. 办公用品除易耗品每月按具体日期发放外，其他都按旧换新领用；

3. 办公室人员要格执行复印或收发登记制度，应熟练掌握办公自动化设备，以无纸化办公为标准，使用过的非机密文件A4稿纸，进行处理后，反面可以再次利用（如是机密文件，立即用碎纸机碎掉）；尽量减少人为造成的纸张浪费；达到节约用纸；

4. 注意节约用电，中午及下班时间尽量关电灯和风扇，下午下班后必须及时关闭空调；

5. 最后离开公司的人应该确保电源关闭。

（三）保密管理制度

公司全体职员都有保守公司机密的责任和义务。具体细则如下：

1. 保密的范围

（1）公司重大决策中的机密事项。

（2）公司尚未付诸实施的经营战略、经营方向、经营规划、经营项目及经营决策。

（3）公司内部掌握的合同、协议、意见书及可行性报告、主要会议记录。

（4）公司财务预决算报告及各类财务报表、统计报表。

（5）公司所掌握的尚未进入市场或尚未公开的各类信息。

（6）公司职员人事档案，薪资性、劳务性收入及资料。

（7）其他经公司确定应当保密的事项。

（8）尚未公布之一般性决定、决议、通告、通知、行政管理资料等内部文件属于保密范围。

2. 保密措施

（1）非经批准，不得复制和摘抄。

（2）收发、传递和外出携带，由指定人员担任，并采取必要的安全措施。

（3）在设备完善的保险装置中保存。

（4）不准在私人交往和通信中泄露公司秘密，不准在公共场所谈论公司秘密，不准通过其他方式传递公司秘密。

（5）公司工作人员发现公司秘密已经泄露或者可能泄露时，应当立即采取补救措施并及时报告主管领导；主管领导接到报告，应立即反映或处理。

3. 责任与处罚

（1）出现下列情况之一者，给予书面警告，并罚款 20 元以上 500 元以下：泄露公司秘密，尚未造成严重后果或经济损失的；违反本制度规定的秘密内容的；已泄露公司秘密但采取补救措施的。

（2）出现下列情况之一的，予以解雇并酌情赔偿经济损失：故意或过失泄露公司秘密，造成严重后果或重大经济损失的；违反本保密制度规定，为他人窃取、刺探、收买或违章提供公司秘密的；利用职权强制他人违反保密规定的。

第三节 后勤管理制度

一、宿舍管理制度

（一）宿舍管理规定

1. 为了方便员工，解决员工住宿问题，公司特外租宿舍给员工住宿；
2. 凡是在公司住宿的员工，水电费按实际使用量自行分摊；
3. 租房的费用一般由公司和员工共同承担，即员工共同承担 50%的租金，公司补贴 50%，具体方案根据企业的实际情况和租房金额而定。
4. 宿舍区内各同事应互敬互爱，日常生活中做到互帮互助；自觉维护宿舍区卫生，勤打扫、勤整理宿舍物品，及时将废弃物品倒进垃圾箱。
5. 不行擅自进入他人房间，进入他人房间，要先敲门，得到许可后方可入内，不得用脚踢门。
6. 爱护宿舍区一切设备设施，不得在墙壁、床铺、桌椅等处随意涂画、张贴或私自拆改房内硬件设施。保管好各自物品，以免遗失；如有发现偷窃行为，及时报行政部处理。
7. 离开房间时随手关灯并切断电器电源（如电风扇等），早上起床时随手关闭公共区域用灯。
8. 朋友前往宿舍探访时，探访时间一般不得超过 23：00。不得私自带非公司员工在宿舍内居住。
9. 注意日常生活行为，保持安静的生活环境。不得在宿舍区大声喧哗、吵闹，影响他人休息，特别是有对班人员在休息时，严禁在宿舍播放高音喇叭或大声谈话。
10. 尊重他人，不随意使用他人物品。卫生用厕，及时冲洗，保持冲凉房的干净整洁。节约用水，水龙头应及时关闭，拧紧。
11. 住宿的员工必须遵守公司的宿舍管理制度，如无故损坏或丢失公物，应照价赔偿，赔偿费从工资中扣除；

12．员工入住宿舍后，服从公司的安排，在宿舍管理员的安排下，在指定的房间床位休息，不得擅自调换房间、床位和家具，特殊情况需经人事行政许可，并办理有关调换手续；私自调换者，除限期搬回原处外，情节严重者给予经济处罚 50 元；

13．员工离职时在人事行政部办理完离职手续后，必须在当天搬离公司宿舍；

14．离职人员离开前宿舍前，宿舍管理员必须按住宿登记情况验收后，方可办理放行手续。

15．以上规定第一次违反者予以口头警告（第一次同时违反两条者，予以书面警告，并罚款 X 元）；第二次罚款 X 元并书面警告一次；第三次罚款 X 元，书面警告并通报全公司批评，情节严重者可作解雇处理。违纪全部记录在人事档案中，作为升级、升职调薪之重要依据。（罚款金额数额由公司根据具体情况而定）

（二）宿舍守则

1．宿舍内各同事应互敬互爱，日常生活中做到互帮互助。

2．养成良好的卫生习惯，保持生活环境的整洁卫生，讲文明礼貌，不随地吐痰，垃圾、杂物要倒在垃圾池、桶内；不乱丢果皮、纸屑、烟头，不准弄脏和划花墙壁。

3．宿舍区内的走廊、通道及公共场所，禁止堆放杂物。

4．宿舍内严禁私自拉接电源插座或拖插板。严禁在宿舍使用煤气瓶、煤气灶、煤油炉、电饭煲、电炉、电热棒等；严禁存放易燃易爆物品。

5．严禁在阳台、窗户往外抛掷硬物、纸片、杂物、泼水、避免伤害道路行人或环境污染。不准在阳台上摆放花盆、花瓶、避免跌落伤人。

6．如果员工因生病需要煲药，可凭医生证明到人事行政部办理手续，人事行政部将委托食堂办理。

7．遵守作息时间，保持安静，不准大声喧哗、唱歌、放录音机，午休时间和熄灯后保持安静，超过 22：30 时不准播放收音机影响他人休息。

8．爱护公司配置的公共设施，如空调、转扇、床等。

9．遵纪守法，严格遵守治安管理的有关规定，自觉维护宿舍区的秩序。

10．尊重他人，不随意使用他人物品。卫生用厕，及时冲洗，保持冲凉房的干净整洁。注意节约用水、用电，做到人离开房间或洗手间时随手关水龙头、空调、风扇、电灯等。

11．不私自留宿客人。不在楼内烧火、吸烟，不准点蜡烛照明。

12．未经有关部门允许不在楼内进行任何经营活动。保管好自己的钱和贵重物品，离开房间时应反锁，窗户关好。

13．宿舍内禁止如下行为，违者按有关违纪处分条例处罚：吸烟、喝酒、打麻将、赌博、看黄色、低级书刊、说污秽、下流语言或其他违法乱纪的行为。

14．服从楼层保卫管理员的管理、监督，随时接受公司有关人员对宿舍的任何检查。

15．不行擅自进入他人房间，进入他人房间，要先敲门，得到许可后方可入内，不得用脚踢门。

16．宿舍内发生的违反上述规定的行为，任何人都有权予以制止并向宿舍管理员或人事行政部报告。

17．以上规定第一次违反者予以口头警告（第一次同时违反两条者，予以警告，并罚款）；第二次记过一次；第三次记大过一次，书面警告并通报全公司批评，情节严重者可作解雇处理。违纪全部记录在人事档案中，作为升级、升职调薪之重要依据。

（三）宿舍安全要求

1．宿舍内严禁使用煤气瓶、煤气灶、煤油炉、不准动用明火。包括楼梯、通道、卫生间、天台煮食或燃烧废弃物。

2．严格执行用电规定。未经允许不准乱动电路设施，乱拉乱接电源线、电源插座拉板。严禁使用大功率电器、电饭煲、电炉、电热杯、电热棒等；如遇供电故障及时通知楼层管理员和电工，电工接到通知后在最短时间内解决。

3．注意防火，熄灯后不准在宿舍或床上点蜡烛，员工上班离开房间时必须关闭照明灯，晚上就寝后严禁点长明灯。

4．严禁携带有毒有害、易燃易爆物品进入宿舍。

5．不在宿舍楼内使用煤油炉、酒精炉等炉具。

6．提高警惕、严防盗窃。离开寝室要关好门窗，不得私自调换门锁钥匙，钥匙不得转借他人，不得私自配备，不准私自留宿外人，严禁留宿异性。

7．员工应加强消防意识，加强自我保护意识。严格执行消防法律、法规、规章，履行消防安全所赋予的责任。如造成责任事件后，责任一切自付。厂方不承担任何人员的经济赔偿和行政有关责任。

（四）离职或搬离宿舍有关规定

1．员工一经办理离职手续后，24小时内必须搬出宿舍、并完成同宿舍员工水电费的结算手续，方可领取工资。24小时外未能搬出宿舍每天收取30元住宿费，根据居住时间在领取工资中扣除。

2．离职时发现配套专用设施有缺少或损坏的，必须照价赔偿。

二、饭堂管理制度

（一）饭堂运作规定和标准

1．所有职工必须在饭堂开餐，休息除外；

2．饭堂一般实行饭卡制度，凡是领取饭卡的员工，必须在人事行政部登记用

餐,登记完毕后必须坚持一个月,次月初人事行政部将按员工的具体用餐进行计算,并在工资里面扣除伙食费;

3. 一般月底必须将饭卡交回饭堂或人事行政部,否则将按吃满一个月计算用餐数量;

4. 员工在饭堂吃饭费用是正餐 X 元/餐,早餐 X 元/餐,不够部分由公司补贴(就餐费用由公司根据具体情况而定);

5. 厨房每天顿供应膳食一般不得少于两肉、一菜、一汤;

6. 承包商必须遵守公司的饭堂管理制度、厨房管理制度,保证饭菜的质量和数量;

7. 承包商必须接受本公司卫生、操作流程、饭菜质量和数量的监督和检查,发现问题立即更改,否则将按合同处罚。

(二)员工饭堂设施与环境卫生

1. 饭堂的设施布局要合理,应有相对独立的食品原料存放间、食品加工操作间和食品出售场所,配备有足够的照明、通风和有效的防蝇、防尘、防鼠以及符合卫生要求的存放废弃物设施。

2. 用餐场所应配备相应的饭桌、饭具消毒柜和供用餐者洗手、洗餐具的自来水装置。

3. 原料存放间干、鲜原料分室存放,防潮、防腐烂措施齐全,鲜菜不得露天存放。

4. 饭堂应当有用耐磨损、易清洗的无毒材料建成的餐饮具专用洗刷、消毒池(或不锈钢材料制造的清洗设施),并不得与清洗蔬菜、肉类等其他水池(或设施)混用。

5. 饭堂应当保持内外环境整洁,与有毒、有害场所保持规定距离;采取有效措施,消除老鼠、蟑螂、苍蝇和其他有害昆虫及其孳生条件。

(三)食品采购与存放

1. 食品采购人员必须到持有有效卫生许可证的经营单位采购,以保证其质量。一般均在本门店内采购。

2. 一般情况下,要严格禁止采购以下食品:

(1)无品名、产地、厂名、生产日期、保质期及中文标识的定型包装食品和食品添加剂。

(2)未经兽医卫生检验或者检验不合格的肉类及其制品。

(3)超过保质期限或不符合食品标签规定的定型包装食品。

(4)腐败变质、油脂酸败、霉变、生虫、污秽不洁、混有异物或者其他感官性状异常,含有毒有害物质或者被有毒、有害物质污染,可能对人体健康有害的食品。

（5）其他不符合食品卫生标准和要求的食品。

（6）不得订购隔餐的剩余食品及冷荤凉菜食品。要按照订餐要求对供餐单位提供的食品进行验收，严把供餐质量关。

3. 生面、菜及其他干鲜原料的贮存应当分类、分架、隔墙、离地存放，并定期检查，及时处理变质或超过保质期限的食品；原料储存架的底面及靠墙面应钉制无缝防潮板材，做到任意搬放均能立地、隔墙。食品贮存场所禁止存放有毒、有害物品及个人生活物品。用于保存食品的冷藏设备，必须贴有标志，生食品、半成品和熟食品应分柜存放。

4. 采购职责：

（1）申购方式和存量的设定。

（2）食堂的用量及预估。

（3）食堂的日常用量及采购的协调处理。

（4）建立供应商及价格记录。

（5）采购食品及市场行情调查。

（6）调价、比价、议价、订购计划。

（7）保证食品的质量、数量及异常处理。

（8）付款整理审查。

（四）食物采购与加工

1. 积极配合、主动接受卫生行政部门的卫生监督与指导。

2. 饭堂工作人员必须采用新鲜洁净的原料制作食品，发现有腐烂变质或其他感官性状异常的食品及其原料，不得加工或使用。加工食品必须做到烧熟熟透，加工后的熟制品应当与食品原料或半成品分开存放，半成品应当与食品原料分开存放，防止交叉污染。

3. 食品在烹饪后至分发前一般不超过2个小时，若超过2个小时存放的，应当在高于60℃或低于100℃的条件下存放。剩余食品必须冷藏，冷藏时间不得超过24小时，在确认没有变质的情况下，必须经高温彻底加热后，方可继续食用。

4. 接触或盛装原料、半成品、成品的刀、墩、板、桶、盆、筐、抹布以及其他工具、容器必须标志明显，并做到分开使用，定位存放，用后洗净，保持清洁。

5. 所有员工自带餐具，公共餐具使用前必须洗净、抹干、消毒，未经消毒的餐具不得使用。消毒后的餐具必须贮存在餐具专用保洁柜内备用。已消毒和未消毒的餐饮具应分开存放，并在餐具贮存柜上有明显标记。餐具保洁柜应当定期清洗、保持洁净。洗涤、消毒餐具所使用的洗涤、消毒剂必须符合食品用洗涤剂、消毒剂的卫生标准和要求，对人体安全、无害。洗涤、消毒剂必须有固定的存放场所或橱柜，并有明显的标记。

6. 饮用水必须符合国家规定的城乡生活饮用水卫生标准，水池应密封上锁，定期消毒,并由专人管理。

(五)饭堂工作人员健康要求

1. 新进食堂参加工作新员工,一般必须到市级以上医院进行健康检查,取得健康证明后方可上岗。之后必须每年进行健康检查一次,发现健康问题必须立即转岗;

2. 凡患有痢疾、伤寒、病毒性肝炎等消化道疾病(包括病原携带者)、活动性肺结核、化脓性或者渗出性皮肤病以及其他有碍食品卫生疾病的,不得从事食堂工作。

3. 食堂工作人员在出现咳嗽、腹泻、发热、呕吐等有碍于食品卫生的病症时,应立即脱离工作岗位,待查明病因、排除有碍食品卫生的病症或治愈后,方可重新上岗。

4. 食堂工作人员应有良好的个人卫生习惯。必须做到:工作前、处理食品原料后、便后用肥皂及流动清水洗手,接触直接入口食品之前应洗手消毒;穿戴清洁的工作衣、帽,并把头发置于帽内,不得留长指甲、涂指甲油、戴戒指加工食品,不得在食品加工和销售场所内吸烟。

(六)卫生要求与监督

1. 公司人事行政部组织各部门主管成立食堂卫生管理监督小组,定期对食堂卫生进行检查评估,发现问题及时提出整改意见、责令改正。

2. 加强公司食堂卫生工作的行政管理,并将卫生管理工作作为对食堂工作人员录用和考核的重要内容。

3. 建立食物中毒或其他食源性疾患等突发事件的应急处理机制。已造成食物中毒或疑似食物中毒的,应采取下列措施:

(1)立即报告人事行政部门。立即拨打120,协助卫生机构救治病人。

(2)保留造成食物中毒或者可能导致食物中毒的食品及其原料、工具、设备和现场。

(3)配合卫生行政部门进行调查,按卫生行政部门的要求如实提供有关材料和样品。

(4)落实卫生行政部门要求采取的其他措施,把事态控制在最小范围。

4. 要建立食品卫生责任追究制度。对玩忽职守、疏于管理,造成食物中毒或其他食源性疾患的食堂责任人以及造成食物中毒或其他食源性疾患后,要给予通报批评,并进行罚款。情节严重的,要依法追究相应的法律责任。

(七)消防安全

1. 主管要带领员工经常检查电路、风机、开水炉、风扇、等电器设施是否有不安全隐患、有问题;如有应立即找维修处理,以免影响工作。

2. 厨房部不准堆放任何杂物,易燃品,排除一切火源。

3. 严格搞好安全工作,疏忽大意造成事故,由后勤主管负直接责任。

【要点回顾】

本章把连锁企业的基本制度分为人力资源管理制度、行政管理制度和后勤管理制度,并在这个基础上进行了相关的阐述。

在人力资源管理制度上,要是讲了八个方面:分别是有关招聘、人事异动与离职、员工培训、考勤、合理化建议、绩效考核及薪酬与福利待遇、人事档案、移动话费等管理制度方面的内容。

在行政管理制度上,讲了以下几个方面:分别是有关员工行为规范与准则、合同管理与大事记录、会议制度与行文及档案、资产管理、奖罚管理、印章、证件管理与办公用品的管理、差旅、节约、保密等相关的管理制度的内容。

在后勤管理方面,主要是讲了宿舍与食堂管理方面的制度。

第四章 财务管理

【学习目标】
1. 了解财务管理部各岗位的主要职责;
2. 了解现金盘点及账务处理;
3. 了解预算制度,熟悉预算编制;
4. 了解固定资产管理制度,熟悉会计凭证的填制和财务报告的编制;
5. 了解各种款项的付款作业流程。

第一节 财务管理部的主要职责

一、财务管理部概述

财务部职责:
1. 制定内部会计制度,进行会计核算;
2. 编制财务报告与财务分析,为经营决策提供依据;
3. 控制各项收入及支出,确保公司财产安全;
4. 申报交纳各项税款;
5. 筹集并运用资金;
6. 完成对商品进、销、存的统计分析任务;
7. 对经营部门进行考核,对公司进行财务监控;
8. 办理有关保险事宜等其他工作。

二、财务监督

(一)财务机构、财会人员进行财会监督的依据
1. 公司的管理制度、规范及相关操作流程;
2. 公司的财务管理制度、规范;
3. 公司的预算、财务计划、经济计划、业务计划等。

（二）原始凭证的审核和监督

1．对不真实、不合法的原始凭证，不予受理。对弄虚作假、严重违法的原始凭证，在不予受理的同时，应当予以扣留，并及时向财务负责人报告，请求查明原因，追究当事人的责任；

2．对记载不明确、不完整的原始凭证，予以退回，要求经办人员更正、补充。

（三）其他监督事项

财务部门应当对实物、款项进行监督，督促建立并严格执行财产清查制度。发现账簿记录与实物、款项不符时，应当按照公司有关规定进行报批处理。

财会人员还应当对单位制定的预算、财务计划、业务计划的执行情况进行审核、监督，发现问题及时提示更正处理，必要时提请总经理处理。

三、现金盘点及账务处理

公司各现金盘点分定期、不定期两种方式进行，定期为月末最后一天，不定期盘点总部每半月一次，各门店每周一次。

盘点工作由财务主管负责安排，总部由主管与总账会计进行；分店由财务部派人监督盘点，具体时间由财务经理根据具体情况安排；

现金账务处理应做到日清月结，财务部主管或经理应不定期抽查；月末时，出纳应及时进行对账，编制银行调节表，由总账会计复核后，交财务主管审核。

各分店收取的各项罚款，必须开具公司统一收据，款项上交财务部。为了鼓励门店及员工积极性，员工工作罚款（含促销员），财务单独记录，挂"其他应付款"，（包括从工资中扣除部分）由各店用于奖励先进员工或集体活动，支付后到财务部核销。

违反现金管理规定者，给公司造成损失者的，由责任人全额承担，并按公司行政规定进行相应处罚。

第二节　预算管理

预算管理策略，可以根据公司目前的状况及业务特点，采取以销售预算为起点的方式，根据销售预算，确定生产及相关费用预算、财务预算的基础；也可以根据公司的发展战略及所处的发展时期，采取"规模导向型预算"，即以追求规模扩张为主，预算的重点侧重于销售的增长和市场占有率。

预算的产生程序为"自上而下、自下而上、上下结合、综合平衡"。即公司高级管理层（董事会或预算管理委员会）根据企业发展战备及业务规划、年度经营计划情况，确定预算控制及业务发展指标，下发各门店及有关单位；各门店及有关单位，参照总部下达的业务控制及发展指标，结合自身的情况，上报预算指标；经过上下沟通，综合平衡，最后确定预算考核指标，下发执行。

预算要求按年编制，落实到月，分季考核。既编制年度预算时，分月编制，汇总形成年度预算，预算考核以季度为周期，预算指标季度内调节使用。

一、预算原则及要求

1．采取"归口管理，分级编制"的原则。即"谁干事谁编制预算，干什么事编什么预算"。各级财务部门或预算管理机构，负责对各部门、各单位的预算进行审查、汇总、平衡，对预算编制及管理工作进行指导、检查。

2．全员原则。预算工作涉及公司每人部门、每个人员，从成本的角度讲，每个人都是成本费用中心；从收益角度讲，每个人都应为公司发展作出贡献。所以希望各级领导转变观念，各级人员积极参与，摈弃"预算管理是财务部门的事"之思想。

3．全过程原则。预算工作涉及企业各个环节，从开发、采购、营运及售后服务、经营管理的各个层面，避免忽略某些环节。

4．全面预算。从预算管理的范围讲，一般包括业务预算、资本预算和财务预算。根据公司目前的管理基础、人员配备及素质状况，如果管理还比较薄弱，可以考虑暂时编制资金预算、收入预算、费用预算、利润预算、存货预算及筹资预算，待条件成熟时逐步推进全面预算管理。

5．总额控制，滚动计算。公司对门店按预算项目实行总额控制，滚动计算原则，并按实际情况落实到月份，季度内调节使用，年底综合平衡。

年度预算控制年度预算总额，在此基础上落实到季度和月份；月份及季度预算执行情况，结合平时绩效考核工作，但兑现考核结果时，先兑现部分绩效，其余部分年底统一考核、兑现，防止出现全年没有完成预算，平时超额兑现奖金情况。每季作为一个预算考核期，召开专门会议，分析、讨论考核指标完成情况，进行差异分析，提出调整及改善措施。月份预算差异不超过 10%时，一般不予关注，超过 10%时要进行分析，并且保证季度内平衡。

6．可控费用与不可控费用、提取有关准备金的关系。原则上讲，只考核部门可控费用部门，不能以不可控制费用与提取的各类准备金的节余弥补可控费用的超支，避免混淆费用界限，人为调节行为发生。

7．预算标准。预算标准问题，是个原则问题，涉及预算合理性问题。特别费用预算，如何确定预算标准成为关键性问题。

8. 确定控制额度。参照行业费用率（分管理费用、营业费用、财务费用），在公司近两年平均费用率的基础上，考虑业务发展情况，确定合理费用率，以此确定费用控制总额，计算公式如下：

费用预算总额＝销售额×费用率

9. 细分费用项目，明确支出时间。比如财务部申报部门全年费用 20 万元，要将该 20 万元细化为每个费用项目，发生原因，需要支付月份等；

10. 目标到人，责任到人。将费用目标落实到部门，并具体落实到每个人，以增强预算的准确性，依据的透明性。

二、预算的组织机构

1. 责任制度

真实性是会计核算的基本要求，各部对其所编报预算的真实性负责，保证预算数据的真实、可靠，否则将对有关责任人实行责任追究制度（包括通报批评、罚款、开除等）。

预算作为资金管理的手段，必须严格规范，认真执行，任何人不得超越权限，随意破坏预算制度管理制度。

结合绩效考核，将各责任单位的预算执行情况纳入考核范围，并作为主要量化指标，合理确定权重；

严格预算标准，实行刚性预算制度；特殊情况导致费用超支的，按规定程序报批后执行。

2. 公司成立预算管理委员会，负责预算的审核批复及决算的审查工作。预算管理委员会设主任一人，副主任一人，成员若干。

主任：总经理

副主任：执行董事

成员：各中心总监

3. 预算管理委员会下设预算管理领导小组，负责预算的日常管理、控制工作，并进行差异分析，费用超支审查，跟进实施等相关工作。

组长：财务总监

成员：各部门经理、店长、审计师

4. 主要工作内容：对预算的执行情况进行分析、审查，提出处理意见和建议。

节支情况：出现费用节余时，要分析业务开展（计划完成）或收益实现情况，只有业务（工作计划）完成或收益目标实现了，这种节支才是有利的；

超支审查：按照费用性质、额度，确定审批程序及权限。先由所在单位提出书面报告，按以下程序执行。

业务增长时审查，主要分析费用增长与收入或效益增长的比例，确定其合理性；

正常情况下，当期预算超支 5000 元（含 5000 元）以下时的，由预算领导小组审核确认，审计签署意见，小组讨论通过后核销；超支 5000～50000 元（含 50000）以上，由预算领导小组出具意见后，报预算管理委员会审批；超支 50000 元以上部分，由预算管理委员会审核后，报董事会审批。

三、预算编制

1. 预算编制主体问题

表 4-1　预算编制分工表

编制部门	预算编制分工
财务部门	负责编制公司的总预算，包括损益预算、成本费用预算、资产负债预算、资金预算、财务费用预算等
营运部门	编制分类别的销售预算，明确销量、销售价格、销售收入、税金、销售费用和现金收入等
采购部门	编制和落实年、月各种大宗材料和辅助材料采购预算。要求按类别提供采购品项、数量、价格、税金、金额、期初库存余额、期末库存余额，按月分解，并反映相关现金支出情况
工程部门	编制固定资产增减变化、折旧预算、修理计划等；编制修理费年、季、月支出预算，如有困难可与财务部沟通
人事行政	按年分月编制工资、资金、津贴、补贴支出、劳务费及统筹保险金、福利费的总额预算、各单位的明细预算；年度教育培训支出等总额及各单位明细预算
各门店	确定为利润或成本费用中心，编制销售预算、成本费用预算、毛利预算、损耗预算、库存周转天等
企划部门	编制促销计划及预算，明确促销项目、时间及费用
各职能部门	要求在公司年度、月份预算的整体框架内，编制本部门的年、季、月费用支出预算，确定费用标准，并落实到责任人

2. 预算项目及编制规则

根据公司目前的管理基础、人员配备及素质状况，如果管理还比较薄弱，可以考虑暂时上报资金预算、利润预算（包括毛利、其他业务毛利）、收入预算、成本费用预算、采购预算、损耗预算、库存周转天数预算、逐步实施全面预算管理，构建完善的预算管理体系。见表 4-2。

表 4-2 预算编制规则表

预算项目	编 制 规 则
资金预算	按收付实现制原则确定,无法确定收支单位的,确定为总部项目
收入预算	根据市场情况,按权责发生制原则确定。不许提前或推迟确认收入,人为调节盈亏
成本、费用预算	采取"零基预算"的方法,按照权责发生制原则确定。应由本月承担的费用,如果没有资金支付,应作挂账处理,不许延迟入账;属于超支的,按前述程序处理
促销预算	按照公司年度销售目标,确定年度促销计划,合理安排资金,分月落实,年度内控制使用
采购预算	根据年度销售目标及库存管理要求,合理确定采购量与采购周期,合理安排资金采购,保障销售目标的实现;要求按年编制,并落实到月,以利于资金管理及库存控制
利润预算	由财务部根据各部门上报的成本费用及利润预算,汇总公司利润预算
损耗预算	确定综合的损耗标准,分类计算损耗情况,掌握损耗规律,以便控制
库存周转天数预算	由各门店按类别汇总,财务部按供应商汇总,并提供综合周转天数指标

3. 预算编制程序及要求

各职能部门提供相关基础资料,并与主管部门、主管领导或预算领导小组充分沟通与交流,就预算需要使用的一些关键性假设条件与各职能部门达成一致,为预算的编制奠定基础。

根据公司目前的管理基础、人员配备及素质状况,如果管理还比较薄弱,可以暂且采取"自下而上"的信息流程,要求总部有关部门及门店提供如下预算内容:

(1) 本中心的战略规划、年度目标概述、预算及其前提假设;

(2) 主要经营业绩指标、年度及月度销售、毛利、成本费用预算;

(3) 为达成上述目标的主要举措(包括促销计划、措施、市场开拓及建立新的销售渠道)、责任人、时间表及资料需求等;

(4) 现状与公司要求之间差距及完成目标的具体措施;

(5) 影响目标完成的主要风险、发生的可能性、影响程度及预防措施;

预算申报审批前,由预算领导小组(成员包括组长、审计、单位财务负责人、责任单位负责人)组织相关人员进行审核确认,形成统一意见后,上报预算管理委员会审批通过。

年度预算。每年 10 月开始布置工作,月底前完成采购及营销计划;10 月 15 日前形成各门店及各部门预算草案;10 月 31 日前各中心内部审核完毕;11 月中旬预算领导小组审核完毕；12月下旬预算管理委员会审核批准，并下发执行。

预算发生超支，应该申请并按下列程序报批：

（1）正常费用项目，符合程序要求，超支200元以下的（含200元），不用报批；

（2）正常费用项目，符合程序要求，超支200~500元的（不含200元，含500元），由预算领导小组审核，组长签署意见；

（3）超过500元以上部分，由总经理审批。

第三节 会计核算

一、会计核算人员的岗位职责

1. 总账会计岗位

负责会计核算，全盘财务处理及财务报表的编制；负责国税、地税纳税申报表的编制实施会计监督，参与经营管理等相关工作。

其主要的工作职责：

（1）在财务主管的领导下，具体负责公司的会计核算工作；

（2）负责审核银行存款余额调节表以及各种报销凭证，管理票据；

（3）协助编制会计报表，负责记账凭证的管理；

（4）负责税务申报资料；

（5）负责总部现金盘点工作；

（6）协助相关部门做好部门考核、编制资金预算，并提供相关财务参考数据；

（7）完成上级交办的其他工作。

2. 资产会计岗位

负责会计核算，实施会计监督，参与经营管理等相关工作。

其主要的工作职责：

（1）在财务主管的领导下，具体负责资产管理、存货盘点跟踪、费用统计工作。

（2）编制商品验收、退货、调拨、调价、报溢、报损等会计凭证；

（3）负责固定资产及低值易耗品等实物的跟踪管理；

（4）负责存货盘点清查及报告工作；

（5）完成上级交办的其他工作。

3. 食品、非食品往来会计岗位

负责应付账款管理，供应商对账，参与经营管理等相关工作。

其主要的工作职责：
(1) 在财务主管的领导下，具体负责应付账款的结算、管理工作；
(2) 负责做好专柜结算报表；
(3) 负责各门店采购入库\退货单的整理存档工作；
(4) 负责制作应付凭单和数据输入工作；
(5) 负责与供应商对账、结算开票工作；
(6) 完成上级领导交办其他工作。

4. 核算员岗位

负责应付账款管理，供应商对账，参与经营管理等相关工作。
其主要的工作职责：
(1) 核对购、调、存账务，分析报告库存状况；
(2) 编制、审核付款凭证，监督结算环节，负责往来账管理；
(3) 审核商品退货、调拨、调价、报溢、报损单据；
(4) 对退货进行控制；
(5) 监督盘点，向有关部门反馈存货管理中存在的问题；
(6) 完成上级交办的其他工作。

二、固定资产管理

固定资产管理目的是提高资产利用率，保障资产的安全、完整，正确反映经营成果。

经营用固定资产，主要包括各种设备、机械、设施、经营用车、经营工具、用具等；非经营用固定资产，主要包括办公楼、公务用车、电脑、办公设备、管理工具等。两者的确认标准如下：

经营机器、设备、设施、车辆、工具、用具等，金额在1000元以上，使用一年以上的，作为固定资产管理。

非经营用部分，金额在1000元以上，使用二年以上的，作为固定资产管理。不符合上述标准的，作为低值易耗品或办公用品管理，记入个人用品账户（由行政部负责，按使用人登记）。

固定资产管理的基础工作，主要包括编制固定资产目录，制作固定资产卡片，确保账卡相符、账实相符等。固定资产目录即固定资产明细账，要求进行编码管理，基础资料维护到具体项目，由固定资产会计负责；固定资产卡片由实物使用或保管单位主管负责，固定资产会计负责业务指导。

（一）编号办法

所有资产编码为10位，固定资产可设为"G"，低值品可设为"D"，办公用品可设为"B";那么,在这10位资产编码中,第一位码为"G"代表"固定资产",占1位;第二、三位码为数字代表"资产大类",占2位;第四、五位码为数字代表"资产小类",占2位;第六、七位码为数字代表"资产名称",占2位;第八、九、十位为数字代表"资产顺序号",占3位。

例如:经营设备→冰柜→岛柜→第一组(编码见表4-3,表4-4)

编号:G010105001

表4-3 经营设备(编码01)

设备名称	编码	设备名称	编码
货架	0101	蔬果架	0102
岛柜	0103	热柜	0104
冷柜	0105	抽风机	0106
打包机	0107	过胶机	0108
鱼池设施	0109	扎口机	0110
电脑	0111	打印机	0112
传真机	0113	电子秤	0114
打价机	0115	组合音响	0116
DVD	0117	摄像头	0118
录像机	0119	投影仪	0120
电梯	0121	收银台	0122
会议桌	0123	宣传台	0124
办公台	0125	办公家具	0126
经营用车	0127	其他	0128

表4-4 非经营设备(编码02)

设备名称	编码	设备名称	编码
电脑	0201	打印机	0202
传真机	0203	组合音响	0204
DVD	0205	录像机	0206
投影仪	0207	办公台	0208
会议桌	0209	办公家具	0210
公务用车	0211	办公楼	0212
其他	0213		

编码时需注意的几点：

1．按"一物一号"的原则进行，不允许重复编号。

2．根据同一资产购入日期先后顺序进行连续编号，中间不断号。

3．资产报废、变卖等资产处置之号码保留，新入资产编码时不重复，不补充以前报废变卖资产号码。

4．资产编码由财务部进行，各门店新增资产、调拨资产由门店申请，总部进行编号。

5．各资产编码应贴于不易受损之部位，各使用人员要及时检查，编码条是否有脱落现象，如有遗漏应及时向总部申请补打编码条（同时，各资产人使用人需对遗失编码条承担损失费）。

6．统一使用或管理，不便于拆分的资产，以组合为单位，如货架、电脑（主机、显示器及相关附属设备为一套）等。

7．同一种资产，但属于不同规格型号产品，如空调、冷柜等，在大类下面再分小类，以两位数表示。

（二）资产管理职责的分配

资产的管理工作，明确相关岗位的责任。其主要由行政部负责，并按职责权限的要求，进行合理划分，具体如下：非经营用固定资产，由行政部门统筹管理，并分部门，落实到责任人；财务部负责整个资产的核算、业务指导、监督盘点等工作，具体由固定资产会计负责。各相关部门及门店的具体管理责任见表4-5：

表4-5 资产管理分工表

部门	资产管理分工
行政部	（1）负责整个资产的管理工作，包括组织盘点，监控运行情况等； （2）统筹管理非经营用固定资产，建立台账，并分部门，落实到人； （3）监控各部门资产使用情况，定期提示进行维护保养，提高资产的使用效率； （4）建立并监督实施资产管理责任制度，确保资产的安全完整。
财务部	（1）负责资产的核算，指导各责任单位建立资产管理台账，正确计算固定资产折旧； （2）监控资产的使用、保管情况，确保资产的安全完整； （3）审核并办理固定资产的增减、调拨、维修、报废、租借手续； （4）参与资产的评估工作，提供有关财务资料； （5）配合行政部门进行资产的盘点清理工作； （6）定期进行资产利用效率情况分析，提高资产利用效率。
各门店或其他经营单位	（1）经营用固定资产，统一由各门店或其他经营单位管理，实行店长或经理负责制，具体责任要落实到柜组、实物责任人； （2）按公司管理要求，建立固定资产卡片，确保账实相符； （3）按公司管理要求，办理固定资产的增减、调拨、维修、报废、租借手续； （4）负责资产的维护与保养，提高资产的利用效果； （5）定期组织自盘工作。

每年6月下旬、12月上旬，财务部门会同营运、行政及有关部门，对固定资产状况进行一次全面盘点，弄清资产存在及使用状况，查清盘盈、盘亏原因，制作盘点报告，按公司管理权限，报批后进行相应处理；由于管理失误，造成资产流失的，按照公司有关规定，追究主管人员及实物负责人的经济责任。

（三）请购、调拨、报废程序

请购固定资产，必须填写请购单（一式三联，使用部门一联，主管部门一联，财务一联，样表见本节附录），按照公司的审批权限，报有关领导审批后安排采购；预算外请购，按规定的程序办理。

跨部门或各门店之间、门店与总部之间调拨固定资产，需填写《固定资产调拨单》（一式四联，调出单位一联，调入单位一联，主管部门一联，财务一联，样表见本节附录），由调出部门填写，部门主管审核，财务经理复核签字后，方可办理实物转移，确保资产安全及账实相符。

固定资产报废，由使用或管理部门提出申请，填写《固定资产报废申请单》（一式四联，报废部门一联，主管部门一联，工程部门一联，财务一联，样表见本节附录），报管理部门（或工程部门）审核后，按公司财务审批权限报批后处理。

处理闲置不用的固定资产，由管理或使用部门提出申请，组织财务（审计）、工程技术等有关部门进行评估，填写《固定资产处置审批单》（一式三联，管理部门一联，工程技术部门一联，财务部门一联，样表见本节附录），按公司管理权限报批后执行。

（四）折旧政策

应提折旧的固定资产。除下列情况外，所有固定资产均应计提折旧。

1. 已提足折旧仍然继续使用的固定资产
2. 因更新改造而转入在建工程的固定资产

计提固定资产的时间规范：当月增加固定资产，当月不提折旧，下月开始计提折旧；当月减少的固定资产，当月照提折旧，从下月起不提折旧。

折旧办法：统一按直线法，按个别资产分别计算固定资产折旧率，以保证折旧的准确性。

（1）房屋、建筑物，使用年限统一按20年计算。
（2）经营用设备、货架、空调设施等，统一按5年计算。
（3）管理软件及其他应用软件，统一按5年期限摊销。
（4）电脑及办公设备按3年确定。

（五）固定资产的后续支出

资产之维修应由使用或维护部门填开维修申请单（见本章附录），经主管部门及工程部门批准后，方可进行（如遇特殊情况需急修，可事后补签），并由店办文员进行文书档案处理记录，总部进行电子档案记录；

所有维护单需经财务部审核,资产之维修费用申请权限为:店长核决权限为单项资产 300 元以下,超过 300 元以上须经总经理核准;总部用非经营用资产的维修,由总经理或其授权人审批。

日常修理:固定资产使用过程中正常的修理及保养,记入当期损益;

大修理支出:如果金额较大,超过 5000 元时,应采取待摊的方式,在一年内分月摊销;如果属于租入营业用房等资产装修,5 万元以下的,在 1 年内摊销,超过 5 万元的,在预计使用期内摊销。如果无法确定使用期限的,按 3 年摊销。

表 4-6 固定资产请购单

单位: 年 月 日

项目	单位	数量	单价	金额	备 注
					原因说明

制表: 部门审核: 财务审核: 核准:

表 4-7 固定资产报废申请单

单位: 年 月 日

设备名称		设备型号		设备编号		使用部门	
检查者		检查日期		原值(元)		使用时间	
检查项目及结果	检 查 项 目					复查结果	
处理方法	批准			技术鉴定		日期	

制表: 部门审核: 主管部门审核: 财务复核:

表4-8 固定资产调拨单

调出单位：　　　　　　　　　　　　年　月　日　　　　　　　　调入单位：

序号	资产名称	编号	单位	数量	账面原值	已提折旧	完好状态	备注

批准：　　　　主管部门：　　　　调出部门：　　　　调入部门：　　　　财务复核：

表4-9 固定资产处置申请单

单位：　　　　　　　　　　　年　月　日

项目	单位	数量	账面原值	净值	备　注
					使用年限、状况、处置价格说明

制表：　　　　审核：　　　　财务复核：　　　　核准：

表4-10 固定资产验收单

单位：　　　　　　　　　　　年　月　日

项目	单位	数量	单价	金　额	备　注
					原因说明

制表：　　　　审核：　　　　财务复核：　　　　核准：

表4-11 固定资产维修申请单

单位：　　　　　　　　　　　年　月　日

资产名称	单位	数量	维修项目	预计费用	实际费用	备　注
						原因说明

制表：　　　　审核：　　　　财务复核：　　　　核准：

三、会计凭证填制

（一）原始凭证填制

各单位办理财会业务，必须取得或者填制原始凭证，并及时送交财务财会部门。

原始凭证的基本要求是其内容必须具备，包括凭证的名称；填制凭证的日期；填制凭证单位名称或者填制人姓名；经办人员的签名或者盖章；接受凭证单位名称；经济业务内容；数量、单价和金额。

1．从外单位取得的原始凭证，必须盖有填制单位的公章；从个人取得的原始凭证，必须有填制人员的签名或者盖章。自制原始凭证必须有单位领导人或者其指定的人员签名或者盖章。对外开出的原始凭证，必须加盖本单位财务公章。

2．填有大写和小写金额的原始凭证，大写与小写金额必须相符。购买实物的原始凭证，必须有验收证明。支付款项的原始凭证，必须有收款单位和收款人的收款签字证明。

3．一式几联的原始凭证，应当注明各联的用途，只能以一联作为报销凭证。一式几联的发票和收据，必须用双面复写纸（发票和收据本身具备复写纸功能的除外）套写，并连续编号。作废时应当加盖"作废"戳记，连同存根一起保存，不得撕毁。

4．发生销货退回的，除填制退货票外，还必须有退货验收证明；退款时，必须取得对方的收款收据或者在相关凭证上签字确认。

5．职工公出借款凭据，必须附在记账凭证之后。收回借款时，应当另开收据或者退还借据副本，不得退还原借款收据。

6．经上级有关部门批准的经济业务，应当将批准文件作为原始凭证附件：如果批准文件需要单独归档的，应当在凭证上注明批准机关名称、日期和文件字号。

7．原始凭证不得涂改、挖补。发现原始凭证有错误的，应当由开出单位重开或者更正，更正处应当加盖开出单位的公章。

（二）记账凭证填制

财务机构、财会人员要根据审核无误的原始凭证填制记账凭证。记账凭证可以分为收款凭证、付款凭证和转账凭证，也可以使用通用记账凭证。记账凭证的基本要求是其内容必须具备，包括填制凭证的日期；凭证编号；经济业务摘要；财会科目；金额；所附原始凭证张数；填制凭证人员、稽核人员、记账人员、财务经理等签名或者盖章，收款和付款记账凭证还应当由出纳人员签名或者盖章。

1．填制记账凭证时，应当对记账凭证进行连续编号。一笔经济业务需要填制两张以上记账凭证的，可以采用分数编号法编号。

2．记账凭证可以根据每一张原始凭证填制，或者根据若干张同类原始凭证汇总填制，也可以根据原始凭证汇总表填制。但不得将不同内容和类别的原始凭证汇总填制在一张记账凭证上。

3. 除结账和更正错误的记账凭证可以不附原始凭证外，其他记账凭证必须附有原始凭证。如果一张原始凭证涉及几张记账凭证，可以把原始凭证附在一张主要的记账凭证后面，并在其他记账凭证上注明附有该原始凭证的记账凭证的编号或者附原始凭证复印件。

4. 如果在填制记账凭证时发生错误，应当重新填制。已经登记入账的记账凭证，在当年内发现填写错误时，可以用红字填写一张与原内容相同的记账凭证，在摘要栏注明"注销某月某日某号凭证"字样，同时再用蓝字重新填制一张正确的记账凭证，注明"订正某月某日某号凭证"字样。如果财会科目没有错误，只是金额错误，也可以将正确数字与错误数字之间的差额，另编一张调整的记账凭证，调增金额用蓝字，调减金额用红字。发现以前年度记账凭证有错误的，应当用蓝字填制一张更正的记账凭证。

5. 记账凭证填制完经济业务事项后，如有空行，应当自金额栏最后一笔金额数字下的空行处至合计数上的空行处划线注销。

6. 填制会计凭证，字迹必须清晰、工整，并符合规范要求。会计凭证应当由制单人、主管及经理签字确认后，进行微机处理。

7. 财会人员要妥善保管会计凭证，应当及时传递，不得积压，并每周交财务经理审核签字一次。会计凭证登记完毕后，应当按照分类和编号顺序保管，不得散乱丢失。

记账凭证应当连同所附的原始凭证或者原始凭证汇总表，按照编号顺序，折叠整齐，按期装订成册，并加具封面，注明单位名称、年度、月份和起讫日期、凭证种类、起讫号码，由装订人在装订线封签外签名或者盖章。

对于数量过多的原始凭证，可以单独装订保管，在封面上注明记账凭证日期、编号、种类，同时在记账凭证上注明"附件另订"和原始凭证名称及编号。

各种经济合同以及涉外文件等重要原始凭证，应当另编目录，单独登记保管，并在有关的记账凭证和原始凭证上相互注明日期和编号。

原始凭证不得外借，其他单位如因特殊原因需要使用原始凭证时，经总经理批准，可以复制。向外单位提供的原始凭证复制件，应当在专设的登记簿上登记，并由提供人员和收取人员共同签名或者盖章。

从外部企业取得的原始凭证如有遗失，应当取得原开出企业盖有公章的证明，并注明原来凭证的号码、金额和内容等，由经办单位财务总监、财会主管人员和企业领导人批准后，才能代作原始凭证。如果确实无法取得证明的，如火车、轮船、飞机票等凭证，由当事人写出详细情况，由企业负责人、财务总监和总经理批准后，代作原始凭证。

四、会计账簿和内部票据管理

（一）会计账簿管理

按照国家统一财会制度的规定和财会业务的需要设置会计账簿。

会计账簿包括总账、明细账、日记账和其他辅助性账簿。辅助账包括：远期支票登记簿、办公用品及低值易耗品登记簿、应付账款情况登记簿、一次性核销或账外资产登记簿等。

现金日记账和银行存款日记账必须采用订本式账簿。不得用银行对账单或者其他方法代替日记账。

（二）内部票据管理

内部票据包括普通销售发票、收款收据、入库单、请购单、请款单、应付凭单等。

（三）岗位责任制度

财务部门应指定专人负责内部票据的管理，包括购买、领用、发放、收回的办理及登记工作，定期对票据使用情况进行监督检查，确保票据使用的规范、无误。

（四）基本要求

对于收款收据，必须统一种类、统一编号、领用、使用、注销制度。各单位领用票据，必有填写领用条；使用完毕后，要将存根联缴回，并由票据管理人员签收，登记相关账簿；销售商品、货物，除POS机系统收款外，必须开具统一编号的收款收据，并加盖现金收讫章。

五、财务报告编制

公司对外报送的财务报告应当根据国家统一财会制度规定的格式和要求编制，按照税务、财政部门的要求，按期填报。

公司内部使用的财务报告，其格式和要求由财务部门确定，具体项目及要求如下：

（一）周报

周经营情况汇总表，按门店进行分类汇总，周一上午10点前完成，由主管财会负责交财务经理。

（二）月报

资产负债表、利润表、资金收支情况汇总表、月份经营计划完成情况汇总表、经营费用支出明细表、进销存总表、进销存明细表（按供应商填报）、月份付款情况明细表、月份耗材情况明细表、供应商及专柜缴费情况明细表、待摊、预提情况明细表（一个季度填报一次）、其他应收款明细表（一个季度填报一次）、应付账款明细表、财务情况说明书等；由主管财会填表，财务经理审核后，7日报送总经理。

（三）年报

资产负债表、利润表、现金流量表、资金收支情况汇总表、经营计划完成情况汇总表、经营费用支出明细表、进销存总表、进销存明细表（按供应商填报）、付款情况明细表、耗材情况明细表、供应商及专柜缴费情况明细表、待摊、预提情况明细表、待处理财产损益情况表、固定资产明细表、财务情况说明书等；1月15日完成，16～17日财务经理审核，18日上报总经理。

（四）奖惩制度

1. 每发现一处错误，扣2分，每张报表最多扣10分；
2. 每漏填一个项目，扣1分，每张报表最多扣5分；
3. 每漏填一张报表，扣10分；
4. 晚交报表1天，或者由于个人原因导致晚交报表一天扣5分；
5. 晚交报表3天（含有3天）以上的，取消当期考核资格。

第四节 出 纳

一、出纳人员的岗位职责

负责各门店出纳业务管理，具体负责公司银行收付款业务、往来资金统计业务、银行记账、对账工作。工作职责说明如下：

1. 负责组织协调出纳工作及担任相关的培训；
2. 完善资金管理制度，保证资金安全；
3. 编制短期资金计划并负责资金的内部调度；
4. 负责复核出纳收付单据及出纳备用金额度；
5. 负责登记现金、银行日记，汇总编制资金报表；
6. 负责现金、各种有价证券、转账支票及其他重要空白银行单据的保管工作；
7. 完成上级交办的其他工作。

二、现金管理

为了规范现金管理，保障资金安全，制定本规范。本规定实行收支两条线原则，各门店及独立核算单位不允许私自坐支或截流资金。现金范围包括总公司出纳库存现金、银行存款、其他货币资金、分店财务备用金、各店收银主管备用金、各收银员备用金、其他各类业务备用金（含采购备用金）。本规定适用公司各分店及相关部门。

（一）现金收入管理

公司现金收入主要为各分店营业收入，以及专柜租金收入、广场租金收入、厂商入场费及各类其他业务收入、零星废旧物料销售收入、各类罚款收入等。

所有现金收入业务由财务部出纳、收银员、及各驻店财务办理，其他部门和人员未经财务部许可，不得私自办理现金收入业务。

各收银员收取的营业款，应于当天清点，并填制好缴款单等相关单据，按公司规定及时缴财务部出纳或驻店财务，财务部出纳或驻店财务应在缴款后24小时内将收银缴款日报表，交财务经理审核（分店由店长代审）后，统一上交财务部作账务处理。

收银部主管应及时对收银缴款日报表之长、短款及其他差错进行调查分析，并督促收银员及时缴清短款（原则上短款应在三日内上缴财务部）。

各专柜、广场及其他租金收入，由财务部结算组每月3日，根据各专柜合同列收租明细表，督促分店出纳进行催收，并按月填报收款情况明细表。

各类临时性收入，由财务部出纳、驻店财务及时收缴，财务部出纳、驻店财务不得以任何理由拒收。

为保障公司资金安全，提高资金利用效果，各分店现金应按公司规定时间统一回笼到财务部，距离公司近，或者附近没有银行机构的门店，由财务部派人派车到各分店收取；附近有银行网点的，可由驻店财务将收入现金存入银行，然后由财务部统一划拨。各驻店财务不得用收入现金支付任何款项，即不得坐支现金。

（二）现金支出管理

现金支出分为结算支出、费用支出、工程款项支出等。零星费用支出，及少量现采支出由驻店财务办理，由备用金支付；其他支出应统一到财务部办理，如遇特殊情况，需报财务部审批，超过一万元的，请示总经理同意后方可进行。

驻店财务对现金支出前应进行审核。

1．审核费用合法性、合理性；
2．审核票据的合法性、完整性；
3．审核费用支出是否符合公司有关规定。

不符合上述要求的款项，驻店财务有权拒绝支付。

总公司出纳付款时应严格按照公司有关财务制度执行，对于签核手续不完整、单据不齐等款项，不予支付。特别是对支票到期日要严格把关，防止出现现透支现象。

各项借款（含因公借款）应到总公司财务部办理，各驻店财务未经财务部特许不得办理借款业务。

因公借款，由各借款人提出申请，经部门经理审核，金额在个人月工资范围内的，由财务经理审批；超出月工资额范围的，由总经理或其代理人审批；

个人借款，特殊情况个人需要借款的，由借款人提出申请，部门经理审核后，由总经理或其代理人审批；出纳应及时催收个人借款，并于月初统计未收回个人借款，从工资中扣回。

各项现金支付（含现金支票、转账支票）必须是支付给合法当事人，各出纳不得支付或转交其他任何人。

三、付款作业管理

为了加强财务管理，规范付款业务，提高工作效率，制定本规范。本规范适用于除购货（购货按采购作业规定）外所有财务请款之作业，包括支付经营费用、购买办公用品、固定资产、经营设施、支付工程款项等。实施预算管理后，各门店及总部有关部门，应按预算管理程序，在预算范围内申报费用；预算外费用，按照预算管理要求操作。

本规定之付款单据由公司统一规范，由经办部门填写，部门经理审核，报财务部审核后，按规定程序或权限进行审批；预算管理制度实施后，预算内部分不再报总经理审批。

本规定适应于公司所有部门及各门店。

（一）工资发放流程

1. 工资由人事部门根据考勤及相关资料按月计算，工资表须人事行政经理审核、财务部门复核后，报总经理审批；

2. 工资汇总表每月5日交财务部门，作为工资费用核算的依据，如果出现差额于下月进行调整；

3. 工资发放明细表于10号完成，11号交财务复核，13号由财务部报总经理审批；

4. 编制请款单。财务部门根据总经理核决之工资汇总表编制请款单，经财务主管审核，总经理或其代理人签字核决后，交出纳付款（或开立支票交银行，由银行代发工资）。

（二）差旅费核销作业

各部门需要出差者，应事先填写出差申请单，注明事由、出差地点、预计返回时间等，经部门经理后，作为报销费用及考勤的依据；

出差人员外出、返回时，需经防损员签注外出、返回时间（总公司各部门由人事签注）；

出差者需报销的有关费用，应在一周内填写差旅费报销单，按公司现定的标准及范围具实填报。

（三）业务招待费作业

各业务部门根据实际情况，需要与相关外部单位进行交流沟通等产生之必要费用，应事先填写业务招待费申请单，列明招待金额、事由、招待部门及人员等，经部门经理审核后，再呈总经理核决。

总经理核决后，金额较大者可填写借款单，先由出纳借支款项，费用发生后两天内到财务报账；

费用发生后，及时填写请款单，后附相关发票。未超过核定金额的，可凭申请单直接到财务报账；超过核定金额的，经部门经理级审核后交财务审核，财务经理审核后，报总经理批复。

（四）办公用品管理

办公用品统一由行政部进行管理，行政部每月根据各部门申报用量，编制采购计划。行政人事部根据办公用品采购计划，编制采购申请单，经部门经理审核、财务复核后，报总经理或其委托代理人核准，然后交有关人员进行采购作业。

采购应尽量安排月结，如需现金采购可先向财务借款。采购办公用品必需交行政部管理人员进行验收，开具验收进仓单。行政采购人员根据采购申请单、验收单及相关发票到财务报账。

（五）其他各项费用（包括电话费、员工医疗费、租金等）的操作规范

电话费、就餐补贴、员工租房补贴等福利项目，根据公司的政策，按岗位确定补贴额度，计入个人工资总额，超支不补，节余留用；因出差等特殊情况，需要另外报销话费的，由总经理核准。

医药费用：员工因工伤或工作原因，发生医疗费可经总经理核决后报销，但其需提供正规医院之发票和相关单据。

各门店经营场所租金、水电费、政府税费等常规项目，由财务部根据合同或专业票据，在规定的期限内付款，财务负责人签批。

其他费用，如员工旅游，员工聚餐，及员工福利、促销、广告等，应事先制定活动计划，并列入年度预算；预算外项目，报总经理审批方可进行。

（六）经营设备、低值易耗品管理作业

预算管理：购买经营设备及管理用具，必须按规定填报预算，预算外购买，按照预算管理制度的要求操作。

属于固定资产项目的，按照固定资产管理规范进行操作；不属于固定资产项目的，按低值易耗品方式管理。

各申请单位根据计划时间，编制采购申请单，交由相关部门采购（电脑及软件由信息管理部采购）。采购单位（含信息管理部采购电脑）应事前进行比价作业，从最适合厂商中选三家以上进行比价，比价中需对其产品性能、价格、售后服务进行详细说明，并将比价操作文件交财务审核确认。

采购单位经以上作业后应同供应商签订合同，明确质量要求、付款条件与时间，经总经理审批后交财务存档。

物品采购完成后应交使用单位进行验收（如需进行安装则由工程部进行后续作业）。请款事项由采购单位进行，审核作业同其他费用一样。

（七）工程款请款作业

表4-12　工程款申请作业程序

程　序	内　容
立项审查	新店或其他大型工程项目，事先要立项，经过市场调查、政策研究、可行性评估、财务分析预测等程序，确保项目的成功
预算管理	经过审批确定的各项工程（新店筹备根据计划进行）实施前，必有按规定编报项目预算，按预算管理制度要求操作
施工单位筛选	工程部需选取三家以上施工单位进行预算报价同时对其资质进行调查，并将详细情况形成书面报告交财务审核，总经理审批后确定
合同管理	工程部选取好施工单位后应同其签订合同，合同中应注明质量要求，完工期限，付款方式等，合同经法律部门审核、总经理审批后交财务存档
工程款项	支付工程款由工程部协助办理，但必须按合同进行；不得提前支付，工程尾款必须在工程结束一年后，没有质量问题时付款。各工程款项应要求施工单位提供发票，如对方不能提供者，应扣除其相关税费
工程验收	工程完工后工程部应同相关部门进行验收，并出据验收报告，作为后期付款的依据

以上第一条至第七条各费用之付款200元以内的，由驻店出纳初审、店长签字确认后，直接在驻店出纳备用金中支付；各驻店财务需周末将本周各种付款单据整理、汇总，到总部财务部报账并补充其备用金。

其超过200元的所有费用或支付的款项，统一到总公司财务部办理，总公司出纳在记好账后每周二、五下午将单据整理、汇总，交会计进行账务处理。（特殊情况经财务部同意后可在各分店支付）。

【要点回顾】

1. 预算的产生程序为"自上而下、自下而上、上下结合、综合平衡"。预算原则为："归口管理，分级编制"原则、全员原则、全过程原则。

2. 固定资产管理目的是，为了提高资产利用率，保障资产的安全、完整，正确反映经营成果。固定资产管理的基础工作，主要包括编制固定资产目录，制作固定资产卡片，确保账卡相符、账实相符等。

3. 原始凭证的基本要求是其内容必须具备，包括凭证的名称；填制凭证的日期；填制凭证单位名称或者填制人姓名；经办人员的签名或者盖章；接受凭证单位名称；经济业务内容；数量、单价和金额。

4. 会计账簿包括总账、明细账、日记账和其他辅助性账簿。现金日记账和银行存款日记账必须采用订本式账簿。不得用银行对账单或者其他方法代替日记账。

第五章 采购管理

【学习目标】
通过本章学习，应该能够：
1. 了解采购前的准备作业及供应商管理等相关方面的内容；
2. 熟悉商品采购与定价管理、收货安全与卫生管理相关方面的内容；
3. 能够描述采购管理的相关工作流程。

第一节 采购前准备作业培训

一、了解商品销售状况

采购人员在制定采购计划前，必须对采购的商品的有关信息了如指掌。制定准确的订货计划的关键是获取准确的商品供求信息。了解商品销售状况的方法主要有：

（一）建立客户供应档案
1. 将客户以户为单位进行登记，建立商品供应档案。
2. 定期或不定期召开顾客代表座谈会，倾听顾客的意见和要求。
3. 采购人员可以根据顾客档案采购商品。

（二）建立联系网
大中型的超市，可以选择一批有代表性的居民作为长期联系的对象。通过超市刊登的定期或不定期商品购销信息、优惠打折的宣传单征求他们的意见。使采购人员在进货时可以参考他们的意见。

（三）进行调查
采购调查依其调查对象的不同，可区分为一下方式：
市场调查；
商品调查；
采购时机调查；
供应厂商调查。
总的来说，在采购前需要调查的资料有：

1. 品名种类。此项调查的内容主要是采购的目标商品以及相应的替代品。
2. 质量。由管理者为商品采购的质量标准进行定位；而后调查市场上相应商品的规格、质量、综合比较，进行合理的选择。
3. 数量。需要购买的数量必须与超市本身商品销售量、需要量相配合。
4. 价格。在与供应商进行价格谈判时为了达到降低采购成本的目的需要充分应用各种谈判技巧、交易条件等。
5. 时间。采购业务中不可忽视的问题即是选择合适的采购时间。采购人员首先要统筹考虑从开始采购到进货所需时间段的长短，结合自身考虑是在最低价时购入，还是配合本身作业需要时再购置。
6. 采购条件。了解怎样的交易条件最有利于采购，如怎样利用不同的送货条件及付款条件来降低采购成本。
7. 采购对象。调查市场可能的供应商，进行比较，选择适合的供应商并进行管理。

二、制定采购计划

采购计划的主要内容包括采购商品的品质和数量、选择合适的供应商、确定采购时机、采购预算、商品的采购价格等等。如果了解详细商品销售状况，做好采购计划工作既可以避免大量存货囤积的现象又可以避免因缺货导致销售机会丧失的情况。

1. 采购计划的关键点

对各种内外部情报资料进行分析的基础上制定出商品采购计划，其中有两个重点：

（1）每个月或每季应该准备的商品系列及库存额。
（2）在库存额的范围内，制定备齐商品的计划和确定采购预算。

2. 影响采购计划制定的因素

（1）商品的分类。对于日用品、食品等无法有效掌握的类别，应考虑建立存货管理表，以利于详细了解商品销售情形，也便于其他采购人员能立即掌控订货的数量。
（2）商品周转率和毛利率。采购人员应以不缺货为标准着重考虑商品周转率及毛利率高的商品。
（3）采购人员应把商品的保存期限等相关因素考虑到订货计划中去。
（4）资金周转与存货管理。资金运用及库存管理直接受定货是否合理的影响。
（5）配送中心的效率运作。通过配送中心集中采购，可以减少中间商加价，降低店内进货成本，同时借助物流中心高效的配送制度，利用其"订货数量少，配送次数多"的订货方式,减少资金积压,提高管理效率和资金利用率。

三、编制采购预算

在制定采购计划时,采购预算的确定是非常重要的。预算可作为对这段时间销售活动的一个指导,也是进行采购作业的参考依据。

(一)采购预算的内容

预算通常包括对利润、销售额、存货量、采购和各种费用的估算。

1. 利润。超市的主要目标是盈利,因此首先应该估算这段时期内想获得的利润,估算利润目标时,需要考虑以下几点:

(1)最近的盈利情况;
(2)销售额和费用可能发生的任何变化;
(3)重要职员的变动;
(4)竞争对手的变化;
(5)当前的经济条件。

2. 销售额。一般来说,销售额的估算以月度为基础。影响利润的因素也会影响销售额。为了估算销售额,要考虑以下几点:

(1)超市最近的销售额和销售情况;
(2)已经估算的利润值;
(3)超市内部各种费用的变化;
(4)超市中重要职员的变动;
(5)竞争对手的变化;
(6)当前的经济条件。

3. 存货量。为了销售商品,就必须有存货可以出售。采购人员根据超市制作的商品基本存货单估计超市的存货总量。超市不同则这些基本存货清单也可能不同。

4. 采购项目和数量。在做出销售和存货计划以后,要注明定购那些商品以满足存货的数量要求。如果现有存货中的商品比打算销售的要多,就没有必要购买额外的商品。在确定计划的购买量时,可以参考一下的公式:

$$计划的购买量=计划的销售量-存货数量$$

5. 其他费用。制定采购预算时,要考虑超市为一些商品和服务支付费用,以及采购过程中可能支付的费用等。

(二)采购预算的编制步骤

采购预算编制一般包括以下几个步骤:

1. 审查超市以及各部门的战略目标。采购部门作为超市的一个部门,在编制预算时要从超市总的发展目标出发，审查本部门和超市的目标，确保两者之间的相互协调。

2．制定明确的工作计划。在了解本部门的业务活动，明确它的特性和范围的基础上，制定出详细的工作计划表。

3．确定所需采购的商品。有了详细的工作计划表，就可以对采购支出做出切合实际的估计，确定为实现目标所需要的人力、物力和财力资源。

4．确定较准确的预算数字。确定预算数据最普遍的做法是将目标与历史数据结合起来，即对过去历史数据和未来目标逐项分析，使收入和成本费用等各项预算切实合理可行。

5．汇总编制总预算。对各部门预算草案进行审核、归集、调整、汇总编制总预算。

6．修改预算。由于预算总是或多或少地与实际有所差异，因此必须根据实际情况选定一个偏差范围。偏差范围可以根据行业平均水平，也可以根据超市的经验数据而定。设定了偏差范围以后，还应比较实际支出和预算的差距，以便控制业务的进展。如果支出与估计值的差异达到或者超过容许的范围，就有必要对具体的预算做出建议或进行必要的修订。

7．提交预算。将编制好的预算提交超市负责人批准。

（三）编制采购预算的注意要点

在编制采购预算时，需要把握以下几点：

1．编制预算之前，要进行市场调研，广泛收集预测信息和基础资料数据。

2．编制预算时，为最大限度地实现超市的总目标，应制定切实可行的编制程序、修改预算的办法、预算执行情况的分析等。

3．确定恰当的假定，以便预算指标建立在一些未知而又合理的假定因素的基础上，便于预算的编制和采购管理工作的开展。

4．每项预算应尽量做到具体化、数量化。

四、确定采购时机

采购时机的确定是保证无缺货情况发生的基本前提。无论是选择哪一种采购方式，在确定采购时机时都要遵循一定的原则。

（一）根据商品销售规律来确定采购时间

近年来，消费品市场逐渐出现一些固定顾客购买趋势，这些消费者购买的规律应成为商品采购时机决策的一个重要依据。其具体内容包括：

1．节假日食品提前购买；

2．日用品随机购买；

3. 流行性商品凸显销售高峰;
4. 流行周期短。
(二)根据市场竞争状况来确定采购时间
在决定商品采购时间时,还必须考虑市场竞争状况:
1. 提前采购某些率先投入市场可取得市场先机优势的商品。
2. 推迟采购也能取得市场独有优势的商品则可以推迟采购。
(三)根据超市库存状况来确定采购时间
选择采收时间,还必须考虑到超市库存情况,既要保证有足够的商品以供销售,又不能使商品过多以至发生积压。在采购时间的选择方面最常用的方法是最低定购法。

所谓最低定购法,即预先确定一个最低定购点,当超市某一商品的库存量低于该点时,就必须进货。

第二节 商品采购与定价管理

一、商品结构管理

商品结构管理是指在公司经营目标、方针指引下,为保证公司资源得到充分利用,为各采购小组科学、合理地优化调整中小商品结构,引进及淘汰商品,明确商品定位提供依据。

商品结构分析工作一般每半年进行一次,各小组在优化商品结构时,应根据现有商品资料进行科学合理的分析,参照公司的商品结构组织表,得出各组最佳中小分类商品结构,从而确定引进、淘汰商品的数量、品种,见表5-1。

表5-1 工作流程、工作要求和相关文件记录

工作流程	责任者				工作要求/标准	相关文件/记录
	采购中心总监	采购中心经理	采购主任	营运部门		
市调			●		☞ 进行市场调查,掌握同行业其他货仓超市的商品分类及商品数	商品结构市调报告

（续表）

工作流程	责任者			工作要求/标准	相关文件/记录
	采购中心总监	采购中心经理	采购主任 营运部门		
统计分析			●	☞ 统计公司目前经营的商品数及销售排行状况 ☞ 结合各分店商圈的消费趋势，分析现有商品结构是否合理并提交是否需要进行调整的报告	商品结构分析报告
审核		●	▲	☞ 部门经理在一周内确定是否对商品结构进行调整	审核意见
审批	●			☞ 采购总监与总经理审批在一周内确定是否对商品结构进行调整	审批结论
实施			● ▲	☞ 根据已批准的新商品结构对现有商品结构进行调整，引进新品，淘汰结构以外的商品 ☞ 分店调整相应商品陈列位置	调整后的商品结构表
评估			●	☞ 评估商品结构在实际运作中是否科学合理，收集资料作为下次调整依据	评估报告

直接责任人：●　　　　配合人：▲

二、新商品开发

连锁企业为了提高销售额及销售周转率，一般必须积极引进新产品。为了确保引进的商品在以后的销售中有良好的业绩表现，新商品开发是必不可少的。

采购中心一般在对新商品概况进行全面了解分析后，并结合公司现有商品结构及新商品在试销期间的表现，最终决定引进的新产品是否转为正常销售商品。

新商品开发工作规范包括计划、审批、市调、谈判、审核、审批、进场、跟踪及评估等内容。见表5-2。

第五章 采购管理

表 5-2 工作流程、工作要求及相关文件记录：

工作流程	责任者					工作要求/标准	相关文件/记录
	采购中心经理	采购中心主任	录入员	采购中心文员	营运部门		
计划		●				☞ 在对现有商品结构分析的基础上制订、引进新商品计划，包括引进品种、数量、执行时间	新商品引进计划
市调		●				☞ 根据引进计划到其他超市、商场或批发市场，发掘我公司没有的商品，并对其外观、质量、价格、影响力、品牌性及顾客反应进行调查	新商品市场调查表
谈判	●				▲	☞ 对可引进的新商品与其供应商进行联系、洽谈商品进价及新商品进场费用	新商品入场申请表
审核		●				☞ 主任在两个工作日内决定是否引进。	审核意见
审批	●					☞ 部门经理在两个工作日内确定是否进场	审批结论
进场		●	▲	▲	▲	☞ 根据审批文件，由信息中心录入电脑资料 ☞ 将生效文件送交相关部门存档 ☞ 对批准引进的新商品由采购人员下第一张订单，供应商送货至配送中心或各分店 ☞ 通知分店新商品进场	新商品入场表
跟踪		●				☞ 确认商品是否按期到货，根据分店销售状况考核销售业绩	
评估		●				☞ 试销业绩良好结束试销成为正常商品；业绩不佳者终止合作	

直接责任人：● 配合人：▲

三、样品管理

这里的样品是指：供应商因新品洽谈所提供的样品，为方便商品资料录入或快讯拍照而交给连锁企业采购中心保存的商品;此种样品是需要归还给供应商的(试吃及不需归还的样品不包括在内)。

为了确保样品无损坏、无遗失,连锁企业直接负责人员应按规定办理相关手续,一般包括:样品的签收、入库、保管、归还及处理等内容。见表5-3。

表5-3 工作流程、工作要求及相关文件记录

工作流程	责任者			工作要求/标准	相关文件/记录
	采购中心主任	分店	供应商		
签收		●	▲	☞ 供应商因业务需要提供给本公司样品时,由采购中心文员检查核实样品是否完好无损,并在样品登记表上登记签收	样品登记表
保管	▲	●		☞ 对供应商提供的样品要妥善保存,他人不得使用、损坏 ☞ 采购中心主任使用样品时到采购中心文员办理借用手续	样品登记表
归还		●		☞ 样品归还时,采购中心文员根据样品登记表退回供应商样品,并在样品登记表上注销	样品登记表
处理	▲	●	▲	☞ 如供应商到期不取回样品,该样品视为给公司的赠品,定期交分店进行处理	

直接责任人:●   配合人:▲

四、商品制定售价

连锁企业为了确保其正常的利润以及在同行业中的价格竞争优势,必须对公司经营的所有商品确定一个合理的销售价格。

在一般的情况下,公司在供应商报价的基础上,通过市场调查及其他渠道的信息收集,确定商品销售价格;

制定商品售价一般包括:市调、定价、跟踪、评估及调整等内容。见表5-4。

表5-4 工作流程、工作要求及相关文件记录

工作流程	责任者				工作要求/标准	相关文件/记录
	采购中心总监	采购中心经理	采购中心主任	信息中心		
市调			●		☞ 通过市场调查搜集同类超市、批发市场价格信息	
定价	●	●	▲		☞ 根据各采购组毛利指标及市场竞争状况确定商品售价 ☞ 指标范围内由采购中心主任确定是否更改售价 ☞ 指标范围外（高或低）由部门经理确定是否更改售价 ☞ 单品负毛利由采购中心总监确定是否更改售价	商品毛利率控制权限表
跟踪			●		☞ 监督分店更换价格牌、跟踪商品销售业绩	
评估		▲	●		☞ 根据市场状况及公司销售业绩，评估商品价格是否合理	
调整			●		☞ 对不合理的商品价格及时进行调整以确保竞争优势	

直接责任人：●   配合人：▲

五、首次订货

这里的首次订货一般指新店开张、引进新商品、快讯（促销）商品订货、旧商品转新供应商时所下第一张商品订货单。

当新商品需要进入企业各分店销售时，一般由采购中心下第一张订货单，供应商按订货单所订品种、数量送货至配送中心或分店，新商品进入分店后开始正常销售。

商品首次订货工作规范一般包括：预估陈列量/堆头量、下订单、送货、跟踪、确认等内容。见表5-5。

表 5-5　工作流程、工作要求和相关文件记录

工作流程	责任者				工作要求/标准	相关文件/记录
	采购中心经理	采购中心主任	分店	配送中心	供应商		
预估陈列量（堆头量）		●	▲			☞ 根据分店陈列面积并结合商品实际情况对陈列量进行预估	商品相关协议及合同
下订单		●				☞ 根据预估陈列量进行订货 ☞ 将确认后的订货单及分配表传真给供应商及配送中心	
送货		▲		▲	●	☞ 供应商准时送货	
跟踪		●	▲	▲	▲	☞ 对供应商及配送中心送货情况及进货量进行跟踪	
确认		●				☞ 对分店到货情况进行确认并对货源不足的情况进行跟进	

直接责任人：●　　　　　　配合人：▲

六、节假日商品备货

节假日一般是商品销售的高峰期，容易出现商品供不应求的情况，为了确保节前市场货源的充足供应，必须对节假日商品（如：端午节粽子、中秋节月饼及春节糖果、礼品、煎堆、年糕、元宵等）进行事先的应节准备。

一般情况下，采购人员在节前三个月就应制定出采购计划经审核批准后进行谈判、备货；

节日性商品备货工作包括计划、审批、谈判、审核、审批、实施、跟踪、清退、跟踪及评估等内容。见表 5-6。

表5-6 工作流程、工作要求及相关文件记录：

工作流程	责任者					工作要求/标准	相关文件/记录
	市场部	采购中心经理	采购中心主任	信息中心	营运部门	配送中心		

工作流程	市场部	采购中心经理	采购中心主任	信息中心	营运部门	配送中心	工作要求/标准	相关文件/记录
计划			●				☞ 在节前三个月制订节日商品采购计划，确定采购品种、数量、档次、促销安排、销售目标及资金使用安排	节日商品采购计划
审核		●					☞ 报部门经理审核	节日商品采购计划
配合	●						☞ 由市场部配合	节日商品采购计划
谈判			●				☞ 节前两个月与供应商洽谈应节商品品种、价格、进场费用、结算方式等	节日商品供货补充协议
审批		●					☞ 部门经理在三个工作日内决定是否批准	节日商品供货补充协议
实施			●	▲	▲	▲	☞ 根据生效文件，由信息中心录入电脑资料 ☞ 将节日商品品种，数量通知相关部门、安排陈列及商品上架，相关采购人员保证充足货源	
跟踪			●		▲	▲	☞ 跟踪节日商品到货及销售状况及时解决突发问题	
清退			●		▲	▲	☞ 在节后按所签协议清退节日商品	
跟踪			●		▲	▲	☞ 落实节日商品是否退清	
评估			●	▲		▲	☞ 对此次节日商品采购工作进行总结，积累经验，作为以后参考依据	

直接责任人：●   配合人：▲

七、交易条件变更

企业双方的业务往来之中，由于种种的主客观原因，交易条件（如：付款期，付款条件、折扣、赞助费、税率等)经常要发生变更。为确保交易条件变更的真实性、可靠性及时效性,交易条件需要变更时,双方签订交易条件变动备忘录在审批通过后方可变更,主要包括申请、审核、审批、实施等内容。见表 5-7。

表 5-7 工作流程、工作要求及相关文件记录

工作流程	责任者					工作要求/标准	相关文件/记录
	采购中心总监/总经理	采购中心主任	文员	信息中心	财务中心	供应商		
申请		▲				●	☞ 供应商因某些原因发生变动时提出申请	交易条件变动备忘录
审核		●					☞ 如属结算期延长、扣点或费用加大由采购中心主任在两个工作日内决定是否变更	交易条件变动备忘录
审批	●	▲					☞ 如结算期缩短、扣点或费用减少由采购中心总监/总经理三个工作日内决定是否变更	交易条件变动备忘录
实施		▲	▲	●	▲		☞ 将批准的资料在电脑内进行修改 ☞ 资料交相关部门存档	交易条件变动备忘录

直接责任人:●   配合人:▲

八、商品价格变更

由于通货膨胀、市场竞争压力的存在,为维护公司利益,连锁企业对商品的价格进行变更调整是不可避免的。

在通常情况下,为确保调价结果公正客观,连锁企业针对商品目前市场销售状况进行调查,在与供应商协商一致的基础上进行价格调整。

商品价格变更包括价格下降、价格上升两方面;价格上升包括申请、市调、谈判、审核、审批及实施等内容。价格下降包括市调、谈判、审批、实施等内容。见表 5-8,表 5-9。

表 5-8　工作流程、工作要求及相关文件记录（价格上调）

工作流程	责任者						工作要求/标准	相关文件/记录
	采购中心总监	采购中心经理	采购中心主任	信息中心	财务中心	供应商		
申请			▲			●	☞ 供应商因其客观原因，要求进行价格调整时，需提前一个月提出申请	商品价格变动备忘录
市调			●				☞ 本公司人员进行市场调查，核实价格变动状况	商品价格变动备忘录
谈判			●			▲	☞ 如情况属实约该供应商洽谈、签订相关文件、调整进售价	交易条件变动备忘录
审核			●				☞ 采购中心主任在两个工作日内决定是否调价	商品变价申请表
审批	●	●					☞ 采购中心总监/部门经理按权限在两个工作日内决定是否调价	商品变价申请表
实施			▲	●			☞ 信息中心在电脑内修改商品价格资料 ☞ 文件交相关部门存档	

直接责任人：●　　　　配合人：▲

表 5-9　工作流程、工作要求及相关文件记录（价格下调）

工作流程	责任者				工作要求/标准	相关文件/记录
	采购中心主任	采购中心文员	信息中心	供应商		
市调	●				☞ 到同行业与公司经营方式类似的货仓商场进行同品种、规格商品价格调查	市场调查表（CGYW-002-01）
谈判	●			▲	☞ 对于市调价低于公司目前售价的商品，约其供应商洽谈，调低进售价并签约	商品价格变动备忘录（CGYW-009-01）
审批	●				☞ 采购中心主任在两个工作日内决定是否调价	商品价格变动备忘录
实施		●	▲		☞ 信息中心在电脑内修改商品价格资料；文件交相关部门存档	商品变价申请表

直接责任人：●　　　　配合人：▲

九、国家专控商品采购

国家专控商品是指出于国家专卖的商品如香烟、食盐、进口酒类等。

一般情况下,为确保国家专控商品采购流程的准确性,采购人员根据分店销售状况、预估销量确定订货品种、数量、经批准后按计划进行采购;

国家专控商品采购工作规范包括订货、审核、审批、采购、收货、分货、冲帐、跟踪及评估等工作内容。见表 5-10。

表5-10 工作流程、工作要求及相关文件记录

工作流程	责任者					工作要求/标准	相关文件/记录
	采购中心总监	采购中心经理	采购中心主任	财务中心	配送中心		
订货			●			☞ 根据各分店请货单,预估销量及采购资金编制订货单	
审核		●				☞ 部门经理在一个工作日内决定是否采购	
审批	▲	●				☞ 请款金额加库存金额<日均销售 20 天总额由部门经理审批 ☞ 请款金额加库存金额 30 天总额采购中心总监在一个工作日内决定是否采购	
采购			●			☞ 按订货单所列商品品种、数量进行采购	
收货					●	☞ 配送中心根据到货商品品种、数量收货开具我公司验收单	收货单
分货			●			☞ 根据各分店的请货单并按照实际情况进行分货	分货表
冲账				●		☞ 对单无误后,财务冲帐	
跟踪			●			☞ 对采购的商品销售状况进行跟踪	
评估			●			☞ 根据销售业绩评估此次采购工作是否有效总结经验教训为今后采购工作提供依据	

直接责任人:● 配合人:▲

十、商品淘汰

连锁企业为确保公司及广大消费者利益,增强商品的竞争优势,优化公司的商品结构,通常需要淘汰掉一些销路不好的商品:如商品结构表以外不适合我公司经营的商品;在小类商品销售业绩排行较末位,且可以找到其他替代商品的;已过季节的节日性商品等等。

当企业确定好了淘汰商品以后,公司需为其办理退场手续,商品淘汰规范包括申请、审批、实施及跟踪。见表 5-11。

表 5-11 工作流程、工作要求及相关文件记录

工作流程	责任者						工作要求/标准	相关文件/记录
	采购中心总监	采购中心经理	采购中心主任	采购中心文员	信息中心	财务中心	供应商		
申请			●				●	☞ 采购中心主任根据商品结构表及销售状况提出退场要求或供应商因客观原因提出退场要求	淘汰商品目录表
审批		●						☞ 部门经理在两个工作日内决定是否淘汰	淘汰商品目录表
实施			●		▲	▲	▲	☞ 根据淘汰目录表隐含的商品资料通知分店予以退货,通知供应商办理退货手续 ☞ 财务中心予以结算	淘汰商品目录表
跟踪			●					☞ 落实该商品是否退清	

直接责任人:●   配合人:▲

十一、免费商品管理

免费商品管理主要是为免费商品的操作提供工作依据,其操作流程如图 5-1 所示:

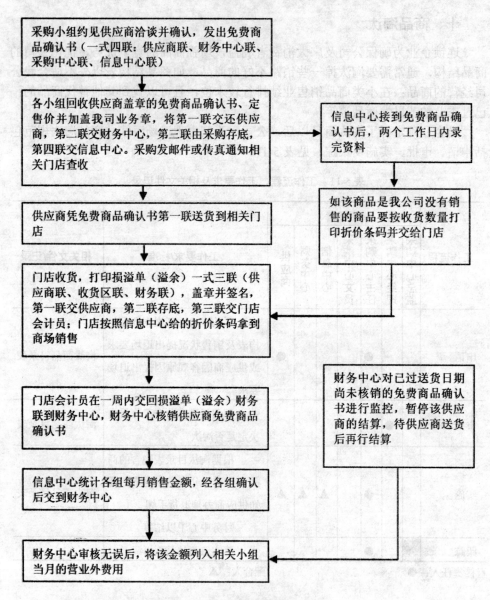

图 5-1　免费商品管理操作流程

十二、新店首批订单及新品首次订单折扣流程

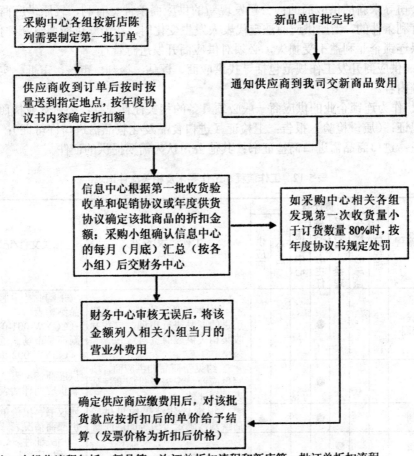

注：本操作流程包括：新品第一次订单折扣流程和新店第一批订单折扣流程。

图 5-2　新店首批订单工作流程

第三节　供应商管理

一、供应商开发

1. 连锁企业为保证其正在销售或者将要销售的商品具有充足的供应，应与供应商保持一个良好的合作关系。但是，即便是供应商进场以后，双方的关系有可能还达不到一个非常稳固的状态。如当发生下述情况：市场调研发现公司未经营

的新商品且决定引进时，与其供应商联系希望合作的；公司原有供应商配合度不够，公司寻求新的供应商的；公司发现新的供应商条件更有利，且原供应商无法达到有利条件的；当原供应商法定代表人发生变化时，作为新供应商重新评估等，为确保连锁企业利益不受损失，必须对供应商开发进行管理。

2．供应商开发工作规范包括寻找供应商、评估、谈判、审核、审批、实施及跟踪等内容。

3．作为连锁企业的供应商一般必须具备的相关证件包括：公司营业执照；税务登记证；（质量检验）报告；卫检证（进口食品及化妆品需进口许可证）；卫生许可证；进口商品需进口商检证书；其他公司认为需要提供的证件。

表5-12　工作流程、工作要求及相关文件记录

工作流程	责任者					工作要求/标准	相关文件/记录
	总经理	采购中心总监	采购中心经理	采购中心主任	信息中心	分店	供应商
寻找供应商				●				☞ 根据商品结构表，对需要引进的商品进行市调，寻找并收集相关供应商资料	《采购业务手册》商品结构表（CGYW-001-01）新商品市场调查表（CGYW-002-01）
评估				●				☞ 约见新商品的供应商，填写供应商情况表及供应商评估表进行评估	供应商情况表 新供应商评估表
谈判				●			▲	☞ 根据评估结果约见供应商谈判，确定可引进的供应商	协议书、报价单 供应商情况表
审核		●							相关证件复印件 新供应商评估表
实施			●	▲		▲		☞ 采购中心经理在两个工作日内，确定是否引进	协议书、报价单供应商情况表相关证件复印件
跟踪				●	▲			☞ 将供应商资料交易条件及商品资料录入电脑 ☞ 将批准生效的文件送相关部门存档 ☞ 向供应商下第一张订单 ☞ 通知分店新供应商进场	新供应商评估表 协议书、报价单 供应商情况表 相关证件印复印件 订货单
评估				●				☞ 确认供应商是否按期送货，及时解决突发问题 ☞ 三个月后进行首次评估	供应商定期评估表（GYSG-001-03）

直接责任人：●　　　　　配合人：▲

二、供应商转换

当原供应商配合不够，或者由于客观原因原供应商无法合作时，连锁企业为便于管理，提高本企业的竞争优势，一般必须转换供应商。

1．配合度不够。包括以下几点：
（1）送货不及时，经常缺货；
（2）不配合我公司促销活动，一季度内无促销活动；
（3）商品价格无优势，高于市场价格且不愿调价；
2．供应商无法合作的客观原因包括以下几点：
（1）商品品种单一，行政成本过高；
（2）商品代理商发生变化；
3．现有供应商需承担商品的库存及售后服务，不同意承担此责任者不得转换。
4．供应商转换的一般流程：要对原供应商进行转换时，需提供真实的转换依据，经批准后方可实施，主要包括申请、审核、审批及实施等内容。

表 5-13　工作流程、工作要求及相关文件记录

工作流程	责任者							工作要求/标准	相关文件/记录
	总经理	采购中心总监	采购中心经理	采购中心主任	采购中心文员	信息中心	供应商		
申请				●			▲	☞ 公司根据实际情况，在原供应商配合不够时，提出转换申请 ☞ 原供应商因客观原因，发生变动时提出转换申请	转换供应商说明表 原供应商协议书、报价单 现供应商协议书、报价单
审核			●					☞ 部门经理在三个工作日内决定是否转换	新供应商公司证明及商品质量服务保证或商品生产者证明
审批	▲	▲	●	▲				☞ 供应商转换需由总经理、采购中心总监、经理、主任进行评审确定是否转换	转换供应商说明表 原供应商协议书、报价单 现供应商协议书、报价单 有关证明或投诉记录

(续表)

工作流程	责任者						工作要求/标准	相关文件/记录
	总经理	采购中心总监	采购中心经理	采购中心主任	信息中心	供应商		
实施				▲	▲	●	☞ 录入新供应商资料及交易条件 ☞ 录入转换商品资料 ☞ 隐含原供应商有关商品资料 ☞ 资料交相关部门存档	转换供应商说明书 原供应商协议书、报价单 现供应商协议书、报价单 有关证明或投诉记录
跟踪				●			☞ 跟踪新供应商是否承担原供应商的库存及售后服务	转换供应商说明书 原供应商协议书、报价单 现供应商协议书、报价单 有关证明或投诉记录

直接责任人：● 　　　　　　　　配合人：▲

三、供应商退场

1．供应商退场是指：
（1）供应商提供的商品销售业绩未达到公司最低销售目标的；
（2）有条件更好的供应商替代，且原供应商无法提供更优惠条件的；
（3）因法律、法规变动而导致供应商商品无法在公司继续销售的；
（4）在销售过程中，供应商行为有损本公司声誉及利益的；
（5）因客观原因，供应商提出停止合作的公司将停止与其合作；
（6）新供应商在试销期达不到我公司要求的；
（7）供应商商品质量发生严重问题的；
（8）供应商所经营的商品全部转换供应商的。
2．供应商退场工作规范包括申请、审核、审批、实施及跟踪等内容（其流程与供应商转换同：如上一个表格）。

四、供应商沟通管理

（一）预约制度
1．目标
（1）合理安排时间，提高工作效率。

（2）有针对性地解决问题，找出工作重点。

（3）整理员工及供应商业务员工工作习惯，提高工作质量，谈判时做到有的放矢。

（4）尽量做到供应商对公司员工，公司形象有良好的信任，并为其工作提供便利，节省时间。

2．适用范围：适用于任何面对面的沟通。

3．内容及标准

（1）预约计划、时间安排

（2）计划（即预约安排表）

（3）星期一、三、五为接见供应商日期，如无特殊情况，不得在其他时间与供应商约见。（时间企业可自定）

（4）预约安排表必须装订成册，业务洽谈人员人手一本。

（5）如无特殊情况，不得接见无预约供应商。

4．时效管理：应至少提前一天预约，一次会谈原则控制在 30 分钟以内。

5．监督执行方法

（1）监督人：采购中心经理

（2）方式：每周交预约安排表备查，部门经理不定期检查预约制度执行情况

（3）责任人：预约表洽谈人员

（4）对未按规定执行的相关人员，应连续追踪观察。

（二）供应商投诉管理

1．目的

（1）收集供应商意见；

（2）达到对现有体制不断改良的目标；

（3）实现与供应商的伙伴经营方针；

（4）增加供应商对公司的信赖；

（5）提高工作效率。

2．适用范围：适用于供应商投诉全过程。

3．内容与标准

（1）投诉内容及相关部门

表 5-14

内　　容	责 任 部 门
财务问题	财务中心各主任
送货问题	各分店收货主管
商品问题	采购中心主任

(2) 供应商投诉传递途径：

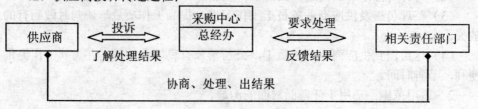

图 5-3　供应商投诉传递途径

(3) 投诉的处理结果追踪方式：相关部门处理完毕后，应填供应商投诉记录表的解决方法和时间，以书面交回总经办，总经办接到结果后在三天内了解供应商对处理结果是否满意；

(4) 处理结果回复供应商方式：供应商投诉表处理结果填写完毕后，应回一联给供应商，然后要求供应商在我公司一联填写对处理结果是否满意。

5．时效管理

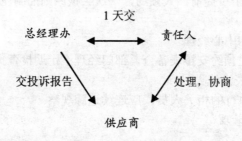

图 5-4　时效管理示意图

6．监督执行方式

(1) 监督部门为总经办；

(2) 方式：投诉书存档备查，在规定时间内完成，总经办在接到投诉 7 天后对处理结果进行追踪；

(3) 责任人：被投诉部门或人员；

第四节　收货安全与卫生管理

一、收货安全管理

（一）防火

1．禁止在收货部区域内吸烟。

2．严格按规定搬走和存放易燃易爆商品。

3．发现火灾隐患及时处理并向上级领导报告。

4．人离岗位时关灯，下班时关电源。

（二）防盗

1．加强员工的法制教育及员工岗位责任制的知识教育，提高防范意识，互相监督，遵守公司的有关规定，杜绝一切不利于公司的盗窃行为的发生。

2．送货员或其他部门的人员进入收货区必须佩戴胸牌，否则不许进入收货区。收货部的出入口（特别是仓库出入口）须设保安人员，进出所携带物品一律经保安检查。

3．商品的进出都必须有清单同行。

4．退货商品应有主管或经理批准，与退货单同行方可出入仓库。

5．原则上不允许员工携带私人物品进入收货部，如挂包、手袋等，所有私人物品均应按公司规定存放到指定地方。

6．员工不能在收货区域内接受供应商赠送的任何物品。

7．不许在收货区域内吃东西。

8．收货部应装设电子眼装置，加强对收货过程的监控管理。

（三）防工伤

1．工作时应注意安全，收货区内不可追逐、嬉戏，注意叉车在运货中的动向。

2．叉车司机应严格执行公司的有关规定，注意避让，示意员工或顾客，避免造成事故。

3．注意商品的摆放，要求整齐，不能超高、超宽、随意乱放、杜绝野蛮操作，物品应按指定位置码放。

二、收货卫生管理

（一）商品卫生

1．用栈码放商品，以防商品受潮。

2．商品码放时不得紧贴墙壁，至少留5厘米空隙。

3．防鼠、防蟑螂等设备齐全，定期做灭害工作。

4．洗衣粉、清洁剂等日化用品，不得与食品类放在一起，以防污染。

5．仓库应保持良好的通风，温度控制适度，不宜过高，否则可能会导致商品变质。

（二）收货区员工个人卫生

1．收货人员在工作前应穿着工装，并保持干净。

2. 患有皮肤病、手部有创伤、脓肿者或患有传染病者不得接触生鲜食品。不得随意吐痰。

3. 指甲要剪短，不涂指甲油或佩戴饰品。

（三）设备卫生

1. 每天清洗并擦干净电子秤。
2. 每天清洗托板车、叉车和空版。

第五节 采购管理的工作流程

一、采购管理流程

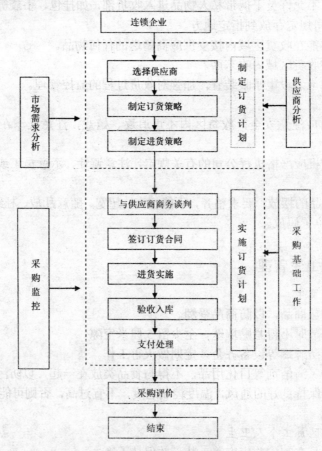

图 5-5 采购管理流程

二、采购作业流程

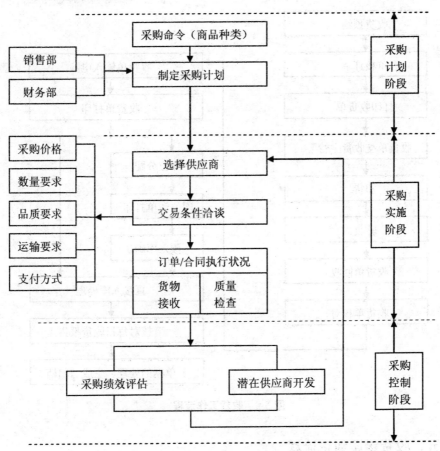

图 5-6 采购作业流程

三、订单定购流程

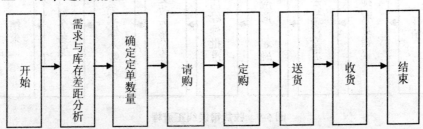

图 5-7 订单定购流程

四、收货工作流程

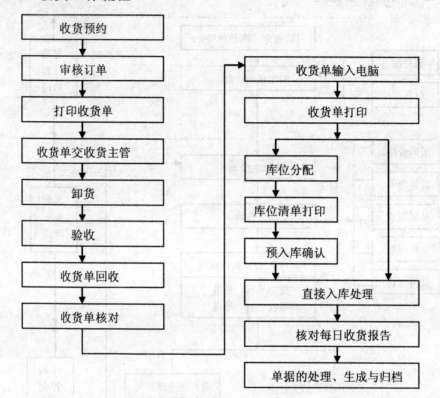

图 5-8 收货工作流程

五、收货错误纠正流程

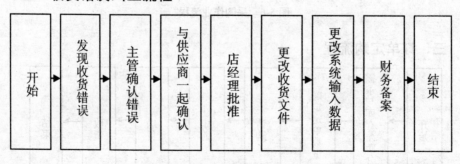

图 5-9 收货错误纠正流程

注释：①图6、图7、图8、图9引自：程淑丽. 物流管理职位工作手册[M]. 人民邮电出版社 2005

【要点回顾】

本章首先介绍了采购前的工作准备过程：了解商品销售状况；制定采购计划；编制采购预算；确定采购时期。

其次介绍了商品采购与定价管理十二个方面的内容，分别是：商品结构管理、新商品开发、样品管理、商品制定售价、首次订货、节假日商品备货、交易条件变更、商品价格变更、国家专控商品采购、商品淘汰、免费商品管理、新店首批订单及新品首次订单折扣流程等。

再次介绍了供应商开发、转换、退场、沟通等方面的内容，此外还有收货安全与卫生管理。

最后介绍了采购管理流程、采购作业流程、订单定购流程、收货作业流程、收货错误纠正流程。

第六章 物流管理

【学习目标】

通过本章学习，你应该能够：
1. 熟悉物流人员岗位职责；
2. 能够描述物流的工作流程及仓储的工作流程。

第一节 物流人员岗位职责

一、配送人员岗位职责

1. 接货人员岗位职责

（1）生成缺货清单并组织订货。
（2）组织人力、物力接收供应商送达的货物并进行验收。
（3）与仓储部联系，组织入库作业。
（4）汇总分店订单，确定配送所需要的货物种类和数量。
（5）检查现有库存货物总量（如果有现成的货物可供配送，则转入分拣作业环节）。

2. 仓库保管人员岗位职责

（1）配合进货部组织入库作业。
（2）及时调整和清理储位，留足进货空间。
（3）堆码货物，确定货位并编号。
（4）配合加工部对货物开展加工或者对出库货物进行分拣。
（5）随时点验货物，掌握货物储存动态，做好保管养护，确保质量完好和数量准确。

3. 加工人员岗位职责

（1）负责对货物进行分装、组合和贴标识、刷条码等加工作业。
（2）负责对农、林、牧、副、渔等产品进行精致加工。
（3）负责为鲜肉、鲜鱼在流通中的保鲜及适于搬运而采取的低温冷冻加工作业（也适用于某些液体商品、货品等）。

（4）按新的零售要求负责对许多生鲜食品进行新的包装，即大包装改小、离散改小包装、运输包装及销售包装。

4. 配货人员岗位职责

（1）在储存部的配合下，负责对出库环节的商品进行拣取和分拣。

（2）应客户要求或方便运输的要求，将分拣出的货物进行分开放置。

（3）按照货物本身特性、订货单位分布情况和送货车辆状况，对货物进行组合、配载。

5. 运输人员岗位职责

（1）负责商品运输工作，包括提货及送货，将货物安全及时、保质保量地送达至各连锁分店。

（2）对完成的配送任务进行确认，对配送绩效进行实时监控。

（3）负责不定期检查车辆保养维修情况，杜绝车辆不安全隐患，做到安全运输无事故。

（4）负责机动车辆的年审年检工作。

（5）在主管的领导下，负责配送中心机动车辆的购置、使用、维修和保养。

二、仓储人员岗位职责及行为守则

1. 仓库值班人员岗位职责

（1）禁止无关人员随便进入仓库值班室。

（2）坚守工作岗位，不做与值班无关的事项，不得擅离职守。

（3）维护好仓库室内秩序和环境，严禁他人在工作时间大声喧哗。

（4）加强安全责任，保守机密，不得向无关人员泄漏有关连锁企业仓库内部的情况。

（5）按规定时间交接班，不得迟到早退，并在交班前写好值班记录，以便分清责任。

（6）遇有特殊情况须换班或代班者必须向主管请示，否则责任自负。

（7）积极妥善地处理好职责范围内的一切业务。

（8）遇有特殊情况须换班或代班者必须向主管请示，否则责任自负。

（9）重大、紧急和超出职责范围内的业务，应及时向上级业务指挥部门、分店领导汇报和请示，以便把工作做好。

（10）完成仓储主管的临时工作安排。

2. 仓储人员行为准则

（1）仓储人员必须穿着工作服及安全鞋。

（2）仓储空间内（包括地面、货架）随时保持干净清洁、干燥，避免货品外箱上有积尘。

（3）确保主通道随时畅通无阻，不得堆放任何物品。

（4）上班时间内，确保仓库有人员看守。若须离开仓库时，必须将仓库上锁后才能离开。

（5）下班前必须检查所有门窗是否已经上锁，是否已经将所有电器设备的电源关闭，保安系统是否运作正常。

（6）人员在仓储区工作时，应随时提高警觉，并注意安全。

（7）仓储人员在理货作业时，若必须在货架上层取货，应使用楼梯作业。

（8）禁止直接攀爬下货架的工具或自货架上跳下。

（9）在使用电动堆高机作业时，其周围 2 公尺内严禁人员停留；严禁站立于牙插的下方；严禁站立于电动堆高机的牙插上面，利用其上、下的方便性，在其上方作业。

（10）操作电动堆高机或托板车时，应注意勿碰撞到料架支柱。倘若发生碰撞，且由目视即可判知损坏情形时，应立即处理维修或更改。

（11）所有的搬运设备，于使用完毕后，必须归回定位（标示区）。

（12）所有的包装耗材，于使用完毕后，必须将剩余的耗材归回定位。

（13）定期检查消防设备是否保持正常运作和超过使用有效期限。

（14）定期检查及保养搬运设备，如电动堆高机、油压托板车、手推车等。

（15）储位标示及标线应随时保持清晰可见，如有剥落应随时补上。

（16）非仓库相关工作人员，严禁进出仓储区域。

3．仓库人员理货工作原则

（1）以提高回转量为念，适时向组长提出改进建议。

（2）保持货物清洁及卖场货源充足。

（3）保持仓库整齐及清洁。

（4）确保任何商品均已标价。

第二节　物流的工作流程

一、配送流程与商品发运工作流程

1．配送流程

第六章 物流管理

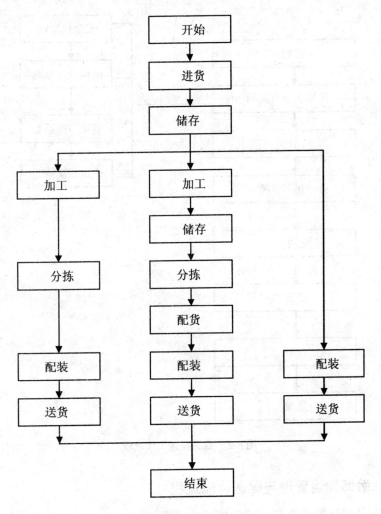

图 6-1 配送流程

2. 商品发运工作流程[①]

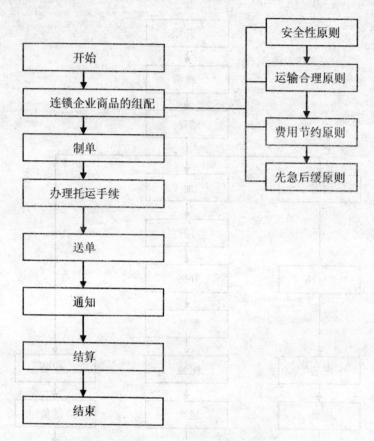

图 6-2 商品发送工作流程

二、装卸搬运管理与配送运输流程

1. 装卸搬运管理的工作流程

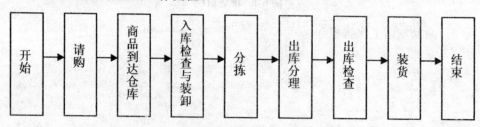

图 6-3 装卸搬运管理的工作流程

2. 配送运输流程

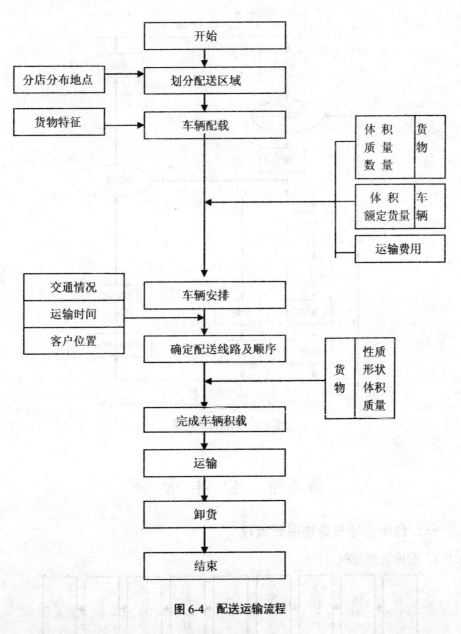

图 6-4 配送运输流程

三、销售配送流程

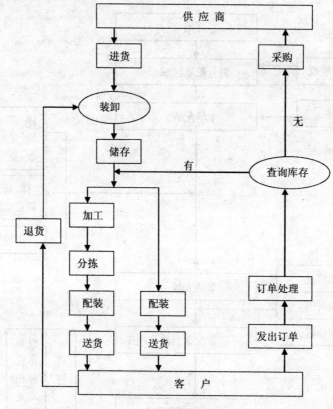

图 6-5 销售配送流程

第三节 仓库管理

一、仓库管理与货物保管流程

1. 仓库管理流程

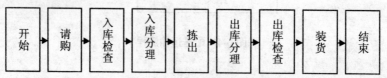

图 6-6 仓库管理流程

第六章 物流管理

2. 货物保管流程[2]

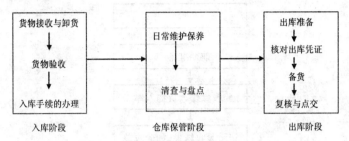

图 6-7 食物保管流程

二、入库管理流程（入库、入库验收、储位管理）

1. 入库流程

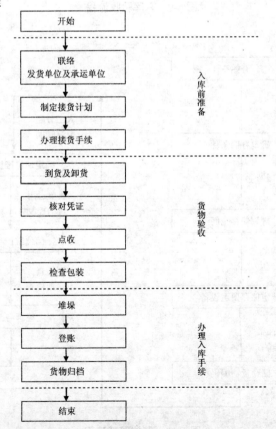

图 6-8 入库流程

2. 入库验收流程

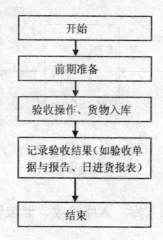

图 6-9　入库验收流程

3. 储位管理流程

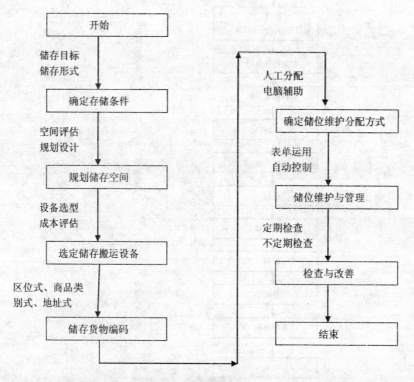

图 6-10　储位管理流程

三、出库流程

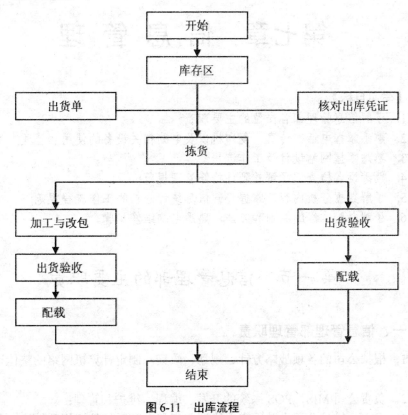

图 6-11　出库流程

注释：①、②引自：程淑丽. 物流管理职位工作手册[M]. 人民邮电出版社 2005.

【要点回顾】

本章首先介绍了配送人员和仓储人员的岗位职责及其行为守则。

其次介绍了配送流程、商品发运工作流程、装卸搬运管理与配送运输流程、销售配送流程、仓库管理与货物保管流程、入库管理流程、出库流程等。

第七章 信息管理

【学习目标】
1. 了解信息管理部各岗位的主要职责；
2. 熟悉掌握电话、传真、复印机以及电脑相关设备的使用和管理方法；
3. 熟悉掌握网站设计及工作流程；
4. 熟悉设备检查，了解软硬件检修管理规范；
5. 了解数据分析内容，掌握经营信息统计分析的工作流程规范；
6. 了解电脑维修的原则和方法，熟悉电脑维修步骤。

第一节 信息管理部的主要职责

一、信息管理部管理职责

1. 根据公司的各项战略方针、规划、政策，制定计算机网络的整体设计、规划；
2. 负责公司 MIS、POS 系统的开发、编程、维护和管理；
3. 建立、维护公司电脑网络，协调各部门电脑系统的运用和衔接，并提供电脑技术支持；
4. 负责购进、管理电脑设备及软件系统的预算方案和技术评估；
5. 确保电脑数据安全、系统运行稳定，并做好电脑病毒防止工作和后台数据库的备份工作；
6. 负责公司员工计算机基础知识和系统应用的培训；
7. 负责各类信息数据的收集、处理分析，定期向公司领导、相关部门及人员提供统计分析报告；

二、信息报障流程

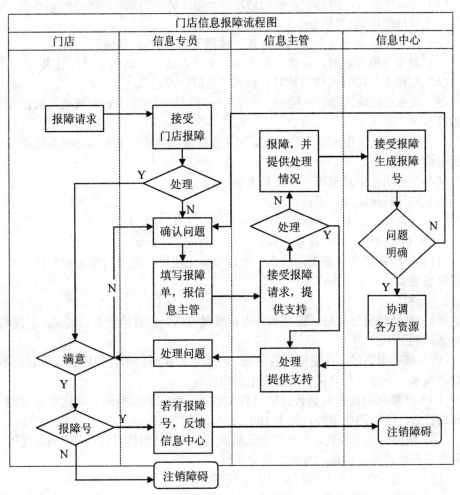

图 7-1 信息报障流程

第二节 信息设备的管理

一、电话管理

1. 总机

电话总机由人事行政部的前台人员负责值守,所有外线电话均需由前台人员

负责接转。前台人员的接听电话必须使用标准用语,标准用语如下:

(1)电话铃响三声内必须接听电话,接听电话必须简短、清晰、回话礼貌、耐心,并使用标准用语:"您好!XXX连锁超市"。

(2)当对方告诉分机号码时,应说"请稍等!",然后再转接。

(3)如果分机占线时,应说"对不起,电话占线,请您稍后再打过来"。

(4)前台人员接听内线电话时,应说"您好,前台"。

(5)员工在开放式办公环境中,通话时应控制音量,以不影响邻桌人员正常办公为准。

(6)前台不能随便离开工作岗位,因工作需要确实要离开时,必须委托他人代转接电话。

(7)不得用电话总机聊天和打私人电话。

(8)电话转接迅速、准确;

(9)认真登记好来电留言记录,并应及时反馈给相关人员;

(10)熟练操作,爱护设备,保持电话机清洁;

(11)应经常检查设备使用状态,发现故障无法排除应及时报告和维修,以保证线路畅通。

2. 分机

(1)严禁利用公司电话拨打私人电话或煲电话粥,电话应长话短说,以提高各电话的利用率;

(2)接听电话时,应使用礼貌用语,注意耐心接听,不得说粗话或表露出不耐烦的现象。不得擅自离岗位而影响电话的接听;

(3)严禁利用公司电话拨打信息咨询电话(特殊情况需经公司同意),若发现有偷打者,除负担费用外,给予100~500元的罚款;

(4)使用传真机传真,必须先登记后发送,严禁利用传真打电话,确需使用,需经传真机管理人员同意,并做好登记手续;

(5)上班时间内,上级有权阻止下属拨打私人电话;

(6)因电话管理不严而造成不应有的费用开支的,追究电话使用人及主管的赔偿责任长途话卡。

3. 电话卡

(1)公司总机及分机不设置长途;

(2)因工作需要必须打长途的部门可以到人事行政部领用电话卡(200卡),凡是领用电话卡的部门必须指定专门人员负责领用,设定长途电话登记本,记录所打电话和时间。

(3)凡是领用电话卡的部门,月底必须将长途电话记录本交人事行政部门检查,发现异常的现象,人事行政部门有权指出并要求赔偿电话费。

二、传真管理

1. 公司传真机由前台负责管理，收发传真时应由前台人员负责操作，并进行登记。
2. 前台人员发送传真完毕后，应检查是否有文件遗漏在传真机旁；传真接收完毕后，应立即将传真文件转给收件人。
3. 员工因为工作需要而发送传真的，须经部门负责人同意，并做好登记工作，通过前台由前台文员操作发送。
4. 对于发送保密级别较高的文件，由员工亲自发送，并提前电话通知收件人现场接收。对于公司重大机密的文件不宜使用传真机发送，以免泄密。
5. 传真机只能用作收、发传真之用，一般情况下不得用作接听电话、复印用途。
6. 员工收、发传真之前应先电话联络好，尽量不占用传真线路。
7. 所有在前台收、发的传真均由前台文员代办，经办人均需在收、发传真登记表上签名确认。
8. 前台文员在收、发传真后须尽快反馈给经办人；因线路、设备故障或占线等情况无法及时传真的，应及时通知经办人。
9. 细心操作，爱护设备，保证传真纸无短缺，传真机性能完好。
10. 在操作过程中有发现设备故障应及时报告并联系信息部维修，以保证线路畅通。

三、复印机使用管理

1. 各部门需复印的资料应交指定人员（前台文员）进行复印并登记，严禁非指定人员自行复印，如复印量较大，交待指定人员后，为维护前台形象，尽量不要逗留于前台。
1. 在复印或打印完毕后须如实填写《复印/打印登记表》，经理级以上人员的复印/打印登记可由部门文员代办。
2. 对公司机密资料的复印应有经手人现场监督或由经手人完成，对错印的资料应及时碎掉。
3. 复印文件必须遵循节约原则（如：根据具体情况用双面复印或再利用纸复印），凡月用量很大的表格或资料宜采用印刷的方式，以便节省办公开支。
4. 爱惜纸张，节约复印用电，用完了复印机后必须按下节能开关。
5. 指定复印人员应熟练掌握复印机的操作方法并爱惜使用。
6. 严禁复印与工作无关的资料，违者一经发现按每张五元计算予以罚款，并给予警告处理，前台人员没有按规定复印的同样按上述办法处罚。

7. 人事行政部指定复印人员对各部门每月复印情况进行统计后报上级部门，纳入各部门办公成本中。

8. 外来客人的文件复印由人事行政部安排，再由接待人员补单，纳入相关部门办公费用中。

四、电脑及相关设备的管理

（一）设备管理概要

电脑设备包括服务器、工作站、路由器、集线器、调制解调器、收银机、扫描设备、UPS（不间断电源）、各种型号打印机、电子秤及各种相关外围设备；各部门经理和各连锁店店长为部门设备的主要责任人。公司所有的电脑设备，未经信息部和设备责任人同意，严禁将电脑设备调往其他部门。

连锁店的电脑员、各部门指定的设备保养人，应做好电脑设备的日常保养、维护工作，并对电脑设备直接使用者行使监督及使用指导权。

公司所有电脑的软件均须按信息部设定的标准安装，特殊岗位需要的工作软件需直接向信息部提出安装需求后另行安装（任何人不得私自在电脑中安装标准外的软件、工具）。

严禁利用公司的电脑设备进行与岗位工作无关的事情。严禁私自添加各类硬件配件，玩电脑游戏、上网聊天，看电影等与工作无关的活动。

公司电脑系统的数据资料属于公司机密，为保证电脑资料及数据的安全，不得随意将工作站硬盘共享给他人。任何人未经许可不得将电脑交给外来人员操作或对外提供公司资料，也不得随意修改电脑系统中的数据。任何破坏数据或泄露数据的行为按公司相关的奖惩条例的规定处理。除特别允许的部门外，与外界的数据交换需经总经理办公室签署意见，并通过电脑部对外进行交换。

（二）电子秤使用

为保证电子电子称秤重的准确性，除了定期检查外，使用者应注意以下规范要求：

1. 每天开业前，检查电子秤的网络线、电源线是否接好，电源是否打开；

2. 电子秤在使用或清洁时，应作好防水、防油、防震工作，台式秤用于鱼、肉、熟食称重的，应垫高15公分以上，并置秤盘，否则会容易造成电子烧毁或键盘按键短路；

3. 由于电子秤是使用轻触式按键，它的按键接触面是靠两片透明塑料片镀上铜或镶上碳粉来接触导电，故按键时不要用力太大，否则，会因铜片或碳粉过度磨损而造成按键不录；

4. 操作员换打印纸时，一定要注意动作轻柔，以免损伤打印头；

5. 正常使用和数据传输过程中，严禁关机；

6. 店面操作员（非指定维护人员）严禁作各种功能设置；

7. 店面不要随意移动电子秤的位置，如果确实要移动，必须先通知信息部，以便协助工作和方便管理；

8. 注意电子秤的有效称重范围（如：15kg），不得将过重得物品在电子秤上称重；

9. 电子秤不使用时不得将重物置于秤盘上面；

10. 电子秤用电线路正常情况下用使用专线，门店电路改需要涉及电子秤线路的，应知会信息部；

11. 未经培训并考核通过的新入职员工禁止使用电子秤。

（三）前台收款机（POS机）使用。

1. 禁止将水、饮料等液体放置在收银机周围，防止打翻溅到收银机内或相关电路内，清洁收银机不能用湿布等含水的物件清洁。

2. 使用时要爱护设备，严禁用力敲打和过度用力操作设备。

3. 开机正常进入销售系统，在操作过程中如有离岗，要锁定操作系统。

4. 除网络故障外，未经信息部许可，严禁脱网使用。

5. 营业结束后必须正常退出收银系统然后关闭收银机，并清理收银设备表面尘埃后盖好防尘罩，最后关闭收银机的供电UPS。

6. 在POS机的使用过程中，如果系统提示错误信息，收银员要马上记录提示信息，并向当班收银主管、分店电脑员请示处理，分店电脑员解决不了的或故障严重的，如出现全部收银机运行速度减慢、死机等，电脑员要马上通知信息部进行处理。

7. 除正常维护所需外，收银部外任何人不能私自操作收银机。

8. 分店电脑员每天做好前台POS机的运行状况记录，每周上报信息部进行分析，信息部每周对POS机的运行状况进行分析并知会相关部门。

9. 测试模式只能用于检查和培训之用，正常营业期间不得使用测试模式，测试模式密码仅由除收银主管及电脑部人员掌握。

10. 除信息部工作人员外，其他人不得拆装收款机，及拆开机箱、扫描枪及打印机的调换需由有经验人员操作，同时需将情况向信息部汇报。

11. 禁止用他人上机密码，同时禁止将自己得密码授于他人使用。收银主管及对班助理有退货等普通收款员没有的权限，也禁止将密码授于他人使用。

12. 未经培训并考核通过的新入职收款员禁止独立上机操作。

（四）电脑设备使用

由信息管理部门定期对公司所有电脑及相关设备进行盘点登记，如因工作需要申请新增设备或电脑设备局部调整（调拨或位置调整）请先知会信息管理部门，并作好相关的申购或调拨工作。

1. 电脑及相关设备由使用人保管，其中电脑及相关设备包括电脑主机、显示器、键盘、鼠标、打印机、扫描仪、光驱/刻录机、MO、UPS、集线器/交换机等，凡电脑设备（包括零配件）遗失或与财产登记有差异者，由使用者承担相关责任。

2. 为保证公司的财产安全，信息部将对所有电脑主机及相关设备贴上封箱标签，任何人未经信息中心允许不得私自拆装电脑及相关设备，否则后果自负。设备供应商在设备上贴的保修标签是保修的主要依据，任何人不得撕毁或涂抹。

3. 为保证电脑系统的安全稳定，任何人不得私自携带电脑光盘、软盘、MO盘、硬盘到公司随意安装/卸载资料，一经发现以没收处理。如因工作需要须安装软件资料，请与信息部联系，由信息部工作人员代为安装。外来软件及资料文档需由信息部作病毒检测。禁止私自修改系统及网络设置及无故删除电脑中的文件。

4. 禁止将水、饮料等液体放在主机或其他电脑设备上，以防液体泼溅导致损坏电脑及零配件。

5. 员工离职前应与信息部及接任人交接完电脑相关设备和信息资料，在与资产登记表核对无误后方可放行。员工离职由人资部会信息中心取消其相关系统账号，以防公司机密资料泄露。

6. 原则上无工作需要者不开通上网的功能，如需上互联网，需按信息部设置的功能操作，上网同时要遵守国家关于互联网的使用规定，不得用于非法目的及传播国家认为有害的内容。

7. 公司工作人员一切操作应遵循规范，凡电脑及相关设备出现故障，请及时通知信息部派人员处理，不得擅自拆装硬件或更改系统设置，否则后果自行承担。

8. 除信息部同意外，禁止在公司网络上作软件测试等试验。POS系统、各服务器、路由器的管理员密码仅仅由信息部主管以上人员掌握，严禁猜测及作破解试验。

第三节　网站维护

一、网站维护人员的岗位职责

1. 在信息管理部副经理的领导下，贯彻执行公司制定的各项战略、方针、规划、政策及销售计划，全面配合公司的网上宣传、销售等各方面的管理工作；

2. 负责组织策划公司在互联网上的各项宣传活动，以及公司在互联网上各项宣传、促销等方面费用的预算控制，并负责电子商务宣传方案、促销活动等方面的档案管理工作；

3．负责电子商务组电脑网络的建立、管理及日常维护；对服务器进行定期的检查，并对服务器数据作有计划的备份；实施网络安全措施，防范网络病毒和黑客的入侵，处理部门网络出现的异常情况；

4．负责制定和执行电子商务组的阶段性工作计划及各项工作计划并组织实施；

5．负责本公司网站的网页、商品资料更新；

6．负责确定本部门的统计项目，规范统计方法和要求，定期向有关部门和人员提供相关数据或统计分析结果；

7．定期向信息管理部副经理汇报网站的有关情况；

8．完成信息管理部副经理交办的其他工作。

二、网页制作及更新工作规范

电子商务员根据公司的实际需要及营销目标，设计网站的广告图标、丰富网页内容以及提高访问速度和访问量。电子商务员要适时调整网站发展规划，利用更好的方法、更合理美观的网站拓展网络销售市场；定期更新网上商品资料信息，保证在网上销售的商品资料的完整，增加新商品或删除已淘汰的商品。

网页制作、维护和修改是对电子商务网页进行定期更新、修改和维护的过程，信息中心需先制定计划，然后再实施。主体网页或风格有较大修改的，设计前应做好网站分析，分析出网络营销目标并结合网络营销的理论，并预测修改前后的效果比较，看是否确有需要。小部分修改或修改副页的，应符合整体网站风格，设计时应注意挑选标题、关键词、网页描述并加入到网页内，以增加网页被搜索的频度与精度。

为解决网站营运中出现的各种问题，电子商务员应及对网站进行实时的监测和访问统计分析，及时向采购中心提供商品价格的建议。

表 7-1 网页制作及更新工作规范

时间	维护要求/标准	项目	配合人	责任人
每半月/次	特价商品信息、价格更新	特价商品更新	采购中心	电子商务员
每月/次	网上商品调整优化	淘汰季节性及销路差的商品	采购中心	电子商务员
每日/次	网上商品资料信息、商品价格调整	将网上商品价格按购中心提供的资料与商场价格作同步调整	采购中心 信息中心	电子商务员
不定期	网页错漏及商品图片更换	网页错漏更改	硬件网络及系统维护员	电子商务员

电子商务网站工作流程、工作要求和相关文件记录如表 7-2 所示：

表 7-2 电子商务网站工作流程

工作流程	责任者				工作要求/标准	相关文件/记录
	信息中心总监	电子商务主任	电子商务员	硬件网络及系统维护员		
制定方案	●	▲	▲		☞ 根据网站的实际需要及营销目标，确定公司站点的设计风格、网站的架构及丰富内容 ☞ 电子商务网站整体策划	网页设计/制作方案
收集资料			●		☞ 电子商务员根据确认后的网页设计方案，收集制作网页所需的资料和图片或数据	
制作		●	●		☞ 电子商务员根据网页设计方案制作网页 ☞ 将制作好的网页提交电子商务主任审核。如有更改则由电子商务员进行更改	
审核		●			☞ 电子商务主任审核网页	
上传				●	☞ 经审核后的网页交由硬件网络及系统维护员上传更新	
修改		▲	●		☞ 电子商务主任安排定期对网站进行检测，商品资料的更新修改	更新记录
总结		▲	▲		☞ 电子商务主任配合硬件网络及系统维护员对网页更新工作进行总结、记录、存档，并将旧网页进行归类保存，以备查阅	工作总结

直接责任人：●　　　　　　　　配合人：▲

第四节　硬件及系统维护

一、硬件及系统维护人员的岗位职责

1. 在信息管理部副经理领导下，全面负责公司电脑系统与商业信息系统的网络和硬件维护方面的管理工作；

2. 负责各分店信息系统的网络和硬件维护方面的管理工作，负责各分店录入信息监控和软件维护方面的管理工作，同时负责电脑设备档案管理；

3. 负责协助信息管理部副经理确定电脑硬件网络及系统维护组的工作职能及各岗位工作职责，规范工作流程，制定硬件网络及系统维护组的各项规章制度；

4. 协助信息管理部副经理完成公司网络系统主干的规划设计，并负责公司电脑网络干线及支线的架设及维护；

5. 负责制定硬件网络及系统维护组阶段性的工作计划；

6. 负责硬件网络及系统维护组和各分店的电脑设备成本和费用控制，负责执行公司电脑设备、耗材的采购和验收；

7. 负责完成硬件网络及系统维护组各项工作的具体安排及人员调配，执行信息中心技术副经理制定的实施方案；

8. 负责协助信息管理部副经理组织公司各层级人员电脑系统岗位技术培训；

9. 完成信息管理部副经理交办的其他工作。

二、保密工作规范

公司全体人员应遵守信息保密管理规定，特别是公司内的有关销售、业绩、重大决策等事宜是绝对不可以通过任何渠道泄露到其他与我公司的竞争对手。

1. 对于公司信息系统的权限管理应按规定确定各个岗位的系统权限。

2. 新员工入职时，由人资部通知信息部新进人员的岗位，信息部严格按照系统权限管理明细表中的各个岗位的权限分配，相应的岗位对应相应的岗位权限。员工离职或岗位发生变动时，应该相应变更或立即取消其系统使用权限。

3. 各人员工作因故中途离开电脑时，需退出 pos 系统，关闭打开的机密文档。

4. 相关部门需要有关的经营统计分析资料时，必须填写信息资料需求表，并交给信息分析员。需求表应填写清楚申请人、申请目的、申请内容等。信息部需核实其目的、用途后，报信息管理部经理审核，信息管理部经理不能决定的，报总经理审批。

5. 严禁外单位人员及无关人员进入分店电脑室。

6. 严禁非有关人员进入电脑主机房。如与公司合作的电脑公司人员进入主机房，须有信息管理部人员陪同。

7. 未经许可，不得用 USB 等储存设备复制任何电脑资料，光盘刻录机器由信息管理部掌控，有需要刻录光盘的需向信息管理申请。

8. 除特殊情况外，与公司内部网联网的电脑均需拆除软驱；任何部门安装新的软驱或使用外来软盘时，均需取得信息管理的同意及病毒检测。

9. 信息管理定期对公司电脑进行一次杀毒工作，并做好记录；每周应更新杀毒软件。

10. 个人的手提电脑需要接入公司网络的，需经信息管理同意，必要时提请总经理批准。

三、开业前的设备检查

为了店面正常运营，各分店开业前需进行必要的准备工作，其中一项非常重要的工作就是，确保开业前各设备正常运行、数据正确。

1. 打开所有POS机进行资料更新及检查网络的连接状况。在后台服务器上检查所有POS机名及IP地址是否正确，并且把所有的POS机进行资料更新，登帐后检查左下角小电脑是否出现"红X"，如果有，请检查网线有没有接好，检测方法是：PC机上用PING+POS机名（或IP地址）或者重启POS机在其进入WINDOWS界面但还没有出现POS的登帐画面时，WINDOWS桌面左下角的小电脑是否出现"红X"来检测，如果PING不通或者出现"红X"就证明网络不通，否则网络连接没有问题。如果重启后仍解决不了，应立即联系电脑公司协助解决。

2. 打开所有电子称进行数据下载。须先打开每台电子秤的电源检查其工作是否正常，在服务器做一次与总部的数据传输，然后在电子秤DOWNLOAD程序上做一次"全部下载"，再打印出所有快讯商品的价格标签，以核对价格标签的单价是否与快讯相符。

3. 检查快讯调价是否传到店面。根据快讯广告在PC机查找对应商品的单价是否与快讯相符。如果不相符，须立即通知店面主管，以便其与采购中心联系，同时也联系信息中心以确认数据是否传输到店面。如果是生鲜秤重商品，须检查电子秤价格是否正确。

4. 检查收银员的"进入培训模式"的权限是否关闭。开业前，必须要取消收银员的"进入培训模式"的权限。

四、软硬件检修管理规范

总部信息管理部工作人员每周到门店进行一次例行巡视
1. 向门店相关人员了解设备的使用情况
2. 检查数据服务器的工作情况
3. 巡查前台收款机
4. 巡查电子秤
5. 巡查防盗监控设备
6. 及时解决遇到问题，不能马上解决的，应向门店相关人员解析
7. 做好相关记录

门店设备产生故障时应及时向汇报,门店电脑员解决不了的,应及时向信息管理部汇报,并做好相关的书面记录(见设备故障报修表)。非信息管理部员工一律不准拆卸设备。

紧急情况信息管理部人员应马上到现场了解情况,解决问题。需外修的设备,视维修商的维修周期而定。需设备供应商派人到现场维修的,门店应及时通知信息管理部相关人员,以确认对方身份,POS 系统的维护必须有信息管理部工作人员在场。

人为使用不当损坏设备的,由责任人负责赔偿,故意损坏设备的,按公司管理制度高至开除处罚。

第五节 信息分析

一、信息分析人员的岗位职责

1. 在信息管理部副经理领导下负责数据分析的全面管理工作;
2. 负责制定数据分析组阶段性的工作计划,并组织和实施各项数据分析工作;
3. 负责根据公司电脑应用管理需求,与电脑系统集成商协商系统的二次开发,或自行设计应用小模块;根据公司经营需要,灵活及时地开发各种小型分析报表;
4. 负责协助信息管理部副经理定期组织部门例会,检查数据分析组工作计划的落实情况;
5. 负责协助信息管理部副经理确定的数据分析组的工作职能及各岗位工作职责,规范工作流程,制定数据分析组的各项规章制度;
6. 负责数据分析组的成本和费用的控制;
7. 定期向信息管理部副经理反映和汇报数据分析组的工作情况;
8. 负责指导数据分析组的数据资料、网络图纸等资料的档案管理;
9. 负责协助信息管理部副经理组织公司各层级人员电脑系统岗位技术培训;
10. 完成信息管理部副经理交办的其他工作

二、数据作业流程

1. 信息分析员定期要向相关部门提交以下分析资料

表 7-3　信息分析一览表

分析类别	分析内容
销售分析	1．全公司机各门店的总体和类别的销售额、毛利及客流的升降变化及结构。 2．商品结构及类别商品销售、毛利贡献情况。 3．促销商品的销售、毛利增减对比分析。 4．供应商商品销售分析。
价格分析	1．各门店的售价调整分析，时段内类别的调价单品数量，各调幅的单品数量，调整后的销售情况。 2．各价格段的类别商品销售情况。 3．价格对比分析，敏感商品和市调商品的价格对比。 4．供应商供货价对比分析。
库存分析	1．类别商品的库存及时段库存的增减情况。 2．全店、类别库存、单品库存的周转情况。 3．供应商库存的销售、结存、周转情况。 4．补货情况分析。 5．订货与到货差异分析。
顾客分析	1．正常及促销时段客流，客单价情况。 2．客流，客单价的变化趋势分析。 3．不同消费群体的消费习惯分析。 4．会员消费分析，会员价促销时段会员消费分析。

2．信息资料收集。利用互联网收集行业相关信息，整理并在公司的应用服务器上以 WEB 或 FTP 方式发布，亦可以通过电子邮件发至相关人员邮箱。

信息收集的具体类别为：

（1）企划营销：企业营销策划的方案和个案。

（2）招商信息：公司发展区域内的招商信息和招商手段。

（3）商业图片：卖场的布置，商品陈列，卖场设备等等。

（4）业内资料：行业内经营情况，具体的经济指标等等。

（5）财经新闻：相关的国家政策、法规，国内外重大的财经新闻。

（6）培训资讯：连锁协会和相关零售顾问公司的培训资讯。

（7）零售设备：新设备资料和应用。

（8）业界动态：业内人员，组织，经营方式等变动情况。

三、经营信息统计分析

信息管理部负责利用系统进行收集、整理和分析经营信息，目的是使公司能及时得到经营信息统数据的正确的有关信息。

经营信息主要是指：公司内部进销存经营的各类非常规性信息等（常规性信息指业务系统中已存在的信息）。收集的方法、途径、范围、要求等应根据实际相关部门需求信息确立。

每月 5 日前，信息管理部须写出公司上月的市场经营分析报告，并交公司总经理。该报告通过经营数据进行分析，对我司的商品结构、库存、销售等方面的调整提出建议，供总经理参考。同时应通过对进销存数据的分析，对公司的各环节运行进行监控，发现问题或隐患时，堵塞漏洞。

当公司相关部门或人员需要有关信息时，数据分析员严格按照信息收集工作规范，根据公司需求的信息收集的正确过程。经营信息统计分析工作流程、工作要求和相关文件记录如表 7-4 所示：

表 7-4　经营信息统计分析要求

工作流程	责任人			工作要求/标准	相关文件/记录
	总经理	信息部副经理	信息分析主管	信息分析员	
提供依据		●	▲	☞ 根据使用部门提出的需求或信息管理部定期的统计分析报告，为使用部门或公司总经理提供决策依据	
收集	△	●	▲	☞ 通过电脑系统数据及有关计算方法进行统计计算，当出现异常现象时，须到现场了解情况	
分析		●		☞ 通过科学的分析方法或流行的有效手段进行分析、判断，提出建设性的意见	
定期报告	△	●		☞ 信息管理部副经理每月5日前写出市场经营分析报告，并交公司总经理	市场经营分析报告
存档			●	☞ 信息分析员将分析报告备份并存档	

直接责任人：●　　　　配合人：▲　　　　涉及人：△

【要点回顾】

1. 信息管理部的职责主要是建立、维护公司电脑网络，协调各部门电脑系统的运用和衔接，并提供电脑技术支持；
2. 信息设备的管理包括对电话、传真、复印机、电子秤、POS 机和电脑等设

备进行管理;

3. 网页制作、维护和修改是对电子商务网页进行定期更新、修改和维护的过程小部份修改或修改副页的,应符合整体网站风格,设计时应注意挑选标题、关键词、网页描述并加入到网页内,以增加网页被搜索的频度与精度;

4. 信息管理部工作人员每周到门店进行一次例行巡视的流程:向门店相关人员了解设备的使用情况、检查数据服务器的工作情况、巡查前台收款机、巡查电子称、巡查防盗监控设备、及时解决遇到问题(不能马上解决的,应向门店相关人员解析),做好相关记录;

5. 信息分析员定期要向相关部门提交的分析资料:销售分析、价格分析、库存分析、顾客分析。经营信息主要是指:公司内部进销存经营的各类非常规性信息等(常规性信息指业务系统中已存在的信息)。收集的方法、途径、范围、要求等应根据实际相关部门需求信息确立。

第八章 招商管理

【学习目标】
1. 了解招商部职责以及招商部各岗位工作职责;
2. 了解招商合同签订工作规范;
3. 掌握联营管理的具体操作。

第一节 招商部管理职责

一、招商部职责

1. 负责专柜的引进、清退及调整,拟定招商条件并依据经营状况及市场信息提出调整意见;
2. 办理专柜合同的变更手续;
3. 商场整体促销时向专柜供应商收取促销费用;
4. 参与商场的布局设计及专柜布局的调整;
5. 特色专柜和国内外名牌的开发工作;
6. 配合营运部门等其他部门进行专柜的日常管理工作;
7. 进行市场调研,优化专柜结构;
8. 评估专柜,优化商品结构。

二、招商部经理岗位工作职责

1. 按权限审批业务单据,合理安排专柜供货商的引进、调整、清退等工作,协调同财务等部门的工作;
2. 负责本部门的人员管理和调配,对部门员工进行培训和绩效考核,鼓励下属不断创新,提高工作效率和工作质量;
3. 负责制定系统的企业招商政策、计划和方案,依照招商实际进程对企业招商工作不断进行归纳、总结和调整;
4. 负责根据招商部拟定的中期及年度招商计划开拓完善经销网络,发展优秀

经销商,通过业绩来选择、衡量、支持和培训批发商或者经销商;

5. 负责参与企业有关的招商业务会议以及重大招商谈判并签订招商合同;
6. 负责制定招商部工作程序和规章制度,制定直接下级岗位职责,并界定其工作;
7. 负责招商部各种招商工作流程的正确执行;
8. 负责保证招商部所掌管的商业秘密的安全;
9. 负责重大招商活动,进行现场指挥管理;
10. 负责挑选、培训、指导和举荐优秀招商人员以及对所属下级的业务水平和业绩进行考核;
11. 按公司总体规划编制部门季度工作计划,并做好落实、指导、检查和总结工作;
12. 制定并不断完善招商部门的工作流程和制度;
13. 负责定期对招商人员进行专业技能培训,每月进行业务技能考核,对招商人员工作情况进行日总结和月考核;
14. 负责处理退货、换货,确保定价统一;
15. 负责制定经销商追踪方案和制度,每天进行总结监督,督促招商人员进行经销商回访;
16. 不定期走访经销商,及时了解市场一手资料。

三、招商主管岗位工作职责

1. 制定、完善本部的管理制度及实施细则,并对执行情况进行监督、控制和反馈;
2. 实施本部的工作计划,并对执行情况进行监督和控制;
3. 考核本部门员工业绩,对本部门员工的工作进行调配、监督和控制;
4. 负责供货商的接待与谈判工作;
5. 配合各部门对专柜的日常管理工作;
6. 对本部门员工进行培训;
7. 努力创新,不断开发具有竞争优势的新渠道,掌握市场行情,写调查分析报告并及时汇报给部门经理;
8. 办理专柜合同的变更手续;
9. 了解所负责范围内专柜的销售情况,结合市场调研情况,优化专柜结构;
10. 协调与供应商的关系,与之建立并保持良好的合作关系。

四、招商方案策划宣传专员岗位工作职责

1. 负责确定招商目的和招商对象，选择恰当的招商方式和制定合适的招商策略并负责企业的形象宣传与推广工作；
2. 负责编写招商策划宣传方案的内容，制定招商策划宣传的程序以及做好招商方案的监督、跟踪、反馈工作；
3. 负责招商策划宣传资料的编写和发布；
4. 负责在招商方案实施之后，及时做出招商工作总结，并将有意向的招商合作项目及时上报招商部经理；
5. 负责编制招商工作计划和招商方案策划；
6. 负责分析、研究已经收集的信息、情报、资料，在策划实践中，不断地对信息进行补充，寻找各种解决问题的方法；
7. 负责在招商策划进入实施之前，对策划方案进行论证，检验策划方案的适应性、可操作性以及预期的实施效应；
8. 负责选择招商广告投放媒体，并对招商广告投放媒体进行组合和排期，对广告实施效果进行调研并反馈给招商部经理。

五、招商谈判专员岗位工作职责

1. 根据公司的战略部署，负责制定招商谈判的策略
2. 负责做好招商谈判前招商谈判资料的准备工作
3. 负责选定招商谈判班子的人员
4. 负责布置与安排招商谈判现场
5. 负责制定招商谈判程序

六、招商渠道管理专员岗位工作职责

1. 根据公司战略发展部署，负责制定经销商管理制度
2. 负责确定招商渠道目标，界定招商渠道层次结构和等级结构，以及分配招商渠道成员职责
3. 负责制定招商渠道设计和管理原则以及处理招商渠道冲突的方法
4. 负责选择中间商并积极协助中间商拓展市场
5. 负责对代理商、直销商和经销商进行管理
6. 负责选择经销商大会的召开时间、召开地点、参与人以及安排经销商大会的议程

七、招商合同管理员岗位工作职责

1. 负责制定招商合同管理的主要任务，分别对招商合同签订前、签订时和签订后的任务进行详细分配和监督管理；
2. 负责制定招商合同的签订原则，以及招商合同纠纷的处理方法，进而对招商部的合同管理工作进行指导；
3. 负责制定招商合同管理制度，使招商合同订立、履行、变更和解除管理过程标准化、规范化和科学化；
4. 负责对招商合同签订双方的相关职责进行规定，明确合同双方各自的职责和义务，为招商工作的顺利进行提供相应的法律保障；
5. 负责监督、检查招商合同的履行情况；
6. 负责编制代理招商合同、特许加盟合同等招商合同模板；
7. 负责对招商合同外招商项目的设计变更而引起的费用变更进行核算和控制；
8. 负责做好招商合同的管理、保管及归档工作；
9. 负责对专柜商品的质量证件和资料存档管理；
10. 建立和维护供货商档案；
11. 审核、保管《专柜经营合同》。

第二节　招商管理工作规范

一、招商工作管理规范

1. 目的：为使招商部对分店商铺、临铺、专柜的招商工作规范化。
2. 适用范围：适用于招商部对商铺、临铺、专柜的招商工作。
3. 工作流程如图8-1所示。

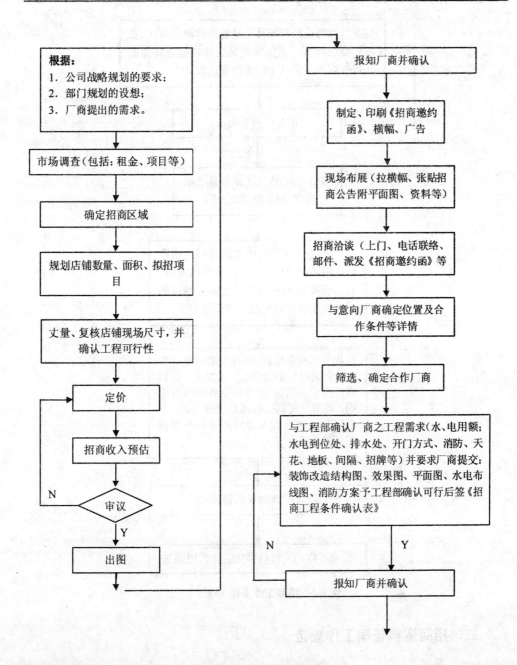

图 8-1 招商工作流程

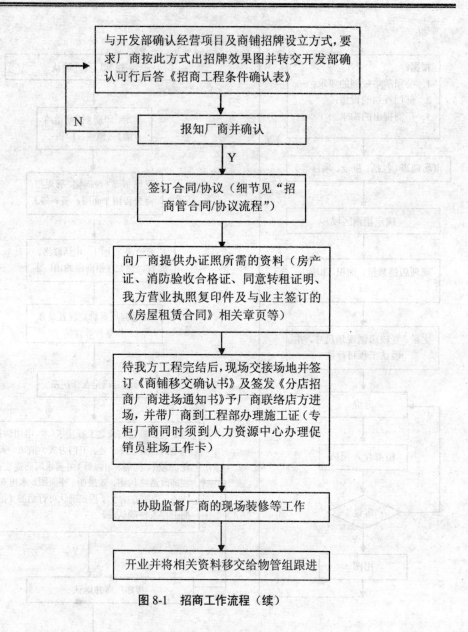

图 8-1 招商工作流程（续）

二、招商资料管理工作规范

（一）目的

为管理招商厂商资料提供正确的依据，确保厂商资源行到充分的挖掘利用，提高对招商厂商的管理质量，完善后续服务。

（二）适用范围

适用于招商部对招商厂商合作资料的管理过程

（三）工作规范

1. 招商部对商场商铺、临铺、专柜厂商资料进行管理、保存、开发和利用；

2. 商场商铺、临铺、专柜（租金、保底提成额）的资料，需采取保密措施，其中建立在电脑的厂商资料档案须由本部文员、经理加设密码列为只读文档；

3. 厂商资料归档分类：一类为对外商场商铺、临铺的租赁资料，需每月调整、审核一次；二类为专柜厂商联营资料，在实际发生变化时也需作调整、审核，同时也需采购中心配合来完善；

4. 对厂商的管理主要从归档的资料来统筹、控管，文件的封存按文件管理规范操作；

5. 招商部提供有关项目的招商资料，协助发展商对项目布局规划及调整，制定相关招商政策；

6. 搜集汇总有关商业资源资料，开发商业资源，建立商业渠道；

7. 协助发展商制定招商合同、招商政策等方案；

8. 完善商户档案；

9. 积极为商户提供相关商业资源；

10. 掌握更多的商业资讯为商家提供经营指导；

11. 理顺招商流程，各级各人工作落实到位。

三、商场商铺、临铺、专柜合同签订工作规范

1. 目的。为招商合同/协议签订工作规范化、合理化。

2. 适用范围。适用于招商部与所有商铺、临铺、专柜出租签订合同/协议的工作过程。

3. 工作流程如图 8-2 所示。

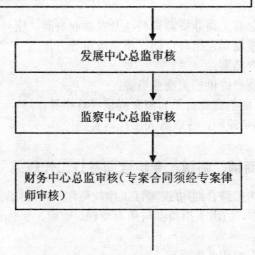

图 8-2　出租工作流程

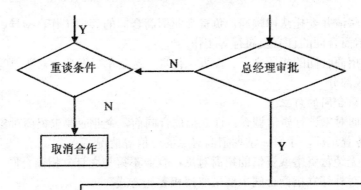

图8-2 出租工作流程（续）

第三节 联营管理

一、招商合同管理制度

(一) 总则

1. 企业与招商对象应签订书面招商合同

2. 企业聘请并委托法律顾问，负责企业招商合同的管理工作，指导、监督有关部门进行招商合同的订立及履行等工作

3. 修改招商合同的相关文书、图表、传真、送货单、发票、对账单等均为招商合同的组成部分

（二）招商合同的订立

1. 对招商对象进行资信调查：订立招商合同前，企业应要求招商对象提供营业执照和税务登记证，了解、掌握招商对象的资信等情况

2. 对于无经营资格或资信的招商对象，企业不得与之订立招商合同

3. 企业对外订立招商合同主要采取授权委托方式

4. 每一个招商合同文本上必须注明签订合同的招商对象的一些主要情况，包括招商对象的单位名称、招商对象的单位地址、招商对象的负责联系人、招商对象的联系电话、招商对象的银行账号等

5. 招商合同必须具备的主要条款包括招商合同标的、数量和质量、价款或者酬金、招商合同履行的期限、地点和方式、招商合同违约责任等

6. 对于没有国家通行标准又难以用书面确切描述的招商合同标的，应当封存样品，由招商合同双方共同封存，加盖公章或招商合同章，分别保管

7. 重要招商合同文本拟定完毕，凭招商合同流传单据，按规定的流程经各业务部门、财务部门等职能部门和企业负责人审核，并请法律顾问参与审核

8. 在招商合同订立流程中，各审核意见应签署于招商合同流转单据及一份招商合同正本上

9. 招商合同流转单据作为招商合同审核过程中的记录和凭证由印章保管人在招商合同盖章后留存并及时归档

10. 对外订立的招商合同，严禁在空白文本上盖章

11. 招商合同文本达两页以上的须加盖骑缝章

12. 招商合同盖章生效后，企业各部门应按企业确定的规范对招商合同进行编号并登记

（三）招商合同的履行

1. 企业招商部应根据招商合同编号各自建立招商合同台账，每一招商合同设一台帐，分别按招商进展情况和收付款情况一事一记

2. 在招商合同履行过程中，招商对象所开具的发票必须先由具体经办人员审核签字认可，经企业总经理签字同意后，再转企业财务部审核付款

3. 招商部在招商合同履行中遇履约困难或违约等情况应及时向企业负责人汇报并通知法律顾问

4. 招商合同履行过程中招商部的有关人员应妥善管理招商合同资料，对工程招商项目的有关技术资料、图表等重要原始资料应建立借出制度

5. 招商部应根据招商合同履行收付款工作

6. 付款单位与招商合同招商对象当事人名称不一致的，招商部应当督促付款单位出具代付款证明

（四）变更和解除

1. 重要招商合同的变更或解除必须依照招商合同的订立流程经业务部门、财务部门、法律部门等相关职能部门负责人和企业负责人审核通过方可

2. 企业招商部收到招商对象要求变更或解除招商合同的通知必须再三天内向企业负责人汇报并通知法律顾问

3. 企业招商部变更或解除招商合同的通知和回复应符合公文收发的要求，挂号寄发或由对方签收，挂号或签收凭证作为招商合同组成部分交由办公室保管

4. 招商合同变更后，招商合同编号不予改变

5. 变更或解除招商合同的文本作为原招商合同的组成部分或更新部分与原招商合同具有同样法律效力，纳入本办法规定的管理范围

（五）相关职责

1. 招商合同作为企业对外经济活动的重要法律依据和凭证，招商部人员及有关部门人员应保守招商合同秘密

2. 企业招商部定期对招商合同管理工作进行考核，并逐步将招商合同履行情况、招商合同台账纪录等纳入企业对招商部工作人员的业绩考核范围

3. 招商部应当按企业的要求，根据所立招商合同台账，不定期汇总各自工作范围内的招商合同订立或履行情况

4. 凡因未按规定处理招商合同事宜、未及时汇报情况和遗失招商合同有关资料而给企业造成损失的，经办人应承担经济和行政责任

5. 各经办人员应定期将履行完毕或不再履行的招商合同有关资料（包括相关的文书、图表、传真件以及招商合同流转单等）按招商合同编号整理，交合同管理人员存档，不得随意处置、销毁、遗失

（六）附则

1. 本制度的解释权归企业招商部所有

2. 本制度自颁发之日起开始实施

二、专柜联营管理制度

（一）现金管理部、收货部、商品索赔部、顾客服务部、存包部、防损部等为门店控制区域，闲杂人员不得随便进出。如因工作需要，在征得店长的批准后，方可入内

（二）店面卫生

1. 要维护店面的清洁，任何人不得随地吐痰，乱扔垃圾，并随时清洁地面、

货架、柜台和商品

  2. 有责任维护辖区内的清洁卫生，发现地上有烟头、杂物、垃圾等要马上清除
  3. 对任何溢出的液体，如油迹、水迹等应马上清除
  4. 所有的玻璃柜台、玻璃隔板等玻璃制品应每天用清洁剂清洁，以保持其干净透明，任何时候不得有污迹、手印等
  5. 收款机键盘、显示器、扫描仪等应定期清洁
  6. 所有货架及商品都不能有灰尘
  7. 全部售货区域要保持干净，任何时候都要做到无灰尘、无垃圾及其他残破的东西
  8. 员工用餐后，应将桌面上的剩菜清除干净，并将椅子摆放整齐

（三）店面安全
  1. 商品不得堆放在通道中，阻碍交通
  2. 所有地面上的绊脚物或障碍物，如电线等应及时采取保护措施并设立提示标志
  3. 未经批准，不得在店内使用电器，如电炉、热水器、烤炉等
  4. 店内禁止使用明火，如吸烟、点蜡烛等
  5. 未经培训考核，员工不得随便操作机器设备

（四）专柜联营员工工作要求
  1. 按时上班，更换总部统一的工作服，佩戴总部制定的工牌，打卡签到
  2. 参加班前会，了解公司的规章、信息以及目前公司的现状
  3. 清理并保持负责区域的卫生
  4. 认真仔细地检查货架，确保货架整齐安全
  5. 不断整理货架上的商品，及时补充商品
  6. 做好交接班纪录

三、专柜联营开发工作规范

（一）目的
为了完善公司商品结构，便于对专业性较强的商品进行管理而制订的工作规范。
（二）适用范围
适用于专业性较强，公司不易于经营管理的商品，如化妆品、散装营养保健品、散装茶叶、服装等；
（三）工作规范
  1. 根据公司经营状况，通过市场调查结合公司商品结构，对于专业性较强，公司不易于经营管理的商品，与供应商联合经营；
  2. 专柜联营管理工作规范包括：寻找供应商、评估、谈判、审核、审批、实

施及跟踪等内容。

3. 工作流程、工作要求及相关文件记录见表8-1。

表8-1 联营工作流程

工作流程	责任者						工作要求/标准	相关文件/记录
	总经理	采购中心总监	采购中心经理	采购中心主任	采购中心文员	信息中心	营运部门	供应商
寻找				●				根据公司经营实际状况及专柜数目，对需要引进的商品进行市场调查	市场调查表
评估				●				▲	约见专柜供应商，了解情况并填写供应商情况表	供方评价控制程序
谈判				●					根据评估结果，约见供应商谈判，确定可引进的供应商	供应商情况表 新供应商评估表
审核			●						经理在两个工作日内确定是否引进	专柜联营协议 商品报价单 供应商情况表及相关证件复印件
审批	●	●	●	●					总经理、采购中心总监、经理、主任确定是否引进。	专柜联营协议 供应商情况表及相关证件复印件 新供应商评估表
实施				●	●				将供应商资料、交易条件及商品资料录入电脑 将批准生效的文件送达相关部门存档； 通知营运部门及供应商入场时间	专柜联营协议 商品报价单 供应商情况及相关证件复印件
跟踪				●			▲	▲	确认供应商是否按期进场经营	供应商相关资料

直接责任人：●　　　　　　　　　配合人：▲

四、专柜对账、结算管理办法

1. 目的

为了规范专柜对账、结算工作，提升销售业绩，实现双赢之目的，制定本办法。

2. 对账流程

按照公司财务管理要求，专柜业务员当天下班前，或者第二天9点前，将销售小票及汇总表交门店出纳核对；如果专柜业务员未按规定进行交单核对，出现销售差额，由专柜自行负责；各门店出纳月底填报《专柜销售情况明细表》，经专柜确认后，报财务部作为结算的依据。

3. 差异处理

对数过程中，如果出现数据差异，应及时进行核对，查明原因，作出相应说明、调整；分清责任，报主管领导审批后，进行相应处理。由于各种原因导致的，金管家销售系统的汇总数据与专柜销售汇总数据不一致的，要附报文字说明，列清差异数据、形成原因。

4. 专柜票据丢失处理

如果专柜销售票据丢失，且按上述程序进行核对属实的，我公司确认，门店应该核对实际收款情况，在对账单上进行说明，并按每单5元收取手续及管理费，在结算时一并扣回。

5. 本办法自2006年7月起执行，之前与本办法相冲突的，以本办法为准。

五、出租柜标识管理工作规范

（一）目的

为维护公司整体形象，对出租柜的价格标识及内外广告进行规范化管理维护。

（二）适用范围

适用于分店出租柜标识全过程及管理。

（三）工作规范

1. 正常货架上的价格标识必须按照货架配套标价牌标价。

2. 手绘POP必须由专业美工进行绘制，POP标价统一使用我公司的POP纸张书写，统一收费定价为：50CM×35CM=××元/张/次、43CM×29CM=××元/张/次、29CM×25CM=××元/张/次。

3. 店外手绘水牌申请后由美工制作，统一定价为：90CM×120CM=××元/张/月。专柜自制的水牌在门口摆放统一定价为：×××元/张/月，面积不得超过150CM。各类广告牌入场需经过美工及店长同意后方可摆放和吊挂，所有POP及广告的张贴必须由美工陪同下方可执行。

4. POP进行日常维护，POP要保持清晰，不卷角，美观整齐，POP标示与商品陈列要相对应。当有商品价格有变动，或POP残缺、污染或需更换时，由专柜人员申请，美工重新制作新的POP并对旧的POP进行回收、销毁。

5. 所有专柜做任何装饰需要美工指导下方可执行。

6．POP及水牌制作申请程序：首先专柜同事做书面申请，到门店会计处交付费用后拿收据到美工处制作。美工必须在收据背面注明"已制作"并签名。

六、专柜租赁联营协议

供应商编号：_____ 组别：_____

甲方：□××××××有限公司

乙方：□××××××连锁商业有限公司

甲、乙双方本着平等互利的原则友好协商，由甲方提供场地乙方经营，现达成如下协议：

（一）租赁事项

1．甲方将分店：_____、_____、_____、_____共×××m² 提供给乙方使用，联营项目：乙方在不影响甲方商场整体规划及自身特色前提下，应在专柜范围内予以适度装修。乙方在装修前必须报图版（含配电情况、安全参数）给甲方审批，经同意后方可施工。

2．租赁期限为 ×年，从 ××××年 ××月××日始至××××年 ××月××日止。

3．协议期间，乙方不得私自转租专柜给任何人或单位。

4．乙方进场的商品必须经甲方认可，经营之品种见商品资料单，乙方根据实际销售情况需要增加、更换商品或品种（含价格）时，须与甲方人员协商取得甲方同意后方可进场，如发现私自进场之商品或随意调整价格（调降售价不限），甲方有权终止合约。

5．乙方在甲方商场内出售商品应具备以下证照（根据具体商品种类作出要求）。

　　□ 营业执照　　　　□ 税务登记证　　□ 生产卫生许可证
　　□ 产品检验合格证　□ 产品卫生许可证　□ 授权代理证
　　□ 商品销售卫生许可证　　　□ 进口商品卫生许可证

6．如遇甲方经营布局调整或不可抗拒之因素影响而调整（或终止）专柜经营，双方可协商解决或按实际使用期限计算保底数。

（二）双方权利和义务

1．乙方自行负责聘请销售人员××人，每月工资由乙方支付，但乙方所雇用之人员需遵守甲方所有管理条例。甲方有权对乙方雇用员工进行奖惩（含停止雇用），乙方需配合甲方执行。

2．乙方雇用员工负责销售、整理、标价乙方之商品并需严格遵守甲方有关规定。

3．乙方雇用员工，上班后，应立即整理商品，晚班员工下班前需针对所在范围内,将商品及卫生整理完毕,经甲方管理人员检查合格后方可下班。

4. 乙方应自行设计安装保安措施,以确保乙方产品的库存安全,如发生损耗,乙方需自行负担。

（三）租金及支付方式

1. 甲方按销售金额采取保底抽成的方式收取乙方租金或每月收取乙方固定租金:

（1）甲、乙双方按甲方每月提供的实际销售总额分别按甲方占_____%,乙方占_____%结算。如乙方每月销售总额未达_____万元,则按保底销售额抽成支付租金给甲方（即最低抽成金额为_____万元）。

（2）甲方向乙方每月收取租金_____元/月,租金以支票或现金形式于每月_____日前交至甲方财务部,甲方开出相应金额的服务发票。

2. 甲、乙双方进行折扣促销活动时,结算占比另议,促销费用以甲方有关规定计算。

3. 结算方式:

（1）如采取抽成收租形式,由乙方每月_____日前将乙方之结算总额开具增值税发票给甲方。

（2）乙方应付给甲方的抽成（租金）由乙方以支票或现金的形式交纳,甲方开出相应金额的服务发票。

4. 其他事项:

（1）本合同未尽事宜,经甲、乙双方共同协商,另行签订补充条款。

（2）本协议一式四联,采购小组、采购中心、财务中心、供应商各一联。

5. 基本资料。

表8-2　租赁户基本资料

供应商名称			
企业性质	□国营　□私营　□股份　□外资/合资	商品组别	
电话		供应商编号	
地址		联系人	
开户银行/帐号		传真	
法人代表		邮政编码	
税务登记号			
企业分类	□生产商　　□代理商　　□（区域）总经销商 □专卖商　　□经销商　　□厂方销售公司		□农场
其他地址		邮政编码	
电话		传真	

6. 租赁条件

表 8-3　租赁条件

付款期	月结_____天
付款方式	银行转帐____支票____汇票____网付___银行承兑汇票_____天___其他___
进场费	
庆贺费	周年志庆_____元/店；新店开张_____元/店
	春节_____元/店；中秋_____元/店；国庆_____元/店；元旦_____元/店

7. 售后服务

产品质量问题：乙方必须保证商品质量符合国家各部门要求和标准，如因质量问题而产生的一切责任，由乙方承担。

8. 双方约定的其他事项

_____

_____

（四）备注

1. 商品资料单与协议书具有同等效力。
2. 该协议书含正文及背书两部分。
3. 费用收取的门店数量以实际合作门店数量为准。

签名/盖章：_____　签名/盖章：_____

日期：____年____月____日　　　日期：____年____月____日

【要点回顾】

1. 招商部职责包括负责专柜的引进、清退及调整，拟定招商条件并依据经营状况及市场信息提出调整意见；办理专柜合同的变更手续等。

2. 招商工作流程包括招商规划，项目、租金定价及招商区域的调查分析及确定，合同协议的签订，收入的统计分析等。

3. 招商部应对招商厂商合作资料进行归档并分析管理，以便为管理招商厂商资料提供正确的依据，确保厂商资源得到充分的挖掘利用，提高对招商厂商的管理质量，完善后续服务。

4. 根据公司经营状况，通过市场调查结合公司商品结构，对于专业性较强、公司不易于经营管理的商品，如化妆品、散装营养保健品、散装茶叶、服装等，可与供应商联合经营；专柜联营管理工作规范包括：寻找供应商、评估、谈判、审核、审批、实施及跟踪等内容。

第九章　门店营运管理

【学习目标】
1. 了解门店运营管理各岗位的主要职责；
2. 熟悉客户投诉处理和顾客退换货及缺货的作业流程；
3. 了解门店氛围管理规范和流程；
4. 了解收银基本常识，熟悉收银服务流程和管理规范；
5. 熟悉收货工作流程、商品检验规范和商品拒收与调配规范；
6. 了解门店理货的工作内容，熟悉商品陈列规范和商品补货管理规范；
7. 了解盘点各岗位职责，熟悉盘点流程和管理规范；
8. 了解损耗的分类，熟悉商品防损工作规范。

第一节　客户服务

一、客户服务人员的岗位职责

（一）顾客服务主管

1. 组织顾客服务员为顾客提供导购、接待等服务，负责处理顾客投诉以及顾客退换货事务；
2. 负责顾客服务员和商品服务员的调配、监管、专业技能培训和考核工作，保证、提高顾客服务质量；协调与其他部门的关系，进行相关事务的沟通；
3. 负责分店收银员的日常管理，包括监控收银员的考勤、仪容、仪表；
4. 负责店长交办的其他工作。

（二）顾客服务员岗位

1. 为顾客提供寄存物品的工作，确保顾客物品安全；
2. 为顾客提供开发票的服务；
3. 负责赠品的派发；
4. 接受顾客咨询，提供导购服务；
5. 接受、反馈顾客投诉，及时向主管汇报情况，并协助主管妥善处理顾客投诉；

6. 协助监督、检查整个门店的卫生情况;
7. 完成顾客服务主管交办的其他工作。

（三）商品服务员

1. 掌握商品知识，了解顾客心理，执行服务规范，做好商品推介和销售工作;
2. 熟悉业务操作，做好商品的验收、标识、陈列、存放和盘点工作，并按要求处理坏、损、滞销商品;
3. 负责所属区域商品的品质监控工作;
4. 负责所属区域环境卫生整洁、设备完好;
5. 负责所属区域商品的安全防火、防盗工作;
6. 及时反馈商品销售情况、顾客意见和需求;
7. 完成区域主管交办的其他工作。

二、顾客投诉处理

投诉是指顾客对商品、服务、环境或人不满时产生的抱怨，投诉的种类/原因有：对商品的抱怨、对人的抱怨、对环境的抱怨、对服务的抱怨等，以及对这些抱怨得不到有效解决或解决结果不能使抱怨人满意而产生的二次投诉。顾客投诉的途径有现场投诉、电话投诉、书信投诉。

那么顾客服务员负责投诉处理的工作，包括接待、受理、跟踪、反馈、总结等几方面内容。处理投诉的方式也有：道歉、退换商品、赔偿顾客损失等。

1. 处理投诉的原则

感谢顾客投诉：对顾客的抱怨要表示道歉，并表示感谢，把抱怨看着是顾客对公司的关心和爱护。

尊重顾客：诚恳地倾听顾客的诉说，不可指责顾客或辩解。

处理迅速：即不拖延抱怨、投诉的处理，当顾客有抱怨就应马上倾听他的抱怨，事后立即处理及在约定的时间内给予答复（一般不得超过一个工作日）。

2. 处理投诉的技巧

首先要对顾客的投诉表示感谢，并认真倾听顾客的投诉（先处理情绪，后处理事件），同时表示认同顾客的感受，了解情况后，要表示愿意提供帮助，并根据情况，尽力解决顾客的问题。在解决顾客问题过程中，诚实地向顾客承诺；能够当场解决的，马上解决，情况较复杂，比较特殊的，约定答复时间；有可能的话，尽可能为顾客提供多个方案，由顾客选择。

3. 顾客抱怨处理流程图

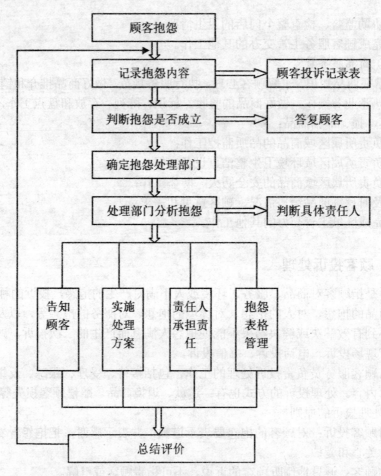

图 9-1　投诉处理流程

4．处理投诉的注意事项

要注意分析总结，即对顾客抱怨要进行统一的分析，当发现抱怨有普遍意义要组织力量进行调查，查明原因后应及时制定相应的防范措施。

处理顾客抱怨要谨慎，即在处理顾客投诉时要迅速，但不能轻率地承担责任，如当事人无法做出决定应请主管人员来解决。

所有员工均有责任接待顾客投诉，并引导顾客前往服务台或分店办公室交与相关人员处理。

处理顾客抱怨时应尽量避免出现的事项：在公共场合处理；不理不睬；怠慢顾客；指责顾客；与顾客争执；多人围住顾客（让顾客有受围攻之感）；以负面语气及语言回应及推卸责任，指责同事和其他部门。

三、顾客退换货及缺货

1. 退换货一般性规定，见图 9-1。

表 9-1 退换货规定

类 别	商品具体情况	是否可以退换货
有质量问题的商品	在退换货的时限内	可以退换
	超出退货的时限，但在换货的时限内	只可换，不可退
	超出退换货的时限	不可退换
无质量问题的商品	不影响重新销售	可退换
	有明显使用痕迹	不可退换
顾客购买后的商品	顾客加工或特别为顾客加工后，无质量问题	不可退换
	顾客使用、维修、保养不当或自行拆装造成损坏	不可退换
	原包装损坏或遗失、配件不全或损坏、无保修卡	不可退换
其他特殊商品	个人卫生用品和化妆品，如内衣裤	不可退换
	"清仓品"和赠品	不可退换
	消耗性商品，如电池、胶卷等	不可退换
如无本门店的收银小票		不可退换

2. 退货作业流程，见图 9-2。
3. 换货作业流程，见图 9-3。

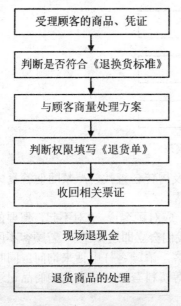

图 9-2 退货作业流程

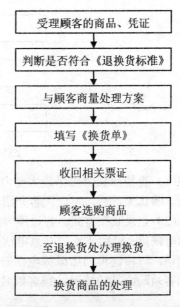

图 9-3 换货作业流程

4. 退换货程序的补充说明

总服务台受理，检查是否符合退换货范围，并尽可能引导顾客按换货处理。符合退换货范围：出示电脑小票或发票；在规定时间内；要求有退换货原因。

总服务台电话（或广播、对讲机）通知各货部主管以上职级人员到总服务台检测并签署退货意见，总服务台能自行判断其是否符合退换货条件，或货部主管在通知后5分钟未有答复的，由服务台负责人（收银主管）签字后，服务台可先行办理退货手续，退回物品时，由货部主管补签字。

总服务台负责退款，防损部协助监督，原商品留在总服务台保管，直至各货部到服务台交接退换商品。

5. 退换货物品退回程序

每天晚上10：00由总服务台根据工作记录归类整理好，准备退回货部。每天晚上闭店后，通知各货部主管或指派人员至总服务台领取，并核对退换货商品，确定无误后，在退换货记录上签收。

退换货申请表与退货备用金闭店后交收银部。而值得注意的是，如果是冷冻生鲜商品，应立即通知生鲜部收回。

6. 顾客欲购买柜台（可能）缺货商品的服务规范，见图9-4。

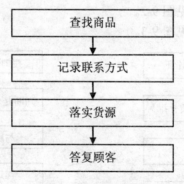

图9-4 缺货服务规范

（1）查找商品。应尽最大努力快速在柜台及周转仓查找，严禁随便答复顾客无货。确认无货后，可向顾客介绍其他同类商品。

（2）记录联系方式。假设顾客坚持要购买，应对顾客说："对不起，您要的商品暂时缺货。请留下您的联系电话，商品一到我们会立即通知您。"若顾客不愿留下电话，可将连锁门店服务电话的号码告知顾客，请顾客打电话来询问。同时应将顾客须购商品的情况、顾客姓名、联系电话等资料登记在顾客求购商品记录册上。

（3）落实货源。应尽快落实货源。直上柜的商品，可请采购主管或直接与厂家联系，请求尽快送货；大仓调拨的商品，可去仓库或楼面办公室查询。若有货，可申请调拨或借货；若无货，则在缺货记录本上登记，交采购部尽快补货。采购部将补货信息第一时间反馈给柜台，柜台人员根据采购部的反馈信息尽快回复顾客，并将落实情况记录在顾客求购商品记录册上。

（4）答复顾客。在与顾客约定的时间内通知顾客，暂时无法落实货源的也应答复顾客，并继续落实下去；无法落实的，应及时向柜台负责人或主管反映；本班次无法落实的，应在柜台记录本登记，由下一班继续落实。首位接待顾客的服务员应进行跟踪，以便尽快为顾客解决问题。

四、存包与取包

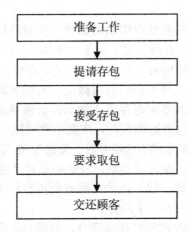

图9-5　存包取包流程

（1）准备工作

早班存包人员应在营业前十分钟到达岗位，打扫卫生，检查存包柜门、锁，整理存包牌等，发现损坏应填写《维修及服务联系单》，报电工班报修。

（2）提请存包

顾客进入超市前，入口处防损员应提请顾客存包，特别是对携带塑料袋、较大提（背）包或与超市商品同类物品的顾客。存包前请顾客取出包中的贵重物品。

敞口包应尽量请顾客寄存，提示顾客拉上拉链或扎住袋口，注意语气要婉转。语言："请您拉上拉链（扎住袋口），以免物品被盗窃"。

顾客因有贵重物品需要将大包带入超市时，应告知顾客出超市时需开包检查。不进入超市的顾客，如有需要，亦可存包。

（3）接受存包

把顾客交存的物品放入存包柜内（注意不要挡住存包柜号码），核对存包牌与存包柜的号码，确认一致后将存包牌交予顾客。

若所存物品无法放入柜内，可用带存包牌的夹子将其夹住（注意夹紧），相应的另一存包牌交予顾客（如果一个存包牌不够，可将寄存物品分成两组或多组）。

（4）要求取包

请顾客提交存包牌，核对后按号取物品予顾客。

（5）交还顾客

核实无误后，将包交还顾客，并将存包牌放在对应存包柜内或与对应的夹子一起放回指定地点。

（6）交接手续

交接班时，双方应共同对现存物品的数量及牌号进行核对，对服务中的特殊情况和注意事项进行交流，互换信息。对于重要事项，应登记在柜台交接班本上，并由交接双方签名。营业结束时，存包人员应关好存包柜门、锁，整理存包牌。

在整个接待过程中，工作人员应面对微笑。为顾客寄存物品时，应善意提示顾客取出贵重物品；若顾客要求寄存贵重物品，必须现场开包（箱）当面检查，上锁保或特别保管；递存包牌给顾客时，应面带微笑提示顾客"请拿好存包牌"；顾客领取寄存物品时，应提示顾客"请拿好，谢谢"；在与顾客交谈时应注视顾客；整个拿递过程要轻拿轻放；顾客较多时，应耐心做到"接一答二招呼三"。

本规范涉及的"存包牌一致"指的是顾客所持存包牌与另一存包牌在颜色、形状、号码、文字符号等方面完全一致。

遇到特殊情况，比如顾客丢失存包牌时，若顾客能准确描述出所存物品，则由领班或班长登记顾客姓名、有效证件号码及通讯地址、联系电话，并请顾客交纳存包牌成本费后（给顾客开具"收款收据"），可将物品交换顾客。领班或部长将所收款项交财务部，将另一存包牌交综合服务部内勤员处理。

若顾客当天未取走所存物品，存包人员应于营业结束前上报领班或组长，领班或组长于存包人员共同清点顾客遗留物品，并在柜台交接班本上做好详细记录以备查，该物品放部长办公室；第二天早班人员从部门办公室领回存包台。若顾客长时间未领取，按顾客遗失物品处理细则交公司办公室处理。

由于工作疏忽造成顾客存包丢失或者混淆的，经领班或部长查实后，由当事人赔偿。领班或部长无法处理时，应及时上报公司办公室。

五、赠品发放

赠品是供应商或商家为提高商品的销售或知名度，免费赠送给消费者的物品，赠品的管理程序包括有确定资料、登记、验收、出货、管理处理退场要求等环节。赠品发放工作处理流程如图9-6所示：

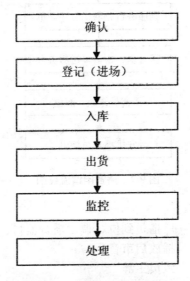

图9-6 赠品发放流程

1．确认。分店必须通过传真或邮件从采购部获取确定资料，确认赠品的数量，品名，规格发放形式等情况。

2．登记（进场）。收货区助理将采购部获取的资料与实际送到赠品的数量、品名、规格、发放形式等核对。

3．入库。验收无误后签名确认。如由促销员入场派发赠品，收货员负责将赠品进行标识并单独保管，并在赠品进仓登记表上登记。

4．出货。各区主管与仓管员当面点清出货数量，规格，赠品名称等，在赠品进仓登记表上签名确认。

5．监控。在赠品发放过程中各区主管需检查监督赠品是否按要求执行。

6．处理。按约定形式进行派发和使用，派发人员填写《赠品派发日报表》。分店所有员工及管理人员，促销人员不得私自抽用赠品。如赠品在促销活动结束后，还有剩余统计实余数。需退回供应商的联络其退回。供应商不要求退回的赠品，分店要进行登记，填写《分店赠品统计表》，报策划部处理。

六、门店氛围管理

1．播音申请

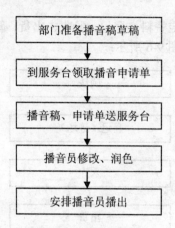

图 9-7 播音申请流程图

2. 广播室工作时间安排

时间	内容
08：15	广播员到位、调试播音器材、整理当天特价信息
08：20	播放启市音乐
08：25	致员工辞
08：30	播放轻音乐、播送公司当天通知
08：40	致顾客辞
08：50-09：30	播放轻音乐、天气预报、新闻
09：30-22：30	购物广场介绍（每小时一次）
	临时通知
	特价促销信息（每小时一次）
22：30	暗示顾客营业时间
22：40	收集次日特价信息
22：50	收市音乐
22：55	致员工辞
23：00	停止播音

3. 播音室设备管理规定

（1）非当班播音人员不得动用播音设备。

（2）播音员负责播音设备的卫生工作。每天擦拭 VCD、功放、话筒等；碟片每周清洁一次。

（3）播音器材出现故障应及时通知主管联系行政部进行维修。

（4）播音员应具有对播音设备的爱惜之心。VCD、功放、话筒应小心使用，不能往上面放置东西。

（5）碟片在拿取过程中，注意不要碰触碟面，避免沾染油污或刻下划痕。

（6）未经公司领导批准，不得将碟片外借。

（7）各种情况下的播音范例

背景音乐的播放：顾客较少时，放慢节奏音乐，给人以悠闲自在的感觉；人多时，放快节奏音乐以使顾客加快购物节奏；节庆时，放喜庆音乐；营业结束时，播放晚安曲。

（8）营业准备（轻快的节奏）

亲爱的同事，早上好！今天是2007年8月10日（星期五），现在离营业时间还有15分钟，请各位同事自觉检查仪表仪容，尽快完成开门前的各项准备工作，让我们以饱满的工作热情迎接新的一天；迎接我们亲爱的顾客。

（9）欢迎词（半点广播30分钟/次）

亲爱的顾客：你们好！欢迎光临××连锁超市××店！今天是2007年8月10日（星期五）。本商场经营饮料、烟酒、粮油、调味品、保健品、速冻食品、蔬菜、水果、熟食、凉菜食品、大小家电、家庭用品、文体用品、日化洗涤用品、纺织品、服饰皮具。本商场为自助式购物商场，如有需要，请联系我们的员工。欢迎大家选购，祝各位购物愉快！谢谢！

（10）闭市稿（面向顾客）

各位亲爱的顾客，晚上好！现在是晚上23:00，我们今天的营业到此结束。谢谢你的光临与惠顾！祝你晚安！

（11）营业结束（面向员工）

各位亲爱的同事，你们辛苦了！感谢你一天的辛勤工作，请做好本部门的清洁整理工作，做好交接班事项，准备下班。祝各位晚安！

（12）预告停业（播音时间：停业前20分钟，5分钟/次）

各位亲爱的顾客，你们好！现在离营业结束时间还有20分钟，请将你选购好的商品拿到收银台结账，如果还没有选到，请尽快选购，我们今天的营业时间很快就要结束了，××连锁超市××店的营业时间从早上8：００到晚上11：00，感谢你的光临与惠顾，欢迎明天再来！谢谢！

（13）禁逐戏宠物（正点广播30分钟/次）

各位亲爱的顾客：你们好！为了维护您和他人的安全，请不要在商场内追逐、嬉戏或带宠物进入商场。谢谢你的合作！

（14）禁烟公告（正点广播30分钟/次）

各位亲爱的顾客：你们好！欢迎光临××连锁超市××店！为了维护您和他人的健康、安全，给大家一个清新的购物环境，请您不要在商场内吸烟，谢谢你的合作！

（15）促销稿（逢15分钟广播）

各位亲爱的顾客：你们好！本超市熟食部正在举办特价活动，鸡翅每斤特价

×××，请各位把握良机前往选购哦！

各位亲爱的顾客：你们好！本超市举办购物抽奖活动。凡购买×××元商品以上者，均可到服务台领取奖票，具体活动内容请见店内海报公告。

（16）生日祝贺（正点广播60分钟/次）

各位同事，你们好！今天是××连锁超市××店××部员××的生日，总经理（店长）率全体同仁祝他生日快乐。下面把这首《生日快乐歌》送给他/她，愿他/她在××连锁超市××店天天开心、时时进步。

（17）失物招领（5分钟/次）

各位亲爱的顾客，各位同事，请注意！服务台目前拾获一个××，如果是你所遗失的，请立刻来服务台认领，多谢！

（18）寻物（5分钟/次）

各位亲爱的顾客请注意：如果你拾到一个×××，请将它递交到入口服务台，谢谢！

4．商场环境管理工作规范

商场环境管理工作规范包括：停车场、橱窗、招牌、门店卫生，灯光、音响、购物工具、消防设施，POP悬挂等方面的管理。

（1）停车场。分店要设专人看管的指挥车辆的进出停放，汽车，摩托车、自行车要排列整齐分开停放。

（2）橱窗。要设专人每天清擦，达到有光泽，无水迹、无乱张贴广告，无尘、光亮。

（3）招牌。要定期清洗，字体完整，保持清洁，晚上定时开启射灯，出现损坏要及时向相关部门报修。

（4）门店卫生。每天要对地面，货架，设备，商品，墙壁，天花顶、洗手间、办公室、储物间、仓库等方面，废纸区进行清洁，要求无尘、无蜘蛛网、无杂物，无积水，无异味。

（5）灯光。要保证所有的照明灯光正常使用，如有损坏，要及时更换或报修。

（6）音响。商场应有配套音响广播系统，按公司规定在不同时段播放相宜的音乐，调节商场购物气氛，并定时广播促销内容。

（7）购物工具。包括购物车和购物篮。应放在商场入口出口处和门店内部的空隙地方，购物车和购物篮要定时清理，保证卫生和能正常使用，定期清除购物车轮的缠绕绳索。

（8）消防设施。商场内部要有消防设施，包括消毒面罩、灭火筒、指示牌、应急灯，并要定时检查，保证消防设施的正常使用。

（9）POP广告。商场内部POP要统一书写格式，统一悬挂高度。

（10）商场卫生。商场卫生管理工作规范对商场卫生管理的工作内容、责任人、检查标准进行规定。商场卫生管理工作内容如表 9-2 所示：

表 9-2　商场环境管理规范

项目	内　容		责任人
个人卫生	服饰：作业是应穿戴清洁束领的工作衣、帽及口罩，凡进入食品作业场的人员，无论是员工、主管或参观人员，都必须穿着工作衣、帽，戴口罩		分店员工
	手部：作业人员在作业前要洗净或消毒手部，并保持干净		
	饰物：指甲要剪短，不要涂指甲油及佩戴饰物		
	身体：患有皮肤病或手部有创伤，脓肿者及患有传染性疾病者不得接触生鲜食品		
	习惯：作业人员要有良好的卫生习惯，如出场处理事件后再进，必须再经过消毒手续		
场地卫生	更衣室：应设置储衣柜，保持卫生清洁		分店员工
	个人消毒设施：保证员工进行个人清洁消毒		
	场地设施：设有防蚊、防蟑螂、防跳蚤、防鼠设施；地面有适当斜度，以利排水；不同种类的食品应作区隔处理，以防相互混杂、污染		
设备卫生	冲洗设备 加工设备 容器 运输工具 设施卫生	1．配置高温及高压热水冲洗设备	分店员工
		2．每天清洗各项设备	
		3．清洗并消毒处理刀具	
		4．作业工作台每天清洗三次	
		5．凡进场使用的容器均须进行清洗及消毒后才能存放生鲜食品	
		6．运输车辆应每天清洗，并检查车箱内的温度是否符合冷藏或冷冻的标准	
温度管理	1．生鲜食品及日配品应根据规定要求分类陈列		分店员工
	2．冷藏冷冻食品的原料、成品及半成品，如需储存时，应放置在冷冻库及冷藏库中，以确保商品的鲜度		
	3．每天要定时检查各类冷冻、冷藏展示柜及冷冻冷藏库的温度，以防止展示柜故障而损害食品的品质		
仓库卫生	1．商品应该离地堆放，以防止商品受潮； 2．堆放商品时不得紧贴墙壁，至少应留 5 厘米的距离； 3．须有防鼠防蟑螂等设施，并定期做好除虫消毒作业； 4．按类别堆放商品，做好库存商品的定位作业； 5．仓库应保持通风良好，并控制温度； 6．应按先进先出法处理库存商品		分店员工
废弃物处理	废弃物应在作业场内分类装入容器，容器要加盖，每天产生的废弃物应当天处理，并运出场外，另外，在门店外也应设置废弃物箱，清洁员要经检查废弃物是否入箱，并将散落在外的废弃物及时清扫		分店员工
商品卫生	定期检查外包装清洁卫生、保质期新鲜		分店员工

第二节 收 银

一、收银员的岗位职责及必备知识

1．收银主管

（1）在财务主管的领导下，具体负责公司的会计核算工作，保证本部门工作正常运行；

（2）培训本部门助理及收银员，考核助理及收银员劳动纪律、业务技能；

（3）及时妥善处理营业现场发生的紧急事件及顾客投诉；

（4）检查本部门各区域工作情况；

（5）根据公司目标，制定、组织落实本部门的工作计划，并向上级领导汇报工作情况；

（6）完成上级领导交办的其他工作。

2．收银员

（1）负责接待顾客购物的收款工作，文明礼貌接待每一位顾客，做到唱收唱付、迅速准确；

（2）熟练掌握各种支付方式的收款操作程序和识别假钞技能；

（3）认真审核每一笔结算业务，严格把关，不得受理不符合要求和手续不全的业务；

（4）保管各种收款凭证，做到完整有序，便于查对账目；

（5）维护好收银电脑及有关设备，确保设备处于良好工作状态；

（6）负责收银台工作环境的卫生清洁；

（7）准确无误地填制《缴款单》、《储值卡登记表》等各种交款单据；

（8）做好防损防盗工作。

3．收银机知识

顾客拿商品到收银台结账时，收银员采用 POS 收银系统，阅读顾客购买商品的条码，记录商品的信息和购买情况。超市门店所用的 POS 收银系统由电脑收银机和扫描器组成，扫描器又称为商品条码阅读机，其原理是利用光线反射回来的光源转译成可辨识之数字，以确认是否为已建档商品代号。

常用的扫描器有三种：光笔、手握式扫描器和固定式扫描器。光笔及手握式扫描器的优点为价格便宜，移动性强，且适用于较重或标签位置不易看到的商品的扫描；缺点是扫描感较差，扫描动作常重复多次才有感应，固定式扫描器则正好相反。

启动 POS 收银系统时，应遵从程序如图 9-8 所示。

关机时遵从的程序如图 9-9 所示。

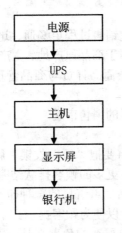

图 9-8　启动收银程序　　　　图 9-9　关闭收银程序

如果收银机不能启动，要检查后台主机、插座、线路；如果收银过程中，出现死机，则要先关机，后重新启动，如果重启不能解决问题的话与维护人员联系。

4．条形码的知识

商品上由一组宽度不同、平行相邻的条和空，按一定的规则组合起来的符号，来代表一定的字母、数字的信息，通常颜色是黑白的，这些记号就是条形码。条形码技术就是将商品信息数码化，使计算机能够读取和处理，以达到识别不同商品的目的。条形码技术已经广泛推广使用，目前，主要的条形码系统有：EAN（国际通用商品代码系统），我国国内采用的也是 EAN 商品条码系统，分两种版本，即 EAN-13 和 EAN-8。我们常见的是 EAN-13，由 13 位字符组成：

第 1-3 位字符（国别码）：代表商品的国家、地区

第 4-7 位字符（厂商码）：代表商品生产的厂家

第 8-12 位字符（产品码）：代表商品的代码

第 13 位字符（校验码）：扫描成功的依据

另外，有些商品，如水果、蔬菜、熟肉制品、鲜鱼等，是以随机重量销售的，这些商品的编码不由生产企业承担而由零售商完成。零售商进货后，对商品进行整装，用专用设备进行称重（如电子秤），并自动编制成条码，然后将条码粘贴在商品上，零售商编制的商品条码系统，只能应用于零售商门店内部的自动化管理，故称为店内码。

条形码的特点：所有的商品，它的条形码在世界范围内是唯一确定的，国家不同、生产厂商不同，其商品的条形码各不相同；条形码与价格无关。

条形码系统有很大的作用：

（1）输入速度快，准确度高，操作简便，使销售过程更畅通、迅速；

（2）条形码编码相当于商品的"身份证"，用于商品原产地、生产厂家的识别；销售者利用条码系统进行库存更新、销售分析、商品订货与商品管理；商品标准化程度高，与国际市场接轨

（3）使用成本低、可靠性强，利于扩大商品的销售市场

5．收银工作常识简介

暂停收银牌，当收银员暂时停止收银时，需要把"暂停收银"牌向着顾客排队结账的方向示出，而且还需要提前出示，避免更多的顾客排队结账。

特价信息、传单，传递公司促销活动和商品优惠信息的一种印刷品。收银员可按规定发放给顾客，并应该记住其中的内容，以便为顾客提示。

赠品，是门店自身或供应商通过门店提供给顾客的免费产品，不需要通过付款程序。一般的标识是产品本身的外包装明确有"非卖品""试用（吃、饮）装""赠品"等标识，或与商品进行捆绑包装销售的物品。

已付款商品，对家电、精品、酒类等专柜销售的部分商品，在其专柜收银机已经付款，付款的商品有收银小票凭证并符合特定的包装。收银员对此要进行检查，如是已付款商品，则不再收款。

未付款商品，指顾客在收银台结账时，因为种种原因而不要的商品。收银员必须将商品放到收银机指定位置。

收银小票，顾客在付款后，收银机会依据商品的扫描顺序打印出一份清单，称收银小票，包括商品名称、价格、付款等情况。

支票、其他有效价券收款，收银员按要求是不能直接接受支票付款的，必须在收银主管和门店财务（出纳）的确认下，按指定程序进行操作。如果是公司发行的提货单、储值卡可直接接收，并执行相应的收款程序。

退换货办理，一般的收银员不能直接在收银机进行退换货办理。退货只能在规定的地方和规定的收银机由授权人员办理。

发票中心，服务员给顾客开发票的地点，如：服务台。

二、收银作业流程

（一）营业前的收银工作流程

第九章　门店营运管理　　247

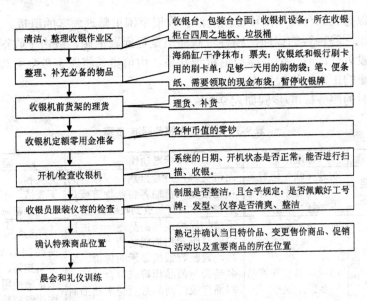

图 9-10　营业前收银工作流程

（二）营业中的收银工作

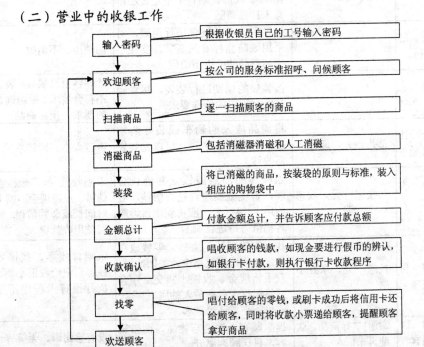

图 9-11　营业中收银工作流程

时刻保持收银台及周围环境的清洁。收银空闲里整理顾客的退货。

耐心地回答顾客的提问，顾客对商品质量等问题抱怨，或由于收银结算有误顾客前来投诉交涉时，应立即与值班长联系，由值班长将顾客带至旁边接待、处理，避免影响正常的收银工作。

工作时的服务标准/步骤如表 9-3 所示：

表 9-3 收银工作服务标准/步骤

程序	步骤	标准用语	标准动作	避免
1	欢迎顾客	欢迎光临\您好\早上好\中午好\下午好\晚上好	面带笑容，声音自然，与顾客的目光接触，帮顾客将购物篮或是购物车中的商品放到收银台上	无笑容、无欢迎用语、无表情、不理睬顾客、不主动帮顾客
2	扫描/检查	逐项念出每件商品的金额	手持扫描枪或将商品逐一经过扫描器，听到扫描成功的"滴"声后，判断收银机显示的售价、品名是否与商品相符或符合常识；扫描完成的商品必须与未扫描商品分开放置，避免混淆；检查购物车/篮底部、顾客手中是否还留有未扫描商品	商品扫描不成功未进重新扫描、遗漏扫描、未正确使用数量键、未作遗留商品的检查、重复扫描
3	消磁商品		扫描后的商品逐件进行消磁，对采用硬防盗标签的商品，要在不损坏商品的前提下消磁	漏消磁、不消磁
4	装袋/车		按装袋的原则进行装袋，尽量满足顾客提出的特殊要求	让顾客自己装袋、装袋不符合要求、拒绝顾客的要求、损坏商品
5	合计总额	总共××元，谢谢！	将商品放入购物车或装好购物袋，等待顾客拿钱（可以先装袋后收钱）	声音太小、读错总额
6	唱收钱/卡	共收您××元，收您××卡一张	当顾客的面点清钱款并确认金额，若现金要检查是否伪钞，若信用卡/银行卡，应礼貌地告诉顾客稍微等待进行刷卡	未唱收钱/卡、未检查伪钞、点错现金、刷卡时间长或金额错误、错误使用收款键
7	唱付找零	找您××元，拿好小票	找出正确零钱，大钞、零钱放在规定的收银机钱格中，关闭抽屉，双手将现金、收银小票交给顾客或将银行卡单据放入抽屉，将卡、底单、小票还给顾客	未唱付找零、找错零钱、忘记给收银小票、执行银行卡程序不正确
8	感谢顾客	谢谢！拿好商品，欢迎再来！	提醒顾客不要遗忘物品，面带笑容，目送顾客离开	没有感谢语、无笑容

引自《连锁店经营管理实务》

（三）营业快结束时的工作

在快打烊时，如果还有顾客在机前，应该继续为其服务。

放置"暂停结账"的告示，向附近的顾客说"对不起，先生/女士，这个收银机很快就关上了，请到其他收银机付款"。

（四）营业结束后的工作流程

1. 退出收银机收款系统
2. 整理电脑小票以及各种有效价券
3. 点出备用金后，结算营业总额
4. 整理收银台及周围环境
5. 关闭收银机电源并盖上防尘套
6. 整理购物车、篮并放于固定位置
7. 协助现场人员处理善后工作
8. 去现金室上缴当班营业款

（五）意外错漏单作业流程

错漏单是指收银员在收款结账过程中操作失误造成的漏打、多打、错打的单据。如果错漏单的发现在收款小票未打出时，收银员应及时注销错误输入，更改为正确的录入，可不作为错漏单处理；如果错漏单的发现是在收款小票已打出时，按以下流程操作，包括接待、确认、处理、记录、统计等工作内容。

1. 接待。当错单发生时，首先向顾客道歉取得顾客的原谅，并立即通知客服主管处理。
2. 确认。客服主管、防损员对错单进行确认后，同收银员一起在错单上签名并到指定收银机上进行更正。
3. 处理。当出现多打时，应礼貌征询顾客是否需要，如顾客需要，则补足款项，替顾客装袋送行；如顾客不需要，登记为错单，收回错单，作退货处理，并打印退货小票，顾客服务主管将错单与退货小票装订在一起，交与分店会计核对。
4. 记录。分店会计员每天整理退货单，防损员根据售货小票机号确定造成错漏单的收银员，填写《错漏单登记表》，防损员、收银员签名确认。
5. 统计。分店防损主管每月统计错单金额，分析原因报店长，店长、客服主管、防损部根据错漏单对收银员的漏单金额进行统计并报人事部处理。

三、收银员服务礼仪标准

（一）收银员礼貌服务标准

表 9-4 收银员礼貌服务标准

项目	符合标准	不符标准
表情	1. 自然、亲切的微笑。 2. 热情、友好、自信、镇静。 3. 全神贯注于顾客和工作。	1. 无表情、无奈、不理睬、僵硬、冷淡。 2. 生气、愤怒、紧张、慌张、着急、恐惧。
动作	1. 身体直立、姿势端正。 2. 良好的个人生活习惯。 3. 良好的行为习惯，包括走路快而稳等。 4. 良好的职业习惯，包括看见地板有垃圾、纸片要随手捡起，有商品要拣起，有零星商品要及时归位等。	1. 歪站、歪头、叉腰、弯腰、驼背、耸肩、双手前叉、手放口袋、跺脚、拖鞋、蹭鞋。 2. 吃东西、抽烟、对着客人咳嗽、打喷嚏、随地吐痰、乱扔杂物、不停眨眼。 3. 当众揉眼、抠鼻、挠头、挖耳、搓脸、搔痒、化妆、修剪指甲、整理衣服、擦眼镜等。 4. 走路遇见客人不让路、抢路、场内跑步、撞散商品。
语言	1. 口齿清楚、语言标准流利、声音适中、柔和，一般采用标准的国语服务。 2. 礼貌用语、文明用语。 3. 顾客听得懂的语言，如广东人可用粤语，外宾可用英语。 4. 主动与顾客打招呼，甚至称呼顾客的名字。	1. 口齿不清、说地方方言、结巴、声音过高或过尖或过小或生硬死板。 2. 讲粗话、大声讲话、开不恰当玩笑、嘲笑顾客、挖苦顾客、模仿顾客讲话、吹口哨、与人说笑、高声喊叫、交头接耳、窃窃私语等。 3. 不懂顾客的语言，不予理睬，对顾客的回答不予回应等。 4. 没有文明用语。

引自《连锁店经营管理实务》

（二）收银员仪表标准

表 9-5 收银员仪表标准

项目	仪表标准	避免
发型	头发整齐，染浅发或黑发，无碎发遮盖眼睛或眼镜。	异型头发或过于鲜艳的染发，碎发多、较乱，男同事留长发。
仪容	仪容清爽，女同事上淡妆。	浓妆，男同事留胡须。
口腔、牙齿	牙齿清洁，口气清爽	异味、刺激味、烟味、吃东西。
手、指甲	手清洁，指甲不涂指甲油或涂无色指甲油，指甲修剪整齐。	手有污迹，涂艳色指甲油，留长指甲。
首饰	可戴钉状耳环一对、一枚戒指、一条简洁项链。	首饰过于繁杂、过多、贵重，男同事戴首饰。
工牌	正面向外，位置正确，干净整洁。	位置不正确、有污迹、未戴工牌。
制服	符合公司标准，干净整洁，无明显皱纹，无腰包。	有污迹、起皱。
鞋	符合公司标准或舒适平底皮鞋，干净整洁。	高跟鞋、旅游鞋、凉鞋，颜色过于刺眼、款式过于奇异，光脚。

引自《连锁店经营管理实务》

四、收银作业管理

由于收银员工作对超级市场经营特殊的重要性,对收银员作业的管理最好要细化到收银员作业流程的每一个作业程序,乃至每一个动作和每一句用语,确定对收银员作业管理的重点是十分重要的。作为与现金直接打交道的收银员,必须遵守企业严明的作业纪律。

表 9-6 收银作业注意事项

阶段	注 意 事 项
收银准备	收银员不准携带现金上岗
	收银台上除茶水外,收银员不可放置其他任何的私人物品
	熟悉商品的位置、变价商品和特价商品,以及有关的经营状况
	收银主管或领班开保险柜发放备用金,领用人在值日记账本上签字,并当场点清
	开机后先检查收银机的电脑时间,检查机器是否处于网络状态
收银中	收银中一旦出现差错,要将原始单据保留,并由旁证人和收银主管签字证实
	如果电脑死机,速将当时的商品品名、编码、数量、交易金额、时间、单据号记录下来,立即通知电脑室,对此要有电脑人员及领班签字证实
	不可擅离收银台,如确实需要离开时必须将钱箱锁好,由防损员看管收款机
	不启用的收银通道必须用链条拦住
收银结束	交接班时,要求接班收银员提前15分钟到岗,由上班收银员清点备用金给接班收银员,办好交接手续;如果每个收银员有自己的备用金,就用其备用金
	做上午班的收银员工到财务室按营业款数字,如数填制好一式二联的"缴款单",由出纳收款。缴款后由出纳员在缴单上签字认可,收银员收回一联自存备查
	做下午班的收银员,应在门店关门后方可清理钱箱,在"签退"后将钱箱抽出来,检查是否有票据夹在里层,将最后一笔交易号记下来交电脑室核查
	晚班收银员将缴款单连同营业款用箱子(或袋子)上锁或封口,将备用金另装封口并留好本人名字和日期,由收银主管及防损员在收银交接本上签名后方可离开

第三节 收 货

一、收货人员的岗位职责

收货工作包括一般商品收货分店之间的商品调拨。收货区相关人员的工作职责:

（一）收货员助理岗位职责

1．监督、引导收货员按验收规定操作；
2．负责收货区进出的商品及有关单据的审核、把关，快速准确传递单据；
3．确保收货区商品按类合理堆放、周转畅通；
4．严格把关商品入库验收质量和数量，采取防护措施，保证商品在存储期间的质量合格、数量无误；
5．对商品进出过程中存在的问题及时处理，重大事件及时通报有关部门；
6．负责收货区电脑和各类装卸设备、工具的使用以及管理；
7．完成店长交办的其他工作。

（二）收货员岗位职责

1．负责商品的验收工作；
2．严格按照国家有关规定及公司的商品验收标准流程验收和有关单据的签名确认，同时负责不合格货品退货的工作；
3．合理安排待验商品的验收位置，负责收货区暂存商品的安全；
4．发现异常问题及时向上级部门汇报。

（三）收货区相关人员的工作分工

在收货过程中，收货助理对整个收货区的收货流程的规范化，设备、商品的安全，收货区的清洁卫生负责，即进行统筹、安排、监督。

收货员具体收货操作的负责人员，对商品的质量负责，并对收货数量正确与否负主要责任。

防损员监督收货时是否有足够的授权人员在现场收货，发现异常有权制止收货的进行并上报防损主管，监督已收完货的商品是否全部入库入场，对有疑问的收货有权进行检查，如数量的抽检，监督在收货区进出的所有商品的操作符合公司的规定并有完备的相关手续。

门店主管/助理/营业员协同收货员收货，监督收货数量的正确，对数量负有直接责任。

二、收货工作流程

收货员及收货主管要求供应商准时足量送货，收货时按顺序收货，但生鲜及冷冻食品优先安排；

对进货商品，在进行收货时应按品类放置，并放于规定区域，以便于验收、核对数量与门店的补货。对于出货商品，在出货前做出货标识，以便于核对，减少误差及出错现象。

不允许送货人员拿送货单与收货单找主管或其他人员签名，商场相关人员应在收货时及时签有关单据。只要送货单的签名符合要求，电脑录入员即应录入打印收货单交还供应商。

在收货进行的换货必须有收货员、门店人员、防损员及供应商四方在场方可进行，并在核完货后将换走的商品及时搬走，不要与收货的商品混淆。

对于经常送货异常及涉嫌作弊的供应商，上报公司处理。

收货完毕，应由收货员在订货单上写上收货总数量（大写）。同时，订货单在收货员、门店人员以及送货人员签名后交防损员签名。防损员监督是否在现场收货、签名是否足够以及签名合法性、整批商品的入库或入门店。

电脑录入员审核单据是否相关人员都已签名，并审核已签名的送货单和订货单的数量，如无差异或差异已确认，则进行电脑录入，并打印一式两份收货单，门店人员、电脑录入员、收货员、防损员、送货人员在上面签名（生鲜商品未能当场打单的，送货人员可不签名）。

三、商品检验规范

收货员根据订货单、送货单，会同门店相关人员进行收货。在收货时每次只能收一个供应商的货，而且必须收完该供应商的货后才能收下一个，如有特殊情况，应报收货区助理同意。

收货员收货时核对订货单与商品是否一致，即核对商品品名、规格、数量、质量，进行检验收货。同时，应注意，收货数量不能大于订货量。

分店间调拨来货，视同供应商一样进行收货（也可根据情况予以优先）。对于直送商品，规格包装的抽检依抽检结果对整批商品进行收货。对于大宗商品抽检，则视情况而定。非规格包装的商品，则需逐个点数。对于贵重商品、精品区商品，不管是否规格包装，都需逐个开箱点数检货。

若发现商品的数量与订货单上不符，则由相关门店主管确定收货与否。收或拒收均需由门店主管、收货员、送货人员在收货单与送货单上签名确认，属于分店调拨的，则按实际收货数量打外调入库单（相关人员签名确认），同时及时通知对方分店收货助理或收货员。

四、商品拒收与调配

（一）商品拒收工作规范

对于无生产日期，无厂家，无地址，无保质期，无商品标签及其他不符合国家有关法规的商品拒收。要对变质、过保质期、破损、包装不完整的商品拒收。保质期较短的，要求是当天生产的，如面包。保质期为一周的也应尽量要求为当天生产的。对于保质期较长的商品,超过 1/3 保质期应有相关门店主管签名同意,方可收货。超过 1/2 保质期的原则上不收货,特殊情况收货的需店长签名同意。

收货完毕,收货单在收货员、门店人员以及送货人员签名后交防损员签名。防损监督是否在现场收货、签名是否足够以及签名合法性、整批商品的入库或入门店。

资料录入工作流程如下:

1. 电脑员审核单据是否相关人员都已签名,如无差异或差异已确认,则进行电脑录入,并打印一式两份进货入库单,仓管员、门店人员、送货人员、防损员在上面签名。
2. 分店调拨数量确认后,凭相关人员签名的外调出库单做外调入库单处理。
3. 收货员在供应商收回的送货单上加盖红色收货章。
4. 供应商凭有足够授权人员签名的收货单交到我公司财务中心结算。

所有当天的送货单必须当天审核入电脑,分店调拨必须在两个工作日内录入电脑。凡涉及送货单数量与价格的修改,每处必需有供应商送货人员的签名。

(二)分店间的商品调配工作规范

分店之间商品调拨的流程和要求,其流程包括:申请、制单、商品出仓、转运、验收、单据转入等环节,商品调拨是指商品在分店与分店之间进行互相调动,包括调入、调出。分店间商品调拨一般由调入店安排人员及车辆至调出店调货,调入店员工凭店长亲笔签名的调货函件调拨商品,该函件应注明须调拨商品的名称、编码、规格、数量、调拨员工职位及姓名等主要信息。

1. 申请。调拨商品必须无残损,且尽量是原装箱,因商品残损产生回调的费用由调出方承担。调出方及调入方的双方店长电话申请及确认数量。
2. 制单。调出方电脑录入员根据店长确认的商品打印调出单。(一式两联:本店一联、对方一联)
3. 商品出仓。调出方仓管员根据电脑录入员打印的调出单的品名、数量、进价、规格进行备货,并在调出单上签名,并且送货人/提货人要签名,防损员监督品名、数量和签名。
4. 验收。调入方收到调出方的调出商品,仓管员和防损员必须按调出单的商品实物验收品名、数量并签名确认,如有差异立即通知店长。收货助理收完后,及时向店长汇报调入情况,调入方店长也应与调出方店长确认。调出方及调入方的双方店长跟进到货时间。
5. 单据输入。调入方电脑录入员根据有双方仓管员(收货员)签名确认的对方分店的调出单,于当天(如果由于特殊情况无法当天打单的,最迟 2 个工作日内)按实收数量录入调入单,并确认审核。
6. 单据保管。调入方和调出方每月核对一次,营运部每周查询调拨差异并分析处理。

第四节 理 货

一、理货人员的岗位职责

1. 及时补充堆头、N架、基本货架上的商品，确保陈列丰满；
2. 做好每日贵重商品的盘点及中途交接工作；
3. 熟悉品名、价格等商品知识，根据新商品、价格、客流量等因素，负责全方位的市调；
4. 负责商品、货架、地面和通道的清洁工作，保持整洁干净的购物环境。

二、门店理货的工作内容

门店理货的工作内容包括前后相接的活动，即补货（上货）与理货。

（一）补货的主要工作内容

1. 补货时必须检查商品有无条码；
2. 检查价格卡是否正确，包括 DM（促销）商品的价格检查；
3. 商品与价格卡要一一对应；
4. 补完货要把卡板送回，空纸皮送到指定的清理点；
5. 新商品须在到货当日上架，所有库存商品必须标明货号、商品名及收货日期；
6. 必须做到及时补货，不能出现在有库存的情况下有空货架的现象；
7. 补货要做到先进先出；
8. 检查库存商品的包装是否正确；
9. 补货作业期间，不能影响通道顺畅。

（二）理货的主要工作内容

表9-7 理货一览表

基本流程	内 容
检查商品有无条形码、商品摆放情况	1. 货物是否正面面向顾客，整齐靠外边线码放 2. 货品与价格卡一一对应 3. 不补货时，通道上不能堆放库存商品 4. 不允许随意更改排面 5. 破损/拆包货品及时处理

(续表)

基本流程	内　容
价签/条码	1. 按照规范要求打印价格签和条形码 2. 价格签必须放在排面的最左端，缺损的价格签须及时补上 3. 剩余的价格签和条形码要收集统一销毁 4. 条形码要粘贴在适当的位置
清洁工作	1. 通道要无空卡板、无废纸皮及打碎的物品残留 2. 货价上无灰尘、无油污 3. 样品干净，货品无灰尘

（三）辅助工作

1. 服务工作规范

（1）要耐心礼貌解答顾客询问。

（2）理补货时不能影响顾客选购商品。

（3）应及时制止顾客的各种违反店规行为：拆包、进入仓库等。

2. 器材管理规范

（1）铝梯不用时，还有封箱胶、打包带等物品，必须放在指定的位置。

（2）理货员需随身携带的物品：笔1支、戒刀一把、手套一副、封箱胶、便签若干。

（3）各种货架的配件要及时收齐，并在指定地点存放，不能放在货架的底下。

三、门店理货的原则和要求

（一）补货的原则

1. 商品缺货和营业高峰前、营业结束前必须进行补货。
2. 补货以补满货架或端架、促销区为原则。
3. 补货的先后次序：

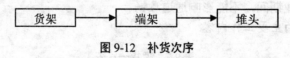

图 9-12　补货次序

4. 补货品项的先后次序：

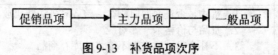

图 9-13　补货品项次序

5. 当商品缺货但又无法找到库存时，必须首先通过对系统库存数据的查询进行确定,确定属于缺货时,将暂时"缺货标签(致歉卡)"放置在货架上。

6. 食品和有保质期限制的商品,必须遵循先进先出的原则。

7. 补货时,必须检查商品的质量、外包装以及条形码是否完好。

8. 补货时,必须检查价格标签是否正确。

9. 补货以不堵塞通道,不影响门店清洁,不妨碍顾客自由购物为原则。

10. 补货时,不能随意更动陈列排面和陈列方式,依价格标签所示陈列范围内补货,违反者将按规则处罚。

11. 补货时,同一通道的放货卡板,同一时间内不能超过两块。

12. 补货时,所有放货卡板均应在通道的同一侧放置。

13. 货架上的货物补齐后,第一时间处理通道的存货和垃圾,存货归回库存区,垃圾送到指定点。

14. 补货时,有存货卡板的地方,必须同时有员工作业,不允许有通道堆放卡板,又无人或来不及安排人员作业的情况。

15. 促销人员可以进行补货,但不能改变陈列的位置和方法。

16. 当某种商品缺货时,不允许用其他货物填补,或采用拉大相邻品相排面的方法填补空位,要保留其本来占有的空位,除非新的陈列图到位。

(二)理货的原则

1. 货物凌乱时,需做理货。

2. 零星散货的收回与归位是理货的一项重要工作。

3. 理货区域的先后顺序:

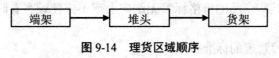

图 9-14 理货区域顺序

4. 理货商品的先后次序:

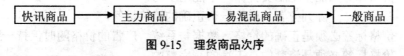

图 9-15 理货商品次序

5. 理货时,必须将不同货号的货物分开,并与其价格标签的位置一一对应。

6. 理货时需检查商品包装(尤其是复合包装)、条形码是否完好,缺条形码则迅速补贴,破包装要及时修复。

7. 退货商品及破包装等待修复的商品,不能停留在销售区域,只能固定存放于本部门某一库存区。

8. 理货时,每一个商品有其固定的陈列位置,不能随意更改排面。

9. 一般理货时遵循从左到右,从上到下的顺序。

10．补货完成时，进行理货工作。
11．每日销售高峰期之前和之后，须有一次比较全面的理货。
12．理货时，做到非销售单位、非销售包装的商品不能零星停留在销售区域。
13．每日营业前理货时，做商品、货架、通道的清洁工作。

（三）门店理货后的要求

1．商品的价格标签是正确的、干净的。
2．商品陈列的位置是符合陈列图的。
3．商品陈列是整齐的。
4．商品陈列是符合先进先出的。
5．商品的标签、包装、保质日期是经检查合格的。
6．商品的零星散货已经归回正确位置。
7．商品的缺货标签正确放置。
8．商品的破损包装被修复。
9．商品陈列是符合安全原则的。

（四）价格签的管理规范

货架价格签包括商品名称、产地、等级、规格、含税价格、记价单位、售价、条形码等。不同颜色用来表示不同的价格类型。白色的价格标签表示是正常价，黄色的价格标签表示是快讯广告商品。

价格标签只用在货架上所有陈列商品的价格标示。一般粘贴在货架的层板上或放置于价格轨道（价格托牌）里，位置在该商品的最左端。标签的方向优先选择向上，只有在某些商品的价格标签无法向上或不方便顾客看时，才使用向下的方向进行标示。

货架价格标签管理的标准如下：

1．价格标签必须是经过当地物价管理部门批准的标签才可以使用。
2．价格标签只能由电脑员打印，不能用手写。
3．商品的一个陈列位置只能有一个正确的价格标签。
4．价格标签必须是正确的价格，数据与系统、广告的价格随时保持一致。
5．价格标签必须是清楚的、干净的、完整的。
6．价格标签在货架上的位置不允许随意移动，必须遵照陈列图进行或有部门主管的指示。
7．价格标签的类型必须正确，方向必须正确。
8．价格标签只能由正式职员更换，促销人员不得更换价格标签。
9．过期作废的价格标签，必须进行处理，门店内的任何地方、任何时间不得有掉落的价格标签。
10．因工作失误导致价格错误和价格损失，由责任人承担价格损失。

价格标签的制作程序,首先是打印申请,门店人员填写"价格签申请单",**主管批准申请**,交到电脑房由电脑员打印;其次是打印,电脑员根据紧急的程度在**最短的时间内给以打印**;最后是分发,电脑员将打印好的价格标签分发给各部门主管或助理。

四、商品陈列

（一）陈列原则

表9-8 商品陈列原则

原则	内容
集中垂直	同一品类商品集中在一个区域垂直陈列
二指	陈列的商品与上面的层板之间的间隔距离为二指,以使商品丰满
一价一签	一种商品对应一个价签,且标签放置在商品的左下角
正面陈列	商品的正面面向顾客陈列,前排商品与货架边沿一线平齐
黄金区域陈列	黄金陈列区域为手和眼之间的陈列位。根据商品的销售和利润,合理科学的安排黄金陈列区陈列的商品和排面
相关联	功能相关联的商品陈列在临近区域
先进先出	先到货商品陈列在前方的排面域先行销售
遵循价格带	同一类别商品陈列时,按照商品的价格带由低到高陈列,便于顾客选购

（二）陈列规范

1. **价格签**：商品陈列的位置须有正确的价格标签且位置正确。实行一品一签,花色过于繁杂的商品实行一件一签。

2. **保质期**：定期跟踪商品的保质期。货架上不得有超过保质期的商品,不得有包装破损或配件缺少,品质损坏的商品。附：商品保质期跟踪表。

3. 陈列时要将商品的正面朝向顾客。

4. **拉排面**：禁止拉排面的动作。如果出现某个单品缺货或断货的情况,禁止**拉排面**,而应挂上"缺货卡（致歉卡）",如果7天后此商品仍未到货,则门店报采购部,由营运部和采购部协商解决措施。

5. 要保证库有柜全,不允许将商品存放在库存区不进行补货而采取向前拉排面的方法,进行补货理货。

6. 每个单品的陈列面不得少于2个陈列面（特殊的大包装商品可只有一个面）,最多不超过5个陈列面。

7. 没有经过主管的同意和授权,员工不得随意更改排面和位置。

8. 端架最多陈列两样商品（或两种价格之商品）。

五、商品补货管理

补货就是把标好价格的商品，按商品各自既定的陈列位置，定时或不定时地将商品补充到货架上去。不定时补货：货架上的商品即将售完或者少于计划的摆放量时，立即补货；定时补货是指在非营业高峰时的补货。补货作业的流程如图9-16 所示：

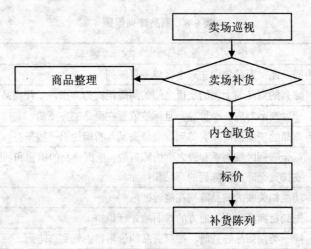

图 9-16　补货管理程序

（一）理货员在进行门店巡视时，如不要补货可进行商品的整理作业

1. 清洁商品。商品清洁关系到该商品能否卖出去，所以理货员在巡视时要经常用抹布清洁商品外观。

2. 做好商品的前进陈列，即当前面一排商品出现空缺时，要将后面的商品移到空缺处去，商品朝外陈列，这样的陈列既能体现出丰富感，又符合了商品陈列的先进先出原则。

3. 检查商品的质量，如发现有商品变质、破包或超过质期的迹象，必须立即从货架上撤下。

（二）理货员在补货上架时的作业流程

1. 检查核对：欲补货陈列架前的价格标签和要补上去的商品必须一致。

2. 商品陈列先进先出：补货时，先将原有的商品取下，然后打扫陈列架，将补充的新货放在里面，最后将原有的商品放在前面。

（三）白天补货流程

表9-9 白天补货流程

序号	白天补货流程	具 体 内 容
1	查找库存	将所需补货商品的库存找到，优先补非整箱和补货架顶端的库存
2	质量检查	对商品的质量进行检查，包括保质期是否符合规定、条形码是否完整清楚、外包装是否完整以及是否干净等
3	上架	将检查过的商品，陈列到货架、端架或堆头上
4	库存归库	将剩余的库存封箱，改正库存单，放回原来的库存区位置
5	垃圾处理	对补货产生的垃圾进行处理，保持补货区域的卫生
6	检查通道	最后检查通道，有无遗漏的商品、卡板、垃圾、价格签等

（四）夜间补货流程

表9-10 夜间补货流程

序号	夜间补货流程	具 体 内 容
1	确定补货商品	将需要夜间补货的商品做记录
2	填写补货单	填写补货单，列明补货商品的货号、陈列位置、库存位置以及补货的要求等
3	查找库存	夜间补货的同事按单子找到库存，并将货物拉到相应的通道
4	质量检查	对商品的质量进行检查，包括保质期是否符合规定、条形码是否完整清楚、外包装是否完整以及是否干净等
5	上架	将检查过的商品补充到陈列的货架、端架或堆头上
6	库存归库	将剩余的库存封箱，改正库存单，放回原来的库存区位置
7	垃圾处理	对补货产生的垃圾进行处理，保持补货区域的卫生
8	检查补货商品	检查是否所有的商品均进行了补货
9	检查通道	最后检查通道，有无遗漏的商品、卡板、垃圾、价格签等
10	检查价格标签	检查所有的补货商品的价格标签是否正确

第五节 盘 点

一、盘点人员的岗位职责

表9-11 盘点人员的岗位职责

序号	参与人	分工职责	参与时间
1	财务部门	主持并负责从准备工作到具体盘点结果报告的整个盘点工作； 制定总体盘点计划； 主持并负责盘点当晚各店的实地盘点工作； 负责对盘点过程进行巡视； 当盘点小组交叉复核完毕后，对所盘点的商品进行30%随机抽查； 计算并出具盘点盈亏报告； 向公司高层汇报盘点结果及盘点重要事项。	盘点全过程
2	营运部门	组织盘点； 总体协调各项盘点工作及各个参与人； 协调财务人员，将盘点工作的各项要求传达并落实到各店； 整体控制盘点当晚的工作进度； 协助各店的盘点协调员组织、开展和落实有关的盘点准备、培训、人员安排等工作； 巡视各店的盘点准备情况，保证各店达到指南所要求的标准。	盘点全过程
3	各店后区经理	负责在本店落实并执行盘点指南和财务人员关于盘点工作的各项要求； 负责获得各方面的协调以实现盘点目标； 负责组织协调本店的盘点参加人员及其工作； 为财务人员\盘点人员\营运部在本店工作提供必要的协调。	全过程
4	各店总经办	为盘点工作提供一切必要的协调以达到盘点工作目标	本店盘点全过程
5	防损中心	传达和落实盘点工作指南中对各店防损人员的要求； 对各店重要的准备工作情况与财务人员进行紧密沟通。	盘点全过程
6	各店防损部	落实并执行盘点工作中对各店防损人员的要求； 及时提供有关信息给总部防损中心； 在盘点当晚与财务人员进行紧密联系与合作。	本店盘点全过程
7	各店部门主管	盘点前本区域人员分组、预盘表的抽查、保存、发放； 负责审核预盘表上的数量是否合理（如排面很小，却有数量很大的库存）； 对盘点小组复核后的数据表进行审核并签名，并作出商品还原决定； 跟进盘点作业进度、安排协盘人员工作、处理作业时的突发事件等。	
8	盘点人	负责盘点前本组商品的归类整理、预盘表上商品条码及品名的核对； 对货架顶层、地柜、仓库商品的预盘； 盘点时商品数量的清点，交叉复核，抽盘无误并得到批准后还原商品，协盘。	
9	收单员	回收并登记抽盘后的预盘表。	

（续表）

序号	参与人	分工职责	参与时间
10	传递员	负责预盘表交录入员录入前后的传递，其中：一名负责录入前与录单员的传递、登记，另一人负责录入后传于后台打印。	
11	录单员	负责按预盘表的顺序录入商品盘点资料； 并将录入时电脑所生成的单号在预盘表上标注。	
12	各店预盘人员	按照盘点要求做好本店各项准备工作； 按照盘点指南做好本店盘点当晚的预盘工作。	本店盘点准备阶段及当晚盘点
13	后台单据处理员	根据预盘表上的标号从电脑中调出"盘点录入单"，与预盘表核对数据； 发现错误，更正，并签名； 无误后打印"盘点录入单"，传电脑部转正盘点通知，清零。	
14	信息管理部人员	负责协调与盘点小组领导对接工作，保障盘点工作正常； 培训盘点录入人员正确使用盘点程序； 将每台录入机器进入盘点状态； 将盘点使用机器全部安装到位并测试； 处理盘点工作发生的突发事故； 等待日结完成后，开始生成当次的预盘表。	

盘点作业一般流程如图 9-17 所示。

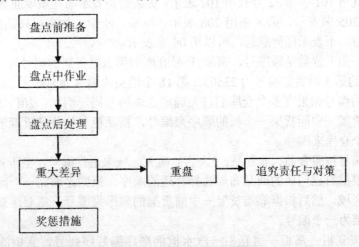

图 9-17　盘点作业一般流程

二、盘点前准备

连锁门店的盘点是一项很繁重的工作，所以必须有充足的人员来进行，盘点前三天应停止所有人员的休假，盘点当晚门店所有人员（包括促销员）必须参加盘点工作，第二天上早班的人员可提前离开，但是必须要留有足够的人员完成当晚的盘点工作。盘点当晚需安排两个派单员负责盘点表的收发工作，安排一个对单员负责初盘表与复盘表的数据核对工作。

盘点前一周门店把不能退货的商品报营运中心总监审批，做报损或拍卖处理，采购中心要求供应商在盘点前2日清掉所有退货。

（一）货架编号

货架编号要求将编号贴纸贴于陈列架的左上角。货架及区域编号标准如表9-12所示：

表9-12 货架及区域编号标准

仓库	货架	冻柜	退货区	N架、挂板	前台	加高层	堆头
1	2	3	4	5	6	7	8

每一个货架的编号由五位数组成，第一位数代表区域位置，门店区域分为仓库、货架、冻柜、退货区、N架（挂板）、前台、加高层、堆头八个区，分别用不同的数字代表不同的区域。

第二、三位数在每个区域内的表示不一样：仓库二三位数表示在几号仓，例如1号仓就用101表示、2号仓用102表示；货架则是表示第几条单面货架，例如：第5条用205来表示、第8条用208表示；堆头、N架、加高层只是为了满足5位数的编号，不表示任何意思，所以用00来表示。

第四、第五位数是顺序号，例如1号仓库的第五组货架的编号为10105，第35条货架的第3组货架编号为23503，第18个堆头的编号为80018。

仓库的编号如果有多个仓库的首先确定仓库的号码，例如：201、202，然后根据靠墙货架—中间货架—卡板的顺序来编号，精品柜和化妆品货架下的存货柜可做为一个仓库来编号。

货架编号按照食品、非食品、（大店）两大区域来进行编号，至于先编哪个区域，各店根据自己门店的商品布局选择合适的顺序，原则是编完一个区域后才可编另一区域，然后根据靠墙货架—中间货架的顺序来编号，需要注意的是每一个单面货架为一个编号。

冻柜按立柜—岛柜—雪糕柜—汽水柜的顺序编好序列号，立柜的每一层板位为一个货架号，岛柜的每一节做一个货架号，每一个雪糕柜和汽水柜为一个货架。

退货区各店根据实际情况做相应的编号。N架、挂板的编号按区域—N架—区域—挂板的顺序来编号,取统一的流水号,例如50001、50002……50050。

前台包括烟酒柜、精品柜(只限摆在柜子内的商品,不含附近的化妆品货架)、收银台前的小货架。烟酒柜为601、精品柜为602、收银台前的小货架为603。

加高层的编号根据每一条单面货架编号来确定,统一流水号来进行,例如货架是第1条,那么加高层编号就是70001,货架第50条,那么加高层的编号为70050(如果加高层是根据货架条数编号,则加高层的编号应为非连续的流水号)。

堆头的编号根据各店实际情况按照一定的线路进行编号进行即可,笼架、促销车算在堆头内编号,堆头编号为:80001、80002……80050。

（二）仓库整理

1. 仓库的全部商品均要求有库存清单（如是混装商品,则纸箱内有几种商品则贴几张库存单）

2. 仓库的商品要分区,分类存放。

3. 仓库内的残损商品不可退换的,要及时地作报损处理。

4. 仓库的存货不能跨货架陈列。

5. 仓库任何商品都不能被另一种商品挡在里面。

6. 因仓库是提前一天盘点,所以在整理仓库时,要注意将商品补满货架的排面。

（三）加高层整理

1. 加高层的商品,如果是脱箱陈列,则要求全部商品都陈列出来,任何商品都不能被另一种商品挡在里面。

2. 加高层如果是用纸箱存放的,则每一个纸箱都要贴库存清单,如果混装则箱内每一种商品均要有一张库存清单。

3. 因加高层是提前一天盘点的,所以在整理时要注意将商品补满排面。

（四）货架整理

1. 货架上全部商品都要有正确的价格牌。

2. 价格牌要统一放在该商品的第一个陈列面左下角。

3. 任何商品都不应该跨货架陈列。

4. 任何商品都不能被另一种商品挡在里面。

5. 在整理货架时,要注意把孤立商品归位。

6. 在整理货架时,要把残损商品放回指定区域。

7. 每个商品的后面不允许摆放其他商品。

8. 商品陈列时每一列必须整齐,每一排数量保持均衡。

9. 所有商品必须置后陈列。

10．包装商品在里面倒着摆放，每一列数量一致。

11．小包装商品（盐、榨菜等）可先行用连卷袋按一定的数量装好放在货架上，留少量进行销售。

12．火腿肠、匙羹、笔等小长条商品可用橡皮筋，按10个为一扎，扎好。

（五）堆头、N架的整理

1．堆头垫底的商品要提前整理，可作为仓库库存先行盘点（垫底空箱必须注明，有商品的必须有库存清单）。

2．每个堆头上陈列只能是一个品种（或两个同类品种）。

3．端架上陈列品种不能超过两个，端架的最上层不允许作为库存存货。

（六）预扫盘点表

1．在扫描时要2个人一组，一个人拿盘点枪，另一个人在旁边协助，并注意观察扫描人是否有漏扫描的商品。

2．一定要找到第一个货架编号后才开始扫描。

3．在扫描时，是一个货架紧接着另一个货架地扫描，中间不能跳开。

4．在开始扫描时，一定要先输入要扫描货架号后按"ENT"键后，开始从左到右，从上到下的逐层扫描该货架的商品，岛柜商品先外后里进行。

5．在扫描完一个货架后，一定要按盘点枪上"ENT"键返回生成预盘表，紧接跟着从左到右，从上到下的逐层扫描该货架的商品。

6．如该货架上是有商品是重复陈列的，也要逐一扫描如：2021394 午餐火脚在该货架上的第一层，第二层及第五层均有陈列，那么在扫描时也要逐一按顺序扫描，共扫描三次。

7．在扫描堆头与花车时，要注意检查其底部是否有其他商品，如有也要扫描。

8．盘点表上的打印顺序就是扫描时的顺序，因此扫描工作的好坏会直接影响到盘点是否顺利进行，所以扫描的人员一定要认真及负责任地工作。

9．盘点前3日，扫描仓库和加高层、正常货架、端架及其他地方。（扫描时注意：从上至下，从左至右）

10．打印盘点表，扫描完之后，由电脑员把盘点枪的资料转录到电脑生成空白盘点表打印出来。

11．核对所有预盘单与仓库、加高层、排面，如发现有错、漏情况，则对预盘表进行修改。

为保证盘点的准确度，各店根据《盘点控制表》做一份盘点人员计划。《盘点控制表》一式两份，控制台核单员（店长指定1人）1份，电脑录入员1份。由核单员发放盘点表，并做好登记工作。

三、盘点作业规范

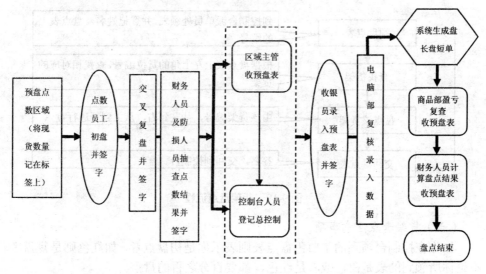

图 9-18　盘点作业规范

（一）仓库盘点

仓库的盘点提前一天进行，所有商品只进行一次，盘点时两人一组，根据盘点表编号，顺序进行，每一组货架完毕后必须贴上"已盘点"标识。精品柜、烟酒柜货架存货柜和烟酒仓库、小商品仓库库存必须要让会计和防损员参加整个盘点过程。

仓库盘点之后，食品干货主管必须带领所有盘点售货员每条货架进行确认，是否盘点完毕，盘点人是谁。防损员必须对仓库商品做 10%的抽查，达到抽查数 5%的错误率时必须重盘，仓库抽盘工作必须在门店盘点前抽盘完毕。

（二）加高层盘点

加高层盘点提前一天进行，两人一组执照盘点表编号顺序进行，一个点数，一人记数。每盘点完一条货架必须要贴上"已盘点"标识，加高层盘点只进行一次，由防损员或会计进行 10%的抽查，达到抽查数 5%的错误率时必须重盘，其抽盘工作必须在门店盘点前抽盘完毕。

（三）堆头盘点

堆头商品的盘点只进行一次，用手抄表进行，堆头盘点必须由防损员全程监控。盘点完毕之后贴上"已盘点"标识。

（四）货架盘点

货架盘点只需一人，按照盘点编号顺序进行，盘点过程要仔细、认真。冻柜、岛柜、雪糕柜、汽水柜只进行一次盘点，盘点过程由防损员全程监控，其他商品都要进行初盘、复盘，初盘和复盘有差异时进行三盘。

（五）货架盘点流程

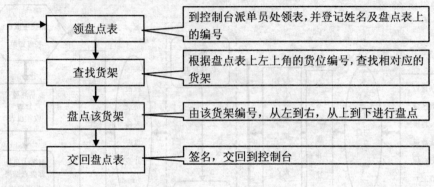

图 9-19 货架盘点流程

（六）货架盘点注意事项

如你在控制台领到的是白色盘点表则表示你是初盘点者，如红色则是复盘者。不论你所领到的表是白色或者是红色，都要百分之百的盘点。

1. 初盘人一定不能把初盘的数字告诉复盘人，否则严重处罚。

2. 你手中领到的盘点表上的打印顺序就是现场中编号一样的货架的商品陈列顺序。

3. 你一定要找到与你手中盘点表上编号一样的货架后才能开始盘点，从该货架编号的"起"盘点到该货架编号的"止"为止。如由"20101"起盘点到"20101止"为止。

4. 盘点的数字要统一写在盘点表上的黑色阴影部分。

5. 盘点表上有些商品是有 2 个以上国际条形码的，你只需要有其中一个条形码与商品上印刷的条形码对应则可。

6. 你手中的盘点表上会有些商品是表上有打印，但实际的货架上没有陈列，则表示该商品在扫描时有，但到盘点前可能已被顾客买空，此时则在盘点表上对应的位置写"0"。

7. 如你手中的盘点表上没有打印某一种商品，而实际的货架上有陈列，则表示该商品在扫描时漏了扫描，则你在盘点时要在对应的位置上增加上去，但一定要写清楚条形码、品名、规格及数量等。

8. 盘点时，如你是白色盘点表，则要把数字填写在初盘数中，如是红色表则要把数字写上复盘数中。

9. 如果盘点时出现错误需要修改数字时，则不能涂改，统一用"/"划掉原来的数字，把正确的数字写在旁边，并签名。

10. 如果你是用红色盘点表进行复盘时，要注意用其他没用的纸垫底，因为红色盘点表是很容易复印到另一张表上。

在盘点时一定要认真负责，如有任何不明之处，一定要找主管提问，不要不负责任地乱填数字。

（七）收、发单员的工作流程

1. 收、发单员在发出白色表时，要在盘点控制表上初盘人一栏中登记领表人的姓名及盘点表左上角的货架编号。

2. 在发出红色表时，要在盘点控制表上复盘人一栏中登记领表人的姓名及盘点表上的编号。

3. 在发出黄色盘点表时，要在盘点控制表上抽盘人一栏中登记领表人的姓名及盘点表上的编号。

4. 当初盘人把白色盘点表交回时，要在盘点控制表上"是否交表"一栏中打"√"；当红色盘点表及黄色盘点表交回时，也要在控制表上对应的"是否交表"一栏中打"√"。

5. 当白色初盘表回来后，要找出该编号的红色表及黄色表订在一起，统一放在"等待复盘"的文件篮内。

6. 当在"等待复盘"中有盘点表时，收、发单员要优先发出该编号的红色盘点表给盘点人进行复盘，在发出红色表时要在盘点控制表上复盘人一栏中登记（注意：初盘及复盘不能是同一个人）。

7. 发出红色单后，把同一编号的白色单及黄色单放入"待收红色单"的文件篮中。

8. 当红色单回来后，要在"是否交表"一栏中打"√"，然后在"待收红色单"的文件篮中找出同一编号的白单及黄色单订好后统一交给对单员。

（八）对单员的工作流程

1. 当收发单员把一式三联单的盘点表交到后，把白色盘点表上的数字与红色盘点表上的数字相对，认真观察白表/红表上的数字是否一一对应。

2. 如白色表及红色表上有数字不能对应时，要在同一编号的黄色表上对应的商品上打圈，然后把该表一式三联入"复盘有差异"的文件篮中。

3. 如果白色表与红色表上的数字相对应，则把该编号的盘点表一式三联放入"复盘无差异"的文件篮中，等待抽盘。

4. 如果在"复盘有差异"的文件篮中有盘点表时，要把该盘点表中黄色联抽出交给楼层主管进行第三次盘点，在发出黄色表时，要在盘点控制表上三盘人一栏中登记，然后把该编号的白单与红单统一放入"待收黄单"中文件篮中。

5. 当黄色盘点表回来后，要在控制表中三盘人一栏中打"√"。

6. 当黄色盘点表回来后，对单员要在"待收黄单"的文件篮中找出与该黄单编号一样的白单与红单，然后三张单一齐核对，以2个相同的数字为终盘数，并统一白单处更改（其余两联也要修改一致以备查），更改后签名，并将该编号的盘点表一式三联订好，放入"复盘无差异"处，等待抽盘。

7. 如盘点表上一式三联的数字均不能对应，则把该编号的单一式三联订好，放入"等四次盘点处"由门店主管进行第四盘。

8. 当第四盘结果出来后，以2个相同的数字作为终盘数，对单员要一式三联的更改数字，然后签名，并把更改后的盘点表一式三联入"复盘无差异"处，等待抽盘。

（九）盘点录入和盘点后处理

盘点录入以初盘表作为数据录入依据，录入分两次进行，两次录入完毕后，打印录入差异报表，对录入有差异的需找到原始单据（白单）核实数量做第三次录入。

盘点完毕后2天内，必须由店面发邮件通知信息中心工程师做"登账"处理，登账后在7天内，出具详细的盘点差异分析报告和盘点结果报告，交营运中心、财务中心和监察中心；盘点差异分析表按售价计算（注：便于计算损耗率），要区分自营与代销，并同时上交在本次盘点中造成重大盘点差异的处罚人员名单。

第六节 防 损

一、防损人员的岗位职责

总体来说，防损员的岗位职责如下：
- 负责分店日常经营秩序的维护及分店内人员、商品、财物的安全保卫工作；
- 负责做好分店仓库的进出登记工作，确保仓库内财物的安全；
- 协助店长做好员工考勤、仪容仪表、工作表现的监督、检查工作；
- 协助店长做好防火、防盗、防损工作；
- 处理分店安全保卫方面的突发事件。

（一）防损员岗位职责（门店及收银进、出口岗）

1. 引导顾客从超市入口处进入超市；
2. 制止顾客将未付款的商品带出超市；
3. 按公司规定监管购物车（篮）；
4. 制止顾客带饮料、食品及其他超市内出售的同类商品进入超市，对于携带大包（袋）及公司购物袋的顾客，建议其存包；
5. 对超市内开单销售的商品，顾客出超市进要查验购物单和电脑小票。核实无误后，在电脑小标上注明"已验"字样及日期。对于大件商品核实单据后，还需通知商场正门岗防损员做好登记（视分店情况而定）；
6. 超市出现突发性事件迅速到指定位置待命。

（二）收货岗的岗位职责

1. 制止无关人员进出收货区，对早上需从理货区送货入场的送货人员，经查验其有效的送货单据后予以办理出入证，离开时及时收回，如发生损坏或丢失的上报防损主管；
2. 负责维护收货区正常的工作秩序，看护收货区内外的商品和设备，维护收货区送货车辆的秩序；
3. 监督收货人员按公司规定验收商品，对出场的商品、物品和垃圾进行严格检查，并按规定办理相关手续（退货、换货、调拨、报损等），核对相关资料（商品的条码、品名、型号、价格、数量、规格等），防止商品流失；
4. 对营运部员工已验收商品的数量、重量进行抽查；
5. 监督供应商送货、收货，防止供应商欺诈；
6. 办理退换货、调拨、报损等手续时，应先检查手续是否完善、核对相关资料（单据正确、签字齐全），无误后签注姓名、日期予以放行；
7. 对顾客购买的大件商品需从理货区送出时，防损员应仔细地核对电脑小票（是否送货或刚购买）和送货单与实物资料是否相符，无误后在小票上签注姓名日期，予以放行；
8. 填写交接班本（遗留问题、物品和当班期间发生的事情），与下一班人员办理交接，服从上级的安排参与其他工作。

（三）便衣防损员的岗位职责

1. 维护商场正常的营运秩序，以顾客身份在商场内巡视；
2. 及时解决商场内的不安全隐患，对盗窃、破坏等不良行为应及时跟踪抓获或制止；
3. 有力打击外盗（团伙、职业惯偷、扒手等）。
4. 不得暴露自己的身份，非工作需要不得与岗位人员、营业员交谈，不得随意外出；
5. 对重点柜台、商品进行重点巡查保护；
6. 发现团伙盗窃应立即上报，在防损主管的指挥下采取统一行动，争取一网打尽；
7. 对嫌疑人采取措施时应尽量礼貌地说明原因，非紧急情况不得采取强制措施，为有关内盗的不诚实行为收取证据；
8. 劝阻顾客在商场内拍照（经公司同意的除外）和抽烟、吃食物（试吃促销除外）；
9. 监督员工的工作情况，发现问题及时报告部门主管。

（四）夜班防损员的岗位职责

1. 协助晚班人员进行或闭店的清场工作，关闭好门窗，熄灭火种，关闭不必要的电源；

2. 值班期间，如报警系统发生报警，应立即报告主管，并对报警区域进行检查，视不同的情况分别处理；

3. 夜班防损员必须每隔半小时巡视一次，在有台风、暴风雨之夜更加密切注视，发现问题及时报告主管；

4. 值班过程中有异常情况应及时反映；

5. 完成部门领导交办的其他任务。

二、损耗的分类

损耗是指一切给公司利润带来减少的、并且可以通过管理的手段控制的那部分资源流失。一切能可能产生损耗的机会点，都列为损耗的控制范围。

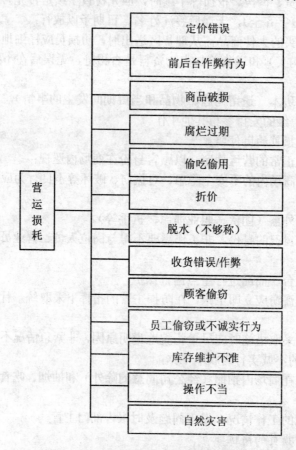

图 9-20　损耗分类

（一）定价错误——定价低于正常的价格，定价过高导致商品滞销积压。其产生原因有，缺乏市调信息、对市场信息反馈不及时。

（二）前后台作弊行为——其方法途径：取消记录；制造无记录长款；打折扣；直接偷钱；无法取消的挂账行为；顾客经常抱怨找钱找错，未给购物小票或是没有把他们要买的东西输入收款机；有意将商品数量点错（内外合盗）；重复操作银行POS机，打印账单。前后台作弊的表现为以下形式：

1. 员工经常性长、短账；
2. 每次交易结束后不及时关闭钱箱；
3. 不按规定给顾客购物小票；
4. 不断结清和整理钱箱；
5. 扫描时不看屏幕，且左顾右盼；
6. 和顾客很亲热的交谈；
7. 该收银处排队较长，而其他则无人；
8. 该部收银机一天内频繁出现手动输入商品金额。

（三）商品破损——收货验收不严、员工操作不当和鼠虫吃咬。

（四）腐烂过期——保管不善、商品质量过差、缺乏商品维护、退货不及时。

（五）偷吃偷用——无视商场财物、缺乏物品管理责任制。

（六）折价——未经授权折价、未作记录、降低标价或未及时恢复原价。

（七）脱水（不够称）——商品进货把关不力、商品销量过程自然脱水、保管不善。

（八）收货错误——货收少，打单多；退货多，打退单少。供应商欺骗行为：许多商场由于默认在收货过程中出现的细微差错而导致供应商欺骗行为的出现，因此，准确收货这一点非常重要。在收货时，我们要注意商品数量、重量的准确，做到逐件扫描，正确处理收货交易及索赔商品检查。

（九）顾客偷窃——商场小偷犯有两大基本类型：业余的和职业性的，两类小偷使用的掩藏手法相似。商场小偷使用的几种掩藏手法颇具独创性，新手法不断发明，如果发现掩藏商品的新手法或新趋向，应立即通知行政中心防损部，便于提醒其他店内防损员工留意此种新手法。

1. 偷窃者的种类

（1）顺手牵羊型：刚到商场时，是想看看，但当有机会时候会动手把商品偷藏起来，通常也会购买一二件其他商品作掩饰。

（2）有备而来型：带好各种准备工具，才进入商场偷盗。

（3）专业盗贼：以偷窃商场商品转手倒卖为获利途径。

2. 偷窃者的心理

（1）不认为在商场偷窃商品是犯罪行为；

(2) 贪念与欲望；
(3) 想拥有但买不起；
(4) 买得起但不想付钱；
(5) 买得起但想寻找刺激；
(6) 心理不平衡；
(7) 青少年之间的逞强心理，互相比较谁偷得更多；
(8) 以上的混合。

3. 小偷常使用的几种掩藏方法

表 9-13 常见偷窃方法

掩藏方法	具体表现
调换包装	把一般商品取出，换装入贵重的商品。或增加商品数量及直接以假换真
衣服掩藏	用特制的衣服掩藏商品。小偷把商品塞进裤子、裙子、衬衣、内衣、袜子、鞋子里面进行偷窃
购物袋掩藏	小偷在离店之前把偷窃的商品塞入购物袋，或夹杂在其他物品中进行偷窃
婴孩车掩藏	婴孩车是小偷偷窃行为的一条独特的途径，小偷会把商品藏在婴孩车里，用毛毯盖住商品或者有时用小孩遮住
假冒身份	通过假冒他人身份进行偷窃。有时，假冒者会冒充购货商赊欠商品。职业假冒者也会穿上工作制服来实施骗局。有时假冒者会戴着本公司的工牌，通过假装要把商品搬到另一间商场进行偷窃
假装孕妇	为了便于行窃，商场女小偷有时会装成孕妇，孕妇服里有相当的空间用来掩藏商品
身体隐藏	这种方法要是穿连衣裙或长裤的商场女小偷使用的掩偷商品的独特技巧。女小偷把商品放在衣服里搁在大腿中间，职业小偷经验丰富，可以把商品夹得很稳而不被发觉出来
团伙作案	商场小偷"结伴"或叫两三个朋友，一起行窃是寻常可见的。这些人会在离正在掩藏商品的同伴较远的地方向防损员提问题或请示帮助，借此分散防损员的注意力，小偷在藏好商品后也会采用分散防损员注意力的方法，这种方法能帮助小偷避开防损员的视线走出商场
浑水摸鱼	乘出口人多防损员不注意不买单混出去

4. 商场偷窃的条件和迹象

(1) 衣着不合时令；
(2) 走路不自然；

（3）拿着相同的物品进行比较；
（4）折叠商品或压低商品体积；
（5）走出商场后又回到原来的位置；
（6）离开商场时过分匆忙；
（7）撕掉商品上的标签；
（8）防损员工走近时露出吃惊神情；
（9）心神不安的人；
（10）异常紧张的人；
（11）带特大购物袋（包）的人；
（12）带着金额较大的商品在商场出入口、前台收银台等出口处消磨时间的顾客；
（13）在短时间内多次进出商场的人；
（14）带空包、空箱的顾客；
（15）在商场禁入区域的顾客（例如收货区等地方）。

5. 作案工具

与其他活动一样，商场小偷扒窃也使用"工具"，以便更为高效地完成任务。如：空包、空箱、报纸、雨伞、轮椅、婴孩车等，经验丰富的商场小偷会充分利用这些最无辜的道具。

6. 同谋及其作用

同谋犯对你是个挑战，重要的是要记住，小偷在同伴不知情的情况下可以行窃。有时，小偷的同伴是起掩护作用的，除非小偷及同伴都藏有商品，否则不要指认同伴偷窃，如果不清楚哪一个人掩藏着商品或小偷有机会把赃物传给同伴时，请千万不要此时抓贼。

基本上，职业小偷与有经验的同犯合作，有时小偷的同犯只分散售货员的注意力而职业小偷则去另一处行窃。他们可能会制造下面的混乱情况：假装昏倒；假装扒窃；老是向你提问题，以便引开你对正在进行的偷窃行为注意。

（十）员工偷窃——表现为以下几种形式：直接将商品或赠品带出；标低售价购买；与供应商勾结；与其他员工勾结作弊；偷吃偷用；挪用商品；与亲朋好友伙同。

员工不诚实行为可能发生在商场的任何角落，下列区域尤其应该特别注意：收银机处、收货区、仓库、顾客服务处、出入口处。

员工偷窃的行为远远大于商场小偷，员工偷窃与其说是冲动行为，不如说是典型的计划周密行为，经常可以发现员工之间有串通行为。员工偷盗的原因如下：

1. 生活支出超过收入；
2. 赌博；

3. 结交不可靠的伙伴；
4. 员工或其家庭成员长期患病；
5. 嗜酒、吸食毒品；
6. 发现被抓的风险很小；
7. 企业缺乏明确的处置偷窃行为的规定；
8. 管理不善导致员工对企业缺乏认同感、缺乏约束。

（十一）库存维护不准——盘点不准确；收货时，入电脑库存记录有错；退货打单入记录入多。

（十二）操作不当——不正确的搬运；冷藏冷冻设备的维护不当；不规范的陈列；没按食谱卡加工；生鲜食品存放不当；收银操作失误。

（十三）自然灾害——台风—>鼠患—>水浸—>白蚁—>火灾

三、商品防损工作规范

商品防损工作包括管理、监督、维护、防盗。商品防损的范围：因盗窃造成的损耗；因过期、变质或人为过失、破损造成的损耗；因仓库保管不善造成的损耗；因盘点造成的损耗；因退货造成的损耗；因缺货造成的损耗；因设备故障（不良）而造成的损耗。

表9-14 商品防损规范

类别	原因	预防措施（处理方法）	注意事项	责任人
偷窃引起	顾客偷窃	禁止顾客带大型背包或手提袋入内； 注意顾客的购买行为； 定期对员工进行防盗教育和训练； 加强门店巡视，尤其要留意死角和多聚集处； 注意由入口处出去的顾客； 有可疑情况时，员工可主动上前服务； 装置电子监控系统	在认定偷窃之前给予顾客有表示"购买"的机会，可用提醒顾客购买的方式处理； 处理偷窃事件时，不要把顾客当作"窃贼"，要冷静、自然，尽可把往顾客"弄错"的角度引导其购买，不要以调查的态度对待顾客，不要让店内顾客有不愉快感觉； 如误会了顾客，应向顾客郑重地表示道歉，并详细说明错误发生的过程，以得到顾客的理解	分店员工 各区主管 店长
	厂商偷窃	禁止厂商携带商品进入门店； 制订严格的内部管理措施；	严格要求厂商按规定进出门店； 严格遵守内部处罚规定	厂商员工

（续表）

类别	原因	预防措施（处理方法）	注意事项	责任人
偷窃引起	员工偷窃	禁止携带私人物品进入门店；禁止高价低标、偷吃、购物未结账或金额少打；禁止将用于顾客兑换的奖品、赠品占为己有；禁止利用顾客未取的账单作为废账单；禁止与亲友串通；装置电子监视系统	制定严格的内部管理措施；员工购物应严格规定时间、方式、商品出入手续；严格要求员工上下班时从规定的出入口出入，并自觉接受检查；夜间作业时，应由店长指事实上相关人员，负责看守公司财产及商品	防损部
因盘点造成的	盘点差错	防止看价格、记错价格；防止计数错误；防止把未验收的商品算进去；防止不重视、漏盘小商品；防止漏登帐；防止商品落在货架后面，漏盘；防止双重盘点；防止赠品当商品盘点；单据的数据输入出错或漏输或错拿，盘点时要仔细、认真，录入时要核实录入数据	做好盘点前准备工作；盘点过程中要认真、仔细；做好盘点的培训工作；严格做好赠品管理	
因设备故障造成	设备淋雨	防止雨淋		
	使用设备不良	采购设备时不仅要注意美观、材料也要上品；注意设备的保养、维护		
	秤不准	定期进行检查		
因过期、变质或人为过失、保管不当、破损造成	过期、变质	加强日期管理		分店员工店长维修人员
	人为过失	加强员工商品管理知识方面的培训；制订严格的内部管理制度。		
收货控制不严引起	员工控制不严收货录入错误	做好员工的培训工作控制录入工作		分店员工

【要点回顾】

1. 顾客服务员负责投诉处理的工作，包括接待、受理、跟踪、反馈、总结等几方面内容。处理投诉的方式也有：道歉、退换商品、赔偿顾客损失等。

2. 在整个接待过程中，工作人员应面带微笑。为顾客寄存物品时，应善意提示顾客取出贵重物品；若顾客要求寄存贵重物品，必须现场开包（箱）当面检查，上锁或特别保管；递存包牌给顾客时，应面带微笑提示顾客"请拿好存包牌"；顾客领取寄存物品时，应提示顾客"请拿好，谢谢"；在与顾客交谈时应注视顾客；整个拿递过程要轻拿轻放；顾客较多时，应耐心做到"接一答二招呼三"。

3. 错漏单是指收银员在收款结账过程中操作失误造成的漏打、多打、错打的单据。如果错漏单的发现在收款小票未打出时，收银员应及时注销错误输入，更改为正确的录入，可不作为错漏单处理；如果错漏单的发现是在收款小票已打出时，按以下流程操作，包括接待、确认、处理、记录、统计等工作内容。

4. 收货员收货时核对订货单与商品是否一致，即核对商品品名、规格、数量、质量，进行检验收货。同时，应注意，收货数量不能大于订货量。

5. 盘点作业流程。

6. 损耗是指一切给公司利润带来减少的、并且可以通过管理的手段控制的那部分资源流失。一切能可能产生损耗的机会点，都列为损耗的控制范围；

7. 商品防损工作包括管理、监督、维护、防盗。商品防损的范围：因盗窃造成的损耗；因过期、变质或人为过失、破损造成的损耗；因仓库保管不善造成的损耗；因盘点造成的损耗；因退货造成的损耗；因缺货造成的损耗；因设备故障（不良）而造成的损耗。

第十章 促销管理

【学习目标】
1. 了解促销管理中对促销活动、其他单位（非本公司供应商）、促销商品等的管理规范；
2. 了解分店促销活动的具体实施细则；
3. 对促销合同管理及促销管理中各种表格管理有一定的认识。

第一节 促销管理规范

一、分店促销活动管理工作规范

（一）目的
为分店促销活动申请提供依据，确保促销申请规范化。
（二）适用范围
适用于分店自办促销活动、场内送赠活动的申请及分店促销要求申请。
（三）工作规范
各分店在现有资源及遵守营运规范前提下，促进门店销售业绩。
（四）工作流程、工作要求及相关文件记录

表10-1 促销管理规范一览表

工作流程	责任人						工作要求/标准	相关文件/记录
	采购中心总监	市场部促销主任	采购中心	行政中心后勤部	申请分店	供应商		
促销申请		▲			●		各分店提前7个工作日填写申请表，交至市场部	分店促销申请表

（续表）

工作流程	责任人						工作要求/标准	相关文件/记录
	采购中心总监	市场部促销主任	采购中心	行政中心后勤部	申请分店	供应商		
汇总申请		●					由市场部进行分店促销申请汇总，并调整可行性，根据各分店促销活动安排计划，上报审批	促销活动汇总表
活动邀请		●	▲			▲	向供应商或采购中心发出促销活动邀请，安排具体时间、地点、赠品、道具以满足各分店促销要求	促销邀请函
细化整合		●	▲				细化整合促销申请；促销主任将各类申请按时间先后及项目紧急程度安排促销计划；将促销计划细化为分店可执行方案；计算促销活动预算	促销计划 促销活动门店细化表 促销费用预算及评测表
执行		●			▲		门店按市场部提供的促销活动门店细化表进行促销活动；市场部协调及跟踪门店促销活动的执行情况	
效果评估		▲			●		对促销活动进行适宜性、效果性评估	
资料归档		●					将资料整理、归档	分店赠品统计表

直接责任人：●　　　　　　　　配合人：▲

二、其他公司（非本公司供应商）促销活动管理工作规范

1. 为其他单位（非本公司供应商）的促销申请、安排、执行提供依据，确保促销申请规范化。

2. 适用范围：适用于其他单位店外促销活动及场内送赠活动的申请。

3. 工作流程、工作要求及相关文件记录。

表10-2 对非本公司供应商促销活动的管理

工作流程	责任人					工作要求/标准	相关文件/记录
	采购中心总监	市场部促销主任	各分店	财务中心	申请单位		
促销申请		▲			●	促销申请单位填写申请表,并汇总至市场部	供应商促销申请表
汇总申请		●				市场部将所有促销申请汇总,并根据各分店促销活动安排计划,将促销申请整合分配到各店,平均各店促销机会	促销活动汇总表
签订协议	▲	●			△	促销主任与申请单位协调活动,安排具体时间、地点、赠品、道具后,签订促销协议	分店促销活动协议
缴交费用		▲		△	●	申请单位到财务中心缴交促销费用	促销活动门店细化表
执行		●	▲			门店按市场部提供的促销活动门店细化表进行促销活动;市场部协调及跟踪门店促销活动的执行情况	
效果评估		▲			●	市场部、营运中心就促销活动的适用性、效果性作出评估	
资料归档		●				将相关资料整理、归档	

直接责任人:●　　　　　配合人:▲　　　　　涉及人:△

三、分店促销活动协议(非本公司供应商)

甲方:＿＿＿＿＿＿＿＿＿＿＿＿＿＿＿＿＿＿＿＿

乙方:＿＿＿＿＿＿＿＿＿＿＿＿＿＿＿＿＿＿＿＿

为了更好地推广商品,提高市场占有率,以达到更好的销售效果,乙方拟在甲方分店进行促销活动,甲、乙 双方本着平等互利、友好合作的原则,为明确双方在活动中权利、义务关系,经协商一致签订本协议以共同遵守。

1. 乙方确定在甲方属下的＿＿＿＿＿＿＿＿分店进行促销活动。
2. 活动日期:＿＿年＿＿月＿＿日到＿＿年＿＿月＿＿日止,合计＿＿天;
3. 每日时间段:＿＿＿＿时＿＿＿＿分起至＿＿＿＿时＿＿＿＿分止;
4. 活动方式:＿＿＿＿＿＿＿＿＿＿＿＿＿＿＿＿＿＿＿＿＿＿＿＿＿＿＿＿；
5. 应于＿＿＿＿＿＿年＿＿＿＿＿月＿＿＿＿＿日前向我司交清此次活动管理费用合计(大写)＿＿＿＿＿＿＿＿＿＿＿＿＿＿＿元。

6. 乙方在活动举办期间，要保证活动真实性，否则甲方有权追究乙方责任，并要求相应的经济赔偿。

7. 乙方不得借活动之名，销售假冒、伪劣、过期商品、进行欺诈活动，否则甲方有权终止协议，追究乙方责任，并要求相应经济赔偿。

8. 促销期间，乙方不得在本协议促销场所进行现场售卖活动，否则甲方有权中止协议。

9. 乙方所派人员需进驻甲方所属分店内促销的各项事宜根据甲方《促销员管理工作规范》的有关规定进行办理。（附：促销员管理规范）

10. 乙方所派的场内促销人员必须遵守甲方《促销员管理制度》，服从甲方的统一管理，认真做好促销工作，不得以中伤、贬低其他同类商品的手段达到促销的目的，一经发现，甲方有权将此促销人员清退出场、终止协议、追究乙方责任，并要求相应经济赔偿。

11. 乙方所派促销人员在促销期间所受任何非甲方原因造成的伤害，一切责任由乙方自行承担。

12. 乙方活动内容必须遵守相关的国家法规政策，否则后果自行承担。

13. 活动期间乙方应做好活动安全保证措施，以确保促销活动顺利进行，任何非甲方因素造成的损失，甲方不承担责任。

14. 甲方在签定和同活动时间段内不再将该场地作其他用途。

15. 本协议所涉及有关工作规范、相关附件与协议具同等效力。

16. 双方约定的其他事宜：＿＿＿＿＿＿＿＿＿＿＿＿＿＿＿＿＿＿＿＿＿＿
＿＿＿＿＿＿＿＿＿＿＿＿＿＿＿＿＿＿＿＿＿＿＿＿＿＿＿＿＿＿＿＿＿

17. 本协议经双方负责人签名并加盖合同章，交清相关促销费用后开始生效，协议期满后自然失效。

18. 本协议一式两联，公司联、供应商联，具同等效力。

19. 未尽事宜双方协商解快。

甲方（盖章）：　　　　　　　　　　　　　乙方（盖章）：

市场部：　　　　　　　　　　　　　　　　业务代表：
日期：　　　　　　　　　　　　　　　　　日期：

四、促销员管理工作规范

（一）目的

为促销员的管理提供工作依据，确保促销员的管理质量，提高公司运作效率。

（二）适用范围

适用于供应商从申请进入公司促销到退出促销的全过程。

（三）概要

1．促销员是指供应商为提升销售业绩而派驻各分店协助销售或协助商场工作的工作人员；

2．促销续场是指供应商在前期促销结束前，在不更换促销员前提下续签促销协议，继续进行促销活动的行为；

3．促销员调场是指供应商在某分店的促销活动结束后或在促销活动期间，把某分店的促销员调至另一分店进行促销活动。

（四）促销期间的有关规定

1．供应商在促销员进场前需按与公司促销协议或专柜联营协议交齐所有促销费用；

2．未取得促销员工卡和促销进场凭证的人员不得在店内进行促销活动；

3．促销员应谨记促销时限，促销期满前 7 天要及时办理续/退场有关手续，促销员过期未办理续场手续不得在店内继续进行促销活动；

4．续场的促销员不需要再培训，但需在促销到期前持续场交费发票、促销协议和工卡办理续场手续；

5．促销员未经管理人员同意，禁止私自进出仓库；

6．在促销期间被列入即时退场的违纪促销员将永不录用。

（五）促销员培训

1．促销员上岗前必须接受促销员上岗培训，培训考核不合格者，不能上岗。

2．促销员的识别：

（1）促销员在办理入场手续后，持促销员进场凭证、工卡纸到分店报到；

（2）促销员编号方法为：分店代码（2位）＋区域代码（2位）＋所在区域促销员序列号（4位）。

3．促销员上司的管理职责：

（1）促销员直属分店店长领导，防损主管负责促销员的上下班、仪容仪表的监督管理，各区主管负责促销员的具体工作安排、用膳时间安排；

（2）每天店长或主管应与促销员进行早晚例会，会议内容主要有：检查促销员的出勤情况和仪容仪表、每天的信息通报、促销活动的安排等；

（3）检查租赁柜台的清洁情况、商品陈列情况、POP 是否正确悬挂以及设备设施情况；

（4）为促销员自带进场的促销赠品（需退还给供应商的部分）开放行单；

（5）检查、监督促销员工作和遵守公司规章制度的情况；

（6）对违纪的促销员进行批评教育，对严重违纪行为进行处罚。

（六）促销员管理制度

1. 总则

（1）进行促销活动的供应商经向本公司申请和签订促销协议后，按规定的时间、场地、方式选派促销员进场促销。

（2）促销员与供应商建立劳动关系，其劳动报酬、福利由供应商负责。促销员在促销活动期间必须服从本公司管理。

2. 程序

（1）促销员进场程序

① 促销员应聘需具备的条件：非生鲜区促销员需具有高中或以上学历，生鲜区促销员需具有初中或以上学历；身体健康，持广州市疾病预防控制中心颁发的《健康证明》和《公共场所卫生知识培训证》；年龄18至45岁之间；形象良好，身高男162 cm、女152 cm以上；无不良嗜好和不良行为等。

② 促销员进场时必须持以下证件资料到人资中心考核部进行面试：《促销协议》或《专柜租赁联营协议》原件和复印件；缴费发票原件和复印件；促销员身份证原件；促销员本人的高中或以上毕业证原件；广州市疾病预防控制中心颁发的《健康证明》和《公共场所卫生知识培训证》；小一寸彩照一张等。

③ 促销员经面试合格后，由人资中心培训部进行培训。

④ 促销员经培训后，由人资中心培训部将考试合格人员名单通知人资中心考核部。

⑤ 人资中心考核部给合格的促销员发放工卡纸和进场凭证。

⑥ 促销员持工卡纸、进场证明、《健康证明》和《公共场所卫生知识培训证》到分店报到，领取工衣和工卡上班。

（2）促销员续场程序

① 促销员续场时必须持以下资料进行续场：促销员本人工卡，我公司与供应商签定的续期合同原件和复印件，由我公司开出，供应商缴纳费用的最新交款发票原件和复印件。

② 经人资中心考核部审核后，重新核发进场证明，促销员凭证明到门店报到上班。

（3）促销员调场程序

① 供应商提出申请调场，证明单据上需注明：姓名、证明人员调动原因、原分店、须调入的分店、时间、供应商单位公章；原分店主管或店长签名确认已经在分店已办理退场手续，采购中心经理的签名；

② 促销员回原分店办理退场手续；

③ 促销员持调场证明到人资中心考核部办理相关手续；

④ 经人资中心考核部审核后，重新核发进场证明和工卡纸，促销员凭证明到

门店报到上班。

（4）促销员补办工卡程序

① 促销员提出申请，申请书需注明以下内容：姓名、原工卡号、遗失原因、促销厂家、促销商品和所在分店的店长或所属区域主管加签意见；

② 促销员持申请书到公司财务中心交纳工卡工本费（20元）；

③ 促销员持申请书和工卡工本费收据到人资中心考核部办理；

④ 经人资中心考核部审核后，补发工卡纸。

（5）促销员退场程序

① 促销员经店长、防损主管、所属区域主管填写《促销员表现评定表后》到分店文员或会计员处办理退场；

② 交回工衣和工卡（工衣必须清洗干净后才可交还）；

③ 如果供应商有携带赠品进入分店，退场时需把赠品带走，同时由供应商出具证明，证明供应商委托授权由谁带走赠品，并加盖供应商公章；

④ 取回《健康证明》和《公共场所卫生知识培训证》。

3．岗位职责

（1）促销员的工作岗位由店长或主管安排。

（2）促销员的工作职责主要有：礼貌待客、推荐商品、购物服务、商品补充、整理、清洁和防盗等。

（3）若遇到顾客要求退货，须立即知会公司的有关部门或直属主管，不得擅自作出拒绝退换商品的决定。

（4）协助本公司管理赠品。

4．考勤

（1）促销员的工作时间由主管安排。

（2）促销员的用膳时间由门店主管安排，用膳时间不得超过30分钟。

（3）促销员请假或回公司办事，必须事先通知门店主管，主管可以落实有关人员补充空缺，但促销员必须出示供应商书面证明。

（4）促销员按照公司的要求，实行上下班打卡制度。

5．仪容仪表

促销员进场时要求自带由供应商提供的服装，则需由分店店长确认是否适合公司卖场穿着；供应商没有提供服装的促销员必须按公司规定的促销员着装：

（1）白色衬衣（束起）；

（2）浅蓝色牛仔裤（不能卷裤脚）；

（3）生鲜区（特指熟食、水产、鲜肉、面点等）促销员需自备与我司类似厨师服、围裙和水鞋；

（4）男士不得留长发、染发，女士的长头发必须束起；

（5）上班时不准穿拖鞋、凉鞋、鞋跟高于 5 cm 的高跟鞋和厚底鞋，非生鲜区不得穿水鞋；

（6）工作时间促销员把公司规定的工卡佩戴在左胸位置；

（7）上班时需注意个人形象和个人清洁卫生；

（8）促销员其他行为规范参照公司《员工行为准则》执行。

6. 奖惩

促销员在促销活动期间，为分店作出突出贡献或为分店挽回经济损失，参照公司《员工奖惩管理条例》和其他奖励制度给予相应奖励，由店长提出奖励申请报告，营运中心审核，报总经理审批。

促销员在促销期间，如有违反以下情形者，门店店长可对其处以 10-30 元的罚款，扣 0.5 分：

（1）未按要求对商品和货架进行清洁和整理；

（2）上班时间在商场内私自接打电话或使用公司电话；

（3）一次不按公司要求着装、佩戴工卡；

（4）上班时间内试用或试吃商品；

（5）在卖场内化妆或梳理头发，仪容仪表、动作姿态不雅观；

（6）私用公司购物胶袋；

（7）在商品外包装上乱涂乱划。

促销员在促销期间，如有违反以下情形者，门店店长可对其处以 30-50 元的罚款，扣 1 分：

（1）离岗时不办理登记、登记时弄虚作假或未经管理人员同意，擅自离开工作岗位；

（2）未经批准，多次（二次或二次以上）不按规定着装、出勤、佩戴工卡；

（3）在卖场内聊天、不接待顾客，故意敷衍顾客提出的正当要求；

（4）未经过管理人员同意或不按要求使用设备设施；

（5）把私人物品带进卖场，并存放于工作区域内；

（6）违反公司规章制度，情节较轻。

促销员在促销期间，如有违反以下情形者，门店店长可对其处以 50-100 元的罚款，扣 2 分：

（1）未经管理人员同意擅自调动商品陈列，私写 POP 牌、乱放价格牌；

（2）无正当理由拒绝管理人员分配的工作任务；

（3）擅自离岗购物、办理私人事情；

（4）未按赠品管理制度处理赠品，情节较轻；

（5）在促销期过期 15 天内既不办理续场手续又不办理退场手续；

（6）违反公司规章制度，经批评教育仍未有改善，拒不接受管理人员的教育、劝告。

促销员在促销其间,如有违反以下情形者,门店店长可对其处以 100-200 元的罚款,扣 3 分:
(1) 在卖场或仓库内饮食、吸烟、坐岗;
(2) 在卖场内或仓库睡觉、看报纸、抄阅书刊资料或做私事;
(3) 在卖场内大声交谈、尖叫或打闹;
(4) 怠慢、刁难顾客,引起顾客不满或投诉;
(5) 代人打卡或让人代打卡;
(6) 严重违反公司规章制度,造成较恶劣影响。

促销员在促销其间,如有违反以下情形者,门店店长可责令其即时退场,并处以 300~500 元罚款,扣 4 分,人资中心考核部将其列入永不录用名单:
(1) 违反职业道德,利用工作之便营私舞弊,损害公司利益,严重破坏公司名誉;
(2) 与顾客争吵、冲突、打骂或围攻顾客,造成重大影响;
(3) 偷吃和盗窃公司财物或赠品,岗位藏有未付款的公司商品,拾遗不报或据为己有;
(4) 因工作失职或服务态度恶劣,导致顾客向传媒或有关部门投诉的;
(5) 诋毁他人商品,携带易燃、易爆及其他危险品进入公司范围;
(6) 严重违反公司规章制度,造成恶劣影响。

分店对违纪促销员进行按章处罚,促销员违反其他规章制度可参照以上五条处罚条例进行处罚,对造成重大损失的,公司有权要求其赔偿并同时追究有关法律责任。

违纪促销员接受处理时不得拒签《促销员违纪处罚通知单》,即使违纪促销员拒签亦不影响处罚单的有效性,但需有两名见证人签名确认,促销员在促销期间累计扣分达 4 分者作即时退场及永不录用处理;

分店有权撤换严重违纪、屡教不改、拒不接受批评教育的促销员,甚至终止(经批准)促销供应商的促销活动;

分店对违纪促销员进行按章处罚时需知会其所属供应商的相关业务人员,供应商业务人员也应定时到分店了解情况;

促销员在促销期到期 15 天内还没有办理退场手续并拿走工衣,将扣工衣款 50 元;拿走工衣柜钥匙扣修理费 20 元,工卡工本费 20 元,还将参照第二十四条例对其进行处罚;

供应商应做好对各自促销员的监控工作,促销员违纪罚款在公司与供应商结算时扣除。

7. 附则
(1) 本制度自颁发之日起实施;

（2）公司可根据经营需要对本制度进行修改；
（3）本制度的解释权在公司人资中心考核部。
（七）工作流程、工作要求、责任人和文件记录见表10-3。

表10-3 对非本公司供应商促销管理流程

工作流程	责任者								工作要求/标准	相关文件/记录
	采购中心总监	采购中心经理	采购中心主任	分店店长/主管	招聘助理	培训文员	财务中心	供应商促销员		
申请			●					●	☞ 提出促销员进场申请。 ☞ 就促销员进场的人数、派驻分店、费用、促销内容进行谈判并签订合同草稿。	促销协议 专柜联营协议
审核		●	▲						☞ 促销合同报采购中心经理审核。	促销协议 专柜联营协议
审批	●	▲							☞ 重大促销协议合同报采购中心总监审批。	
执行				●	●	●	▲	▲	☞ 供应商持生效的促销协议至财务中心交缴促销费用。 ☞ 供应商持促销协议、交费发票原件及复印件组织促销员在规定时间到指定地点由人资中心考核部进行面试。 ☞ 面试合格者由人资中心培训部安排培训。 ☞ 培训合格者可以正式办理入场手续。 ☞ 促销员持人资中心考核部发放的进场凭证、工卡纸、健康证到分店店长或主管处报到，并安排工作岗位。 ☞ 分店文员或会计员给促销员发放工卡和工衣。 ☞ 办理完毕入场手续的促销员开始正式上班。	促销协议 专柜联营协议 交费发票 促销员面试培训记录表 促销员进场凭证 工卡
跟踪管理				▲	●	●	▲	△	☞ 各分店对促销员的日常行为进行管理，定期评选出优秀的促销员，并对违纪的促销员进行处理和处罚。 ☞ 促销员违纪处罚通知单一式四联，分店留存联、人资中心备档联、财务收款联、供应商通知联。 ☞ 人资中心考核部按促销协议规定时间为供应商和促销员办理续场、调场和补办工卡手续。	促销员违纪处罚通知单

（续表）

工作流程	责任者					工作要求/标准	相关文件/记录
	采购中心主任	分店店长/主管	招聘助理	财务中心	供应商促销员		
退场	▲	●		▲	△	☞ 促销活动到期不进行续场，促销员需主动向分店店长报告，并到分店文员或会计员处办理退场手续，店长及防损主管、区域主管填写好《促销员表现评定表》 ☞ 分店每月20日检查促销员到期情况 ☞ 分店为促销员表现打分，签名。每月3日前把上月退场促销员资料整理好交人资中心考核部保管，同时填写上月促销员在职统计表和离职统计表	促销员表现评定表
资料整理			●			☞ 人资中心考核部招聘助理将分店交回的有关资料归档，并定期统计在场促销员名单、违纪促销员名单，将违纪促销员名单知会采购中心、营运中心及各分店	

直接责任人：●　　　配合人：▲　　　涉及人：△

五、商品促销工作规范

（一）目的

为激发消费者的购买欲望，提升公司销售业绩而进行的促销活动规范。

（二）适用范围

适用于普通促销及快讯促销活动。

（三）概要

1. 各采购小组根据促销计划进行洽谈，确认促销方式；
2. 普通促销是在快讯促销的基础上，对公司促销活动进行必要而有益的补充，包括策划、谈判、审核、审批、实施、跟踪及评估等内容。
3. 快讯促销工作规范包括制定计划、谈判、审核、审批、实施、跟踪及评估等内容。

（四）工作流程、工作要求及文件记录

表 10-4　普通促销信息工作流程、工作要求及文件记录

工作流程	责任者					工作要求/标准	相关文件/记录
	采购中心经理	采购中心主任	采购中心文员	信息中心	营运部门	供应商	
策划		●				▲	采购人员根据市场状况提出促销商品或促销活动	
谈判		●				▲	☞ 双方洽谈促销商品的进售价及促销方式、促销费用、库存等，签订促销协议	促销协议
审核		●					☞ 采购中心主任在两个工作日内决定是否促销	促销协议
审批	●	●					☞ 两个月以内的促销由经理审批 ☞ 六个月以内的促销由采购中心总监审批	促销协议
实施		▲	●	●	▲	▲	☞ 信息中心在电脑内修改商品资料 ☞ 资料交相应部门存档 ☞ 采购中心文员汇总统计促销协议及库存扣补情况交相关部门处理	促销协议 促销协议汇总表
跟踪			●				跟踪促销期内商品销售业绩及时解决突发问题	促销商品库存扣补统计表
评估			●				对此次促销的业绩及市场反映进行评价，作为日后参考资料	

直接责任人：●　　　　配合人：▲

表 10-5　快讯促销信息工作流程、工作要求及文件记录

工作流程	责任者						工作要求/标准	相关文件/记录
	市场部	采购中心经理	采购中心主任	采购中心文员	信息中心	配送中心	分店	
策划	●							☞ 根据年度计划确定每一期快讯时间安排及活动主题	年度快讯计划
谈判			●					☞ 根据快讯计划同供应商洽谈促销商品、进售价、快讯费用，签订促销协议	促销协议

（续表）

工作流程	责任者							工作要求/标准	相关文件/记录
	市场部	采购中心经理	采购中心主任	采购中心文员	信息中心	配送中心	分店		
审核			●					☞ 采购中心主任在两个工作日内决定是否促销	促销协议 快讯商品统计评估表
审批		●						☞ 部门经理在三个工作日内决定是否促销	促销协议 快讯商品统计评估表
实施			●	▲	●	▲	▲	☞ 根据批准的促销协议，准备快讯样品拍照 ☞ 信息中心在电脑内修改商品资料 ☞ 将快讯汇总表传送相关部门 ☞ 制定分货表	促销协议 快讯商品统计评估表
跟踪			●			▲	▲	☞ 跟踪快讯商品，对销量不高商品进行分析，对库存不足商品及时补货	快讯商品统计评估表
评估								☞ 在快讯结束三日内，根据实际销量与预计销量，对商品表现进行评估并提出改进办法	快讯商品统计评估表

直接责任人：●　　　　配合人：▲　　　　涉及人：△

六、促销员行为规范

为规范本公司员工与促销员的工作态度，为推行"以服务求生存，顾客满意为宗旨"的指导思想，及加强本公司规章制度的执行力度，特制定本规范，以确保在员工、促销员管理上有章可循，保证管理正规化。

1. 所有员工、促销员在上班时间内必须穿工衣，整齐佩戴胸卡和工号牌。工号牌佩戴于胸前左上方。

2. 上班时间必须保持良好的工作状态，任何人不得在上班时间内无精打采，倚靠货架，打瞌睡。上班时间不得与无关人员说笑，打电话，不得随意擅离工作岗位。

3. 严格遵守公司各项规章制度，严格按照排班表安排出勤、作息时间。未经请假，不得以任何理由迟到、早退。上班时间内，去洗手间必须将工卡交于收货区防损员登记，自检完毕后方可离开，并在规定时间内返回工作岗位。

4. 对待顾客要热情有礼，耐心主动，不得以任何理由与顾客发生争执。如有顾客无理取闹,也不应与之争吵,应该通知防损部或值班经理,到服务台进行处理,不要影响卖场内的正常秩序。

5. 保持自己所属工作区域的卫生清洁,商品摆放整齐,商品要定时做好清洁。发现顾客在卖场吸烟必须礼貌地告诉顾客卖场内不允许吸烟,做到"请"字在先,"谢"字在后。

6. 发现有顾客偷盗、偷吃或是抄商品价格,必须及时上报防损员或相关主管。

7. 见到公司领导要热情有礼,主动致意问好,不得与上级在卖场发生顶撞行为。

8. 与同事相处要诚恳有礼,不得以强欺弱,要相互谅解,互相学习,互相帮助,共同进步。

七、促销物品及快讯设计制作管理规范

(一) 目的

快讯的设计制作提供依据,确保设计、制作符合 CIS 要求,满足促销需要。

(二) 适用范围

适用于营销推广活动所需的促销物品及快讯的设计制作过程。

(三) 概要

1. 通过对促销物品及快讯设计制作流程的描述,保证促销物品及快讯满足营销推广的需要。

2. 促销物品:所有为将商品的信息、企业信息传递给消费者以及为促进销售而制作、设置的物品。包括:台牌、吊旗、布告牌、POP 单页等宣传品、印刷品;为宣传、促销而设置的搁架、台架、门头等设施;各种赠品。

3. 快讯:发布促销信息的设计平面制作品,包括印刷品、喷绘、报纸。

(四) 工作流程、工作要求及相关文件记录

表10-6 促销物品及快讯设计制作工作流程

工作流程	责任者					工作要求/标准	相关文件/记录
	采购中心总监	市场部	广告公司	行政中心后勤部	营运中心		
确定促销物品及快讯		●	△			策划组根据促销方案需要,确定促销物品及快讯的设计方案、费用预算。有针对性地收集与设计相关的资料,要求广泛、时尚	促销策划方案

第十章 促销管理

(续表)

工作流程	责任者					工作要求/标准	相关文件/记录
	采购中心总监	市场部	广告公司	行政中心后勤部	营运中心		
设计			▲	●		设计要求：符合CIS的要求。有创意、具可行性	创意方案 设计图及其说明
审批	●	△				按程序及时报批：设计员➡市场部经理➡采购中心总监	审批报告
定制		●	△	●		对外定制、掌握进度与验收	合同、进度表
验收		●	△			市场部负责促销物品及快讯的验收	收货记录
使用		●		●	●	促销物品及快讯发放分店使用	文件、凭证
归档		●				将相关资料整理归档	

直接责任人：●　　　配合人：▲　　　涉及人：△

八、供应商出租柜促销申请管理规范

1．目的。为供应商促销活动申请、安排、执行提供依据，确保促销申请规范化。

2．适用范围。适用于供应商场外促销活动、场内送赠活动的申请及分店促销要求申请。

3．概要

（1）市场部对供应商促销活动须系统分析、汇总、统筹和平均分配，实现所有分店的最大利益。

（2）对促销活动的实施进行跟踪。

4．工作流程、工作要求及相关文件记录

表10-7　供应商出租柜促销申请流程

工作流程	责任人				工作要求/标准	相关文件/记录
	市场部促销主任	采购中心	发展中心	申请分店	供应商	
促销申请	▲	△	△		●	采购中心/发展中心提前7个工作日填写申请表，交至市场部	供应商促销申请表 出租型专柜店外促销申请表

(续表)

工作流程	责任人				工作要求/标准	相关文件/记录
	市场部促销主任	采购中心	发展中心	申请分店	供应商		
汇总申请	●					由市场部进行供应商促销申请汇总，并调整可行性，根据各分店促销活动安排计划，上报审批	促销活动汇总表
活动邀请	●	▲			▲	与供应商或采购中心协调相关事项，安排具体时间、地点、赠品、道具以满足各分店促销进度	促销计划
细化整合	●	▲				☞ 细化整合促销申请 ☞ 促销主任将各类申请按时间先后及项目紧急程度安排促销计划 ☞ 将促销计划细化为分店可执行方案 ☞ 计算促销活动预算	促销活动门店细化表、促销费用预算评测表
执行	●	▲		●		☞ 门店按市场部提供的促销活动门店细化表进行促销活动 ☞ 市场部协调及跟踪门店促销活动的执行情况	促销活动门店细化表
效果评估		▲		●		☞ 对促销活动进行适宜性、效果性进行评估	分店赠品统计表
资料归档	●					☞ 将资料整理、归档	

直接责任人：●　　　　配合人：▲　　　　涉及人：△

九、供应商促销合同管理

1．促销合同的内容包括促销内容、促销期、促销变价期、促销方式、促销费等内容；

2．促销合同一式三联，我公司两联，供应商一联，三联具同等法律效力；

3．促销合同必须在促销活动开始前五个工作日提交公司按审批程序审批签章；

4．促销合同的类型见表10-8。

表 10-8 促销合同类型

促销合同的类型	合同有效期	涉及部门	审批周期	备注
店内特价	以合同期限为准	采购部、分店	一天	
堆头/端架陈列	以合同期限为准	采购部、分店	二天	分店每周六提供可用堆头数
专架陈列	以合同期限为准	采购部、分店	二天	分店每周六提供可用专架数
派驻促销员	以合同期限为准	采购部、分店、人事	二天	分店每月5日前提供可进促销员数
快讯促销	以合同期限为准	采购部、分店、策划部	三天	所有商品应保证最好陈列
其他	以合同期限为准			

5. 促销合同的执行与监督：促销合同的执行必须严格遵照促销合同内签订内容执行。

表 10-9 促销合同执行与鉴督

促销合同项目	执行部门/责任人	配合部门	监督部门	备注
促销商品的变价	采购部录入员	信息部	采购部/采购经理/分店	变价时期需严格遵照合同签订日期执行
促销商品的陈列	分店		策划部 采购部	促销商品必须使用特价标签进行明显标识，并遵照合同进行相应陈列。快讯商品必须以堆头或端架陈列
促销费用的收取	财务部	采购部	财务部	促销费用需在合同签订之日如约支付，未按期交付的，暂停次月结算

第二节 促销管理规定

一、门店促销活动管理规定

为了充分发挥门店经营灵活性、积极性，保障采购、门店组织的促销活动正常开展，特制定以下规定：

1. 公司统一促销活动由采购部负责和供应商洽谈，谈妥后，制定促销活动方案传门店执行。

2. 在不涉及和供应商谈判的情况下，门店可自行组织场内、场外的各种促销活动。

3. 在公司未安排整体促销活动的前提下，门店可与非供应商单位洽谈临时性促销活动，相关费用由服务台收取上缴公司，审批权限为店长。

4．如非供应商单位需与门店签订长期租赁、促销协议，门店可与对方谈判，初步签订合同，经公司审批后生效。

5．采购部与门店的促销活动发生场地冲突时，由采购部与门店协商解决，原则上，采购部组织的促销活动优先执行。

二、供应商与商品的促销时间安排

1．促销形式可以根据实际情况选择，重点商品是促销的重点，促销一般选择重点商品。

2．不同级别供应商与不同商品的促销频度安排。

表 10-10 供应商促销频度

供应商级别	促销频度	商品类别	促销频度
重点供应商	15 天至少一次	A 类	占快讯 80%，并且配合其他各种形式之促销
较重点供应商	30 天至少一次	B 类	占快讯 20%，可重点推出个别商品
结构性商品供应商	除特殊情况以外，不做促销	C 类	除特殊情况外不做促销，商品应作调整

表 10-11 快讯时效管理

交策划草案	定案	交汇总表	审批	备样	拍片	第一次校稿	第二次校稿	打样印刷	快讯执行情况检查
前 30 工作日	前 25 工作日	前 20 工作日	前 18 工作日	前 15 工作日	前 13 工作日	前 9 工作日	前 8 工作日	前 6 工作日	快讯第 1 天

三、促销商品的选择

1．促销商品的选择：销售为 20 商品（即销售在前 20%之单品）；有巨大潜力之商品（即可冲入前 20%之单品）；知名品牌推出之新商品；厂家让利幅度极大的一般性商品。

2．对重点供应商的重点商品必须每月促销一次，具体形式可以选用快讯、店内促销，以及配合此品牌整个市场的活动。

3．促销商品的选择要符合该商品之季节性，并分析该促销之吸引力，并预估促销效果。

4. 在决定促销形式之前必须提前市调，对供应商推荐的促销商品要作合理分析，要考虑到该商品是否有影响力，应把公司的利益放于首位。

四、促销形式的选择

1. 选择最佳促销方式：快讯、优惠券、折扣、特价包装、赠品、免费试用、试吃、场外促销等，食品通常可选用试吃、特价包装、折扣、赠品等促销方式，百货可选用试用、赠品、商品保修保换、折扣等促销方式。
2. 促销收费的执行标准见表 10-12。

表 10-12 促销收费用标准

内　容	收　费	备　注
堆头陈列/个/月/店	≥300 元	1 平方米规格
端架陈列/个/月/店	≥200 元	指整个端架上下几层
专架陈列/个/月/店	≥200 元	排面长 3.6 米以内
厂商专架陈列/个/月/店	≥200 元	指厂商提供的专用货架
促销员进场/个/月/店	≥300 元	
快讯商品/个/次/店	≥100 元	
新供应商费/个/店	≥2000 元	
灯箱广告费/年	≥2000 元	

3. 非收费促销的标准：
所选促销形式要适合本公司的卖场条件，以本公司的利益放于首位，符合本公司的要求，对商品之销售提高，以及增加人流及客单价有较大帮助。
4. 非收费促销的审批程序：
采购组→部门经理→采购部经理
5. 以上促销合同的最长执行期限为三个月。

五、促销合同的执行

1. 堆头、端架、专架陈列、厂家促销员的合同签订；促销合同一式三联，财务部一联、采购部一联、供应商一联。
2. 采购部因业务需要，签订促销合同。
（1）采购部签订陈列和促销员程序：采购组咨询分店后→与供应商协商→签订合同→采购主管审批→盖章→根据各联不同归属分发合同。
（2）中秋、春节及节日性陈列和促销员安排由采购部直接签订合同，分店必须按合同条款严格执行。

3．费用收取程序

（1）在采购部签订的合同，促销费用缴至公司财务部，开取服务发票。

（2）用同等价值商品替代促销费用的，至分店收货区办理登记手续，此类商品录入库存，不计入成本；商品的单价以当时的电脑进价为准。

4．分店场外促销由门店与供应商签订：

分店递交场外促销确认单 →营运部审核→ 签订临铺出租协议 → 缴费 → 供应商凭盖有业务章的临铺出租协议到分店开展促销。

5．相关费用收取后方可执行各项促销合同。

6．各部门如要在合同签订后，取消或变更费用，须以业务通知单形式书面通知财务部。

7．监督部门及监督方式

（1）采购部、分店防损员随时对分店的陈列与促销员进行抽检，如发现手续不全或无合理理由项目，则提交总经办跟进。

（2）财务部应定期对各类促销合同的收费进行核对。

8．快讯商品及其他促销合同的签订：促销合同一式三联：采购部一联、财务部一联、供应商一联

9．合同签订程序

采购主管谈判并签名 → 由供应商签章 → 采购部经理审批 → 根据各联不同归属分发合同

10．促销信息传递的时效安排见表10-13。

表10-13　促销传递时效

促销策划草案	采购人员与供应商签协议	审批	执行部门
2天之内	2天之内	2天之内	提前3天通知执行部门

11．对确定之促销合同，各部门应通力合作，无条件地严格按照协议内容执行。

12．供应商在签订促销协议后，应积极配合，若遇到违约，应责成相关采购人员对该供应商执行违约罚。

六、门店对促销活动的安排

1．分店对促销地方的安排

2．若采购部、策划部对促销活动地方有安排的，应提前2天通知分店，分店应严格按照策略计划进行安排执行，应提前作好工作安排。

3. 若没做出规定之促销活动，分店应尽可能将促销活动安排到端架或客流量较大的区域，也要考虑到活动对销售的作用。

4. 分店对促销商品陈列的安排：分店应在促销活动之前，按照促销活动的安排，将促销商品陈列在指定的位置，注意促销商品之陈列量要比非促销商品大 5 至 10 倍。

5. 分店对促销商品 POP 的安排：促销商品的 POP 价格及其他事项一定要严格按照促销活动安排来执行；促销商品的 POP 一定要与其他一般商品 POP 要有明显区别，并且要悬挂于明显位置。

6. 分店对促销人员的支持。分店对促销人员在工作上要加以大力支持，在不违反公司规定的情况下，给予最大的配合。

7. 分店对促销商品的订单管理。促销商品应根据商品性质提前备货，根据预估销售量来下订单，促销商品之订单门店应安排专人负责，从订单到货品到店要全面跟踪。

七、促销的评估管理

1. 快讯商品由采购人员提出后，应汇总交由采购中心经理进行审批，再交由市场部组织快讯，快讯活动结束后，要根据预估销量与实际销量之间的达成率，评估并分析原因，总结得失。
2. 使用促销统计评估表。
3. 通过以上评估表的分析汇总，做出下一次促销活动之改进计划。

第三节 促销管理表格

一、促销协议汇总表

表10-14 促销协议汇总表

部门：

厂商编号	厂商名称	合同号	执行时间	项目	金额（元）	发票/收据号	备注

注：每周一将汇总表发至营运部、采购部存档。　　制表人：　　日期：

二、分店促销申请表

表 10-15　分店促销申请表

_____门店　　　　　　　　　　　申请日期_____

期望促销日期	
期望促销时间段	
促销事由	
活动内容	

　　　　　　　　　　　　　　　　　　　　　　店长签名：_____
　　　　　　　　　　　　　　　　　　　　　　日　　期：_____

三、供应商促销申请表

如有厂商计划在分店进行促销活动（如服务台送赠、抽奖、广场促销等）请填写本表，并发送到市场部促销专员处。

表 10-16　供应商促销申请表

序号	促销分店	申请部门	申请日期	厂商编码	厂商名称	商品编码	商品名称	商品规格	促销期	促销方式	收费额	促销地点		道具水电	促销员	赠品		促销规则	估赠品到店日	赠品编号	已发传时间
												店内	店外			名称	数量				

程序知会：厂商向采购中心申请→采购中心向市场部发邮件→市场部汇总、整

第十章 促销管理

理/咨询分店→市场部发邮件给分店/抄送采购中心/营运中心等有关人员→要求他店收货、促销期间门口绘制促销海报、产品陈列区张贴促销海报、服务台广播等。

四、非供应商促销申请表

表 10-17 非供应商促销申请表

分店名称		分店代码		促销活动代码	
供应商名称				填表日期	
供应商地址				填表人	
供应商联系人		联系电话			
供应商编码					
促销活动细则					
促销主题					
促销商品名/性质					
日期/时间段					
目 的					
内容（含送赠规则）					
供应商提供					
道 具（明细）					
营业执照复印件					
奖品（明细、数量）					
宣传文字与图片					
海报/现场装饰					
旗 帜					
促销人员					
媒体广告					
建议促销区（面积、位置）					
商场提供					

五、出租型专柜店外促销申请表

说明：

1. 凡属于出租型专柜/商铺要在店外做促销活动的（如在店外屋檐下、广场等），须事先报批；

2. 促销活动必须提前 7 个工作日向市场部申请，市场部 3 个工作日内答复。

表 10-18 店外促销申请表

序号	所在分店	出租专柜/商铺	专柜/商铺编号	申请位置	占用场地尺寸	主要道具	促销期	促销规则	是否需水电/电功率	备注

申请人：	专柜电话：	招商部申请人：	市场部意见：

▲报批程序：专柜/商铺填写此表→传真给招商部→招商部收集整理→填写促销申请表（本表/电子版）并发送到市场部促销专员→市场部与相关部门沟通后作促销安排并通知招商部→招商部通知专柜商铺执行促销活动（市场部督察促销过程）。

六、促销费用预算及测评表

表 10-19 店外促销费用及测评表

序号	促销活动	执行时间	费用项目	费用名称	数量	材料	单价	总价	承担	状况
			道具							
			宣传途径							
			赠品							
			人员							
				合计						

（续表）

注：					
效果预测					
活动内容			结果预测		
同期对比					
经营情况　　时段	来客数（人）	销量（元）	客单价（元）	营业增长率	促销费用（元）	费用率
促销期间						
上月同期						
总体	□效果很好	□效果较好		□效果不明显	□效果较差	

七、促销商品库存扣补统计表

表10-20　促销商品库存扣补统计表

部门：　　　　　　　　　　　　　　　　　　　　　　　组别：

厂商编码	厂商名称	商品名称	销售数量	进货数量	促销进价	正常进价	补差金额	促销期

核准：　　　　　　　　采购主管：　　　　　　　　制表：

【要点回顾】

1. 促销工作流程一般包括促销申请、汇总申请、活动邀请、细化整合、执行、效果评估、资料归档等步骤。

2. 促销员上岗前必须接受促销员上岗培训，培训考核不合格者，不能上岗。

3. 促销物品：所有为将商品的信息、企业信息传递给消费者以及为促进销售而制作、设置的物品。包括：台牌、吊旗、布告牌、POP单页等宣传品、印刷品；为宣传、促销而设置的搁架、台架、门头等设施；各种赠品。

4. 快讯：发布促销信息的设计平面制作品，包括印刷品、喷绘、报纸。

5. 快讯促销工作规范包括制定计划、谈判、审核、审批、实施、跟踪及评估等内容。

6. 普通促销是在快讯促销的基础上,对公司促销活动进行必要而有益的补充,包括策划、谈判、审核、审批、实施、跟踪及评估等内容。

7. 市场部应对促销活动的实施进行跟踪,对供应商促销活动须系统分析、汇总、统筹和平均分配,实现所有分店的最大利益。

8. 促销合同的内容包括促销内容、促销期、促销变价期、促销方式、促销费等内容。

9. 选择最佳促销方式:快讯、优惠券、折扣、特价包装、赠品、免费试用、试吃、场外促销等,食品通常可选用试吃、特价包装、折扣、赠品等促销方式,百货可选用试用、赠品、商品保修保换、折扣等促销方式。

第十一章 生鲜管理

【学习目标】
1. 了解生鲜服务标准、生鲜基本知识;
2. 了解生鲜卫生规范,熟悉掌握生鲜管理流程,包括:生鲜订货、收货、调拨、报损、盘点等流程。

第一节 生鲜服务

一、生鲜服务的宗旨

1. 新鲜:指生鲜商品的采购、收货、加工、上架、护理等每一个环节都要足够新鲜。
2. 卫生:指生鲜商品、生鲜区域(售买、加工、仓库)员工的卫生要清洁好。
3. 可靠:指生鲜商品的品质、员工的服务质量要有保证。
4. 平价:指生鲜商品的价格形象。
5. 亲切:指生鲜商品的组合、员工对顾客的服务态度能否让顾客感到亲切。

二、生鲜服务标准

1. 商品、环境方面

生鲜商品经营必须每时每刻做到"新鲜",才能满足顾客的需求,一定要做到是顾客会买的商品才能陈列出来,而不是我们能卖的商品陈列出来。具体到生鲜的每一个部门要求如表11-1所示:

表11-1 生鲜服务标准

类别	标准
蔬菜	保持陈列架的干净,一小时护理一次
水果	保持陈列架的干净,二小时护理一次
肉类	保持陈列架、分割台、冷藏柜的干净,分割时要面向顾客,按顾客指定的部位切割,三小时护理一次

（续表）

类别	标准
鱼类	保持鱼池、冰鲜台、切割台的干净，二小时护理一次
熟食	保持热展柜的干净、热度，二小时护理一次
面包	保持面包陈列架的干净，一小时护理一次
冻品	保持冷柜的干净，不能有过期、解冻商品在冷柜，四小时护理一次
干货类	保持陈列器具的干净，不能有变质、不同样商品混杂陈列，四小时护理一次
其他	为顾客提供品质稳定的自制产品，吸引更多的回头客，为顾客着想，推出方便卫生的新鲜配菜，发掘市场新品种，为顾客提供品种丰富的新鲜商品，必须保持本区域的地面、存放器具、使用器具、陈列器具等干净

2. 员工方面

严格按照生鲜员工个人卫生标准要求执行，加工时要由技术好的员工负责，售卖时要由形象好的员工负责。

时时保持购物通道的畅通，减少顾客排队购物或打价时间，处处留意顾客的要求，有问必答，笑脸相迎，对于顾客咨询或投诉应及时处理或交给上司，让前来购物的顾客都能有家的亲切感觉。

第二节 生鲜基本知识

一、熟食与面包类

熟食，言外之意就是熟的食品，马上可以吃的。现阶段，熟食分为：非热食（荤、素）、热食（卤味、烧腊、烤炸、盐焗、小食、点心）等。

面包其实是西式面点的一个分类而已，按制品加工工艺及坯料性质分类，可分为蛋糕类、混酥类、清酥类、面包类、泡芙类、饼干类、冷冻类甜食类、巧克力类等。

二、水产与肉类

水产的分类：活鲜，主要有桂花鱼、大头鱼、脘鱼、鲤鱼、鲫鱼、福寿鱼、虾等等；冰鲜，主要有黄花鱼、红三鱼、带鱼、马胶鱼、泥猛、九肚鱼等；甲壳贝类，主要有虾、蟹、贝等。

肉的分类：鲜肉，指新鲜的杀死的生畜的肉；保鲜肉，指新鲜的杀死的牲畜的肉后，再经过冷藏、保鲜的畜肉；冷冻肉，指新鲜的杀死的牲畜的肉后，再经过急冻、保鲜的畜肉（鸡类较多）；调味肉，指经过调味加工的肉类；其他，如活三鸟、腊味、腌制品、配菜等，这些是为了生鲜管理方便而归入肉类。

三、蔬果

蔬菜类商品结构，蔬菜根据食用的部位分类可分为：根茎类、叶菜类、瓜果类、调味类、菌类及其他。水果类商品结构，分为进口和国产水果。

（一）蔬菜收货标准如表11-2所示。

表11-2 蔬菜收货标准

类别	品名	收货标准	拒收标准
叶菜类		新鲜；无黄叶、无腐叶、无烂叶、无枯叶，切口不变色；叶片完整；色泽正常；津白菜、大白菜茎部无黑点；菜花上无黑点、无霉点	枯萎；黄叶多，烂叶多，腐叶多；切口变色严重；菜花上黑点、霉点多，色泽变化大；包装菜规格一致
根类	红萝卜	新鲜；色泽鲜红，无裂口，无斑点，个体均匀，150～200g/只，规格一致	色泽偏暗，裂口长，缩水，个体严重不均
	白萝卜	新鲜；外表不变黑，不断裂；个体均匀，650～750g/只，规格一致	外表变黑，缩水，断裂，个体严重不均
	青萝卜	新鲜；外表不变黑；300～350g/只，规格一致	外表变黑，缩水
	土豆	新鲜；无损伤、切口；100～200g/只，规格一致	损伤、切口大；长芽
	番薯	新鲜，无损伤、切口；外表完整	损伤、切口大，发霉，腐烂
	莲藕	新鲜；色泽正常；切口不变色	外表变黑，切口变色严重；缩水
	马蹄	新鲜；色泽正常；无异味	发霉，发臭
	芋头仔	新鲜，外表完整，无损伤、切口不变色	发霉，部分腐烂
	芋头	新鲜，外表完整，无损伤、切口不变色	发霉；部分腐烂
	独子蒜	外衣完整；不长芽，规格一致	碎块多；长芽
	大肉姜	新鲜；块多且大	缩水；碎块多
	子姜	新鲜；块多且大	缩水；碎块多
	迷你洋葱	外衣完整；不长芽，规格一致	长芽
	蒜头	外衣完整；不长芽，规格一致	外衣脱落严重；碎块多；长芽
	洋葱	色泽自然；外衣完整；不长芽	外表变色严重并有部分腐烂
	牛蒡	外表完整，长700mm，规格一致	裂口；部分腐烂
	山药	外表完整，断裂少	裂口；部分腐烂

(续表)

类别	品名	收货标准	拒收标准
果实类	瓜类	新鲜；色泽正常；不枯萎；无损伤；无裂口；无断裂；个体均匀	个体严重不均；规格不一致；外表损伤严重；变色严重；缩水枯萎；裂口；断裂；发霉；部分腐烂
	无土番茄	新鲜；色泽鲜艳；无裂口；不变软	裂口；变软
	珍珠番茄	新鲜；色泽鲜艳；无裂口；不变软	裂口；变软
	炮椒	新鲜；色泽鲜艳；无裂口，规格一致	裂口；部分腐烂；果柄发霉发黑
	圆椒	新鲜；色泽鲜艳；无裂口，规格一致	裂口
	红尖椒	新鲜；色泽鲜艳；无裂口，规格一致	裂口；部分腐烂；果柄发霉发黑
	青尖椒	新鲜；色泽鲜艳；无裂口，规格一致	裂口；部分腐烂；果柄发霉发黑
	指尖椒	新鲜；色泽鲜艳；无裂口，规格一致	裂口；部分腐烂；果柄发霉发黑
菇类		外形饱满，个体完整，不发霉、变黑、无异味	个体零碎，严重变色，软化，变味
袋装菜		密封包装；有2/3保质期，无异物；液体明	保质期已过2/3，液体偏暗；包装不密
酱菜		无变色；无变味；无异物	变色；变味
豆类		新鲜；无斑点；不变色	变色严重，斑点多，腐烂变味

（二）蔬果的保鲜期

表11-3　蔬果保鲜期

根茎类	3天	柑橘类	5天	配菜	1天
叶菜类	1天	瓜类	5天	水果拼盘	1天
葱头	7天	苹果类	7天	加工果汁	1天
瓜果类	3天	核果类	3天	特种蔬菜	2天
菌类	1天	梨类	5天	酱菜	15天
草药	2天	进口水果	5天	腌制品	30天

（三）蔬果的护理
1．每一至二小时检查一次排面，同时洒水。
2．挑出不良品折价或再加工。
3．严格按照不同蔬果的特性来储藏、护理。
4．收档时，需要冷藏的蔬果要放到保鲜库，不需要冷藏的蔬果要用旧报盖在蔬果筐上，并洒水。

（四）蔬果鲜度不良的鉴别

表11-4　蔬果鲜度不良的鉴别

品名	鲜度不良判断依据	品名	鲜度不良判断依据
橘子	裂开、有很多皱纹、腐烂	樱桃	腐烂、果皮没光泽
苹果	果皮有皱纹、弹起来声音不清脆、压伤、腐烂	葡萄	质软、果实掉落、压伤、裂开、梗枯萎、发霉
梨	擦伤很多、压起来软软的	释迦	表皮变黑、软掉压伤、裂开
西瓜	压起来软软的、弹起来声音沉重、不清脆	水蜜桃	果皮起皱纹、压伤、腐烂
杨桃	果实棱线部分压伤、腐烂	水白菜	叶子枯萎、水伤
香瓜	果皮没有纹路、压起来软软的、腐烂、摇起来有水声	哈密瓜	有虫吃、表皮没光泽、重量轻、腐烂、摇起来有水声
葡萄柚	重量轻、果皮有皱纹	小白菜	叶子枯萎、水伤
凤梨	果皮有黑斑点、向下压汁会流出	韭菜	叶末端凋落、变软、变色
柠檬	皮有皱纹、长霉点	大葱	叶变黄、叶柄变色（褐色）、茎折断
香蕉	压伤、软软的、果皮变黑、果实脱落、果皮裂开	西洋梨（鸭梨）	擦伤很多、腐烂
奇异果	表面有皱纹、变软	高丽菜	叶子变黄、头变色（褐色）、有泥土
番茄	被压到、全变红、软软的、裂开	大白菜	切口变色（褐色）
茄子	表面没有光泽	菠菜	叶黄、有泥、茎折断、水伤、腐烂
南瓜	表皮变色、小块包装切口变色	小黄瓜	腐烂、凋萎、有斑点、软心
青椒	豆腐烂、擦伤	莴苣	头变色（茶色）、叶子腐烂、擦伤、凋萎
角椒	豆腐烂、枯萎	西洋芹菜	切口变色、叶子变黄、茎折断
青葱	变色（黄）凋萎、水伤、腐烂	青花苔	花有泥土、变色（黄色）
莲雾	水伤、碰伤、裂开、枯萎	紫高丽	切口变色、叶子有黑色斑点
空心菜	叶子枯萎、水伤	花椰菜	有黑色、黄色的斑点
巴西里	叶子凋萎、变色（黄）	姜	发霉点、枯干有皱纹

（续表）

品名	鲜度不良判断依据	品名	鲜度不良判断依据
毛豆	变黄、变黑、枯干	紫苏叶	变色（茶褐色）、凋萎
玉米条	粒凹陷、失水分、梗变褐、变黑	豆芽	变色（茶褐色）、冻伤出水
西洋菜	叶子凋萎、变色（黄）	加工竹笋	水变浊、表面变软
洋菇	变褐色、有斑点、开	牛蒡	变色（赤茶色）、枯干、纤维硬化
草菇	开、出水	胡萝卜	有泥土
蒜头	长芽、发霉点、擦伤	萝卜	枯萎、叶有泥、表面不干净、质轻
芋头	发霉点、擦伤	莲藕	表面、切口变黑色
洋葱	水分流出、长芽	生竹笋	切口变色（茶褐色）、笋尖变色（绿色）
马铃薯	长芽、变色（绿色）	生香菇	表面变黑、有泥土、出水
地瓜	变色（茶色）	金丝菇	头、茎有泥土、腐烂
四季豆	枯萎、变色、脱水	皇帝豆	变色（茶色）、脱水
豌豆	变色、脱水	菱角仁	变色、脱水
丝瓜	变黑、软化	苦瓜	变色、压伤

四、干货

干货主要有水干产品、肉品干货、南北干货。干货验收标准如表 11-5 所示：

（一）水产干货

表 11-5 水产干货标准

类别		收货标准	拒收标准
海干品	鱿鱼干	色泽自然，个体完整；无异味，用手抓起无粘手迹象；无盐、干、肉桂色；规格一致	个体严重不完整；干燥度差；变味、变质；严重不符规格
	墨鱼干	个体完整；无盐、干、肉桂色；规格一致	个体严重不完整；干燥度差；变味、变质；严重不符规格
	章鱼干	个体完整；无盐，干燥度高；色泽自然；规格一致	个体严重不完整；干燥度差；变味、变质；严重不符规格
	红三鱼	色泽自然；个体完整；干燥度高；规格一致	干燥度差；有异味，生虫变质，规格严重不一致
	梅香马鲛	色泽自然；个体完整；规格一致	生虫变质
	虾米	味淡、干、色粉红、有光泽，个体均匀，干燥度高；规格一致	规格严重不一致；干燥度差；染色变质
	虾皮	味淡、干燥度高；色红、有光泽；规格一致	规格严重不一致；染色；干燥度差；有异味，变质

(续表)

类别		收货标准	拒收标准
海干品	瑶柱	干燥度高；规格一致；色泽自然	干燥度差；规格严重不一致；变质
	蚝豉	干燥度高；色泽自然；规格一致	干燥度差；规格严重不一致；变质
	淡菜	干燥度高；色泽自然；规格一致	干燥度差；规格严重不一致；变质
即食类	龙头鱼	色泽褐红，规格一致；有其本身的滋味	吸湿严重；有异味；变质
	炸泥鳅	灰色自然；个体完整；干燥度高；有其本身的滋味；规格一致	焦块多；干燥度差；有异味，变质。
	鱿鱼丝	干燥度高；色泽自然	干燥度差；有异味，变质
	蚕豆	干燥度高；色泽自然；有其独特的风味	干燥度差；有异味，变质
汤料	夏暑清补凉汤	每盒90g，配料齐全；干燥；无异物	品种不全；干燥度差
	昆布海藻汉罗汤	每盒70g，配料齐全；干燥；无异物	品种不全；干燥度差

（二）南北干货

表11-6 南北干货标准

类别	商品名称	收货标准	拒收标准
糖类	白沙糖	外包装完好，无受潮，晶粒状；不结块，不超过保质期的1/3；规格一致	杂质多；干燥度差，受潮结块
	冰糖	色泽自然；干燥度高；碎末小于5%；规格一致	杂质多；干燥度差；碎末多
	片糖	色泽自然；条形状；断裂数小于5%；干燥度高；外包装完整	断裂严重；干燥度差
大米类	香米	色泽自然；个体均匀，规格一致；杂质可忽略	碎石块、谷壳等杂质多，有异味，变质
	丝苗米	色泽自然；个体均匀，规格一致；杂质可忽略	碎石块、谷壳等杂质多，有异味，变质
	珍珠米	色泽自然；个体均匀，规格一致；杂质可忽略	碎石块、谷壳等杂质多，有异味，变质
面类	碗面	外包装完整，色泽自然，块状的面没压断，碎屑少，超过不超过保质期的1/3；规格一致	外包装不合格，碎屑很多，断面多；已过保质期的1/3
	素面		
	蛋黄面		
粉类	粘米粉	具有商品本身的特点，色泽自然，粉末状，无杂质，干燥无结块	杂质多，结块，有异味

（续表）

类别	商品名称	收货标准	拒收标准
	玉米粉		
豆类	黄豆	杂质少，无虫子，无虫眼，干燥，个体均匀，规格一致	碎石块、瘪豆等杂质多；有虫眼的豆子多；受潮发霉
	红豆		
干果类	芝麻	色泽自然；无杂质，无吸湿，个体均匀	杂质多，吸湿
	花生	个体均匀，个体完整，规格一致；色泽自然；干燥度高，果实饱满；有其本身的风味	个体严重不均，严重不完整；干燥度差；杂质多
	无花果	个体完整；形状正常；干燥度高	受潮发霉；干燥度高差；杂质多
	核桃肉	外形完整；干燥度高，色泽自然；个体完整，规格一致	碎块多；干燥度差
	枣	个体均匀，个体完整，规格一致；色泽自然；干燥度高	虫眼多；个体严重不均；干燥度差；杂质多
	瓜子	外观完整；色泽自然；规格一致；干燥度高	外观残缺；色泽恶劣；个体严重不均；吸湿粘手；杂质多
	提子干	（普通级）：大部分呈青色，黑色部分不超过8%，干燥度高；规格一致	受潮发霉；干燥度差；杂质多
		（特级）：个体比普通级的要大；青色占绝大部分，黑色部分不超过3%	受潮发霉；干燥度差；杂质多
	开心果	色泽自然；规格一致；果肉饱满；裂开正常；干燥度高	个体严重不均；干燥度差；杂质多
	杏仁	色泽自然；个体均匀，规格一致，干燥度高	个体严重不均；干燥度差
清凉补	菊花	色泽自然；干燥度高；无杂质；有其本身的特殊香味；规格一致	杂质多，碎屑多；干燥度差；有异味
	金银花	色泽自然；干燥度高；无杂质；有其本身的特殊香味；规格一致	杂质多；干燥度差；有异味
	淮山	色泽自然；块状，厚度均匀；无斑点；干燥度高；无杂质；规格一致	碎屑多；有斑点；干燥度差
	北芪	色泽自然；块状，厚度均匀；干燥度高	碎屑多；有斑点；干燥度差
	枸杞	色泽鲜红；个体完整；干燥度高	杂质多；干燥度差；杂质多
	莲子	色泽自然；个体完整，均匀；干燥度高	个体严重不均；开裂多；干燥度差
	开边湘莲	色泽自然；个体均匀，规格一致；干燥度高	个体严重不均；干燥度差；杂质多

（续表）

类别	商品名称	收货标准	拒收标准
清凉补	薏米	色泽自然；个体均匀；干燥度高；无杂质	个体严重不均；杂质多；干燥度差
清凉补	小米	色泽自然；个体均匀；干燥度高；无杂质	个体严重不均；杂质多；干燥度差
清凉补	西米	色泽自然；个体均匀；干燥度高；无杂质	个体严重不均；杂质多；干燥度差
清凉补	雪耳	色泽自然；个体完整；干燥度高	碎屑多；干燥度差
调料类	花椒	色泽鲜红，内黄白、睁眼、麻味足，香味大，身干、无长枝、无霉坏，含籽不超过5%	有异味，杂质多；干燥度差
调料类	胡椒	颗粒完整，均匀，有其本身的浓烈香味；干燥度高	颗粒严重不完整，碎屑多；有异味；干燥度差；杂质多
调料类	八角	色泽棕红，鲜艳有光，朵大均匀呈八角形；干燥饱满干裂，香气浓郁无霉烂和杂质，破碎和脱壳籽粒不超10%	个体严重不完整；碎屑多；干燥度差
调料类	桂皮	皮面青灰中透淡棕色，腹面棕色，表面有细纹，背面有光泽、质坚实、水分干、味清香，略带甜	碎块多；干燥度差；有异味
调料类	白芷	呈圆锥形，具环状纹理，表面灰色至棕黄色，体坚，断面白色或黄白色，具有粉性，有黄圈，有香气，味微苦	
调料类	草果	长椭圆形，具钝三棱，表面灰棕色至红棕色，具纵沟及横线，果皮质坚易纵向撕开，剥去外皮，中间有黄棕色隔膜，将种子团分三瓣，种子呈圆锥状，多面体表面红棕色，外被灰白色膜质的假种皮	
菇类	茶树菇	褐色呈完整条状，干燥；规格一致；残缺不能超过5%	吸湿；残缺的个体多；杂质多
菇类	花菇	个体完整，规格一致；菇伞有花纹，不过薄；菇腿短于30mm；干燥，有明显的菇香味	个体严重不完整；个头严重不均；干燥度差；杂质多
菇类	冬菇	比花菇略小，个体均匀；色泽自然，菇腿短于30mm，有明显的菇香味，干燥度高	个头严重不均；菇伞严重变黑；干燥度差；杂质多
菇类	云耳	色泽自然；个体完整；干燥度高	个体严重不均；碎屑多；干燥度差；杂质多
菇类	木耳	色泽自然；个体完整，均匀；干燥度高	个体严重不均；碎屑多；干燥度差；杂质多
菇类	灵芝	色泽自然；个体完整，均匀；干燥度高	个体严重不均；干燥度差

（三）干货保鲜期

表 11-7　干货保鲜期

散装面	10 天	酱菜	15 天	面粉	10 天
蛋类	5-7 天	散装米	20 天	肥牛	7 天
海产干货	10 天	五谷杂粮	10 天	牛羊肉卷	7 天

第三节　生鲜卫生规范

一、个人卫生

个人卫生清洁标准：加工人员应健康状况良好，无传染病及其他影响工作的疾病，勤洗澡、换衣、洗手、剪指甲、修剪头发、洗头发、刮胡子、剪鼻毛，保持口腔清洁，不化妆，不用味浓护肤品，不涂指甲油，不用香水，不戴首饰、饰物。

进入加工房人员要求保持工服干净（加工房专用工服），所有人必须穿加工房、专用服，头发全部入帽子，所有加工人员均戴口罩，工服不穿出生鲜区，操作时如有皮肤损伤或因损伤引起发炎，应绷带包好，带上一次性使用手套，以免接触食物及工作台，造成污染，加工时不梳头，不触摸身体各部位，加工间内不吃东西，不吸烟，不吐痰，不放私人物品，如厕后、处理过赃物品后、吃过东西后、开始工作前、处理生、熟食品均要按洗手步骤洗手。

个人卫生清洁的方法，用温水和洗手液在洗手池内洗手，洗手腕及露在外面的前臂，两手相搓不少于 20 秒，认真清洗手指及指甲处，用流水冲洗，由手臂向指尖冲，用干净的消毒毛巾擦手。

二、设备、器具卫生

（一）设备清洁标准

带电设备一定要锁定后分拆，用购物袋装好电源插头，以防进水，清洁、拆装锁定设备时不能损坏设备本身，用干净抹布或刷子沾上去污剂，用稀释液自上而下清洗，保持泡沫 5-10 分钟，然后用清水洗去去污剂，干净抹布沾消毒液擦拭，用清水洗去消毒液，风干或干净抹布擦去多余水，重装设备，手抓过部位再消毒一遍。

生鲜设备清洁频率如表 11-8 所示。

表 11-8 生鲜设备清洁频率

设备	最低清洁频率	设备	最低清洁频率
刀具	每日一次	榨橘汁机	每次使用后
砧板	每日一次	封口机	每日一次
水池	每日一次	瓜果切刀	每次使用后
洗手池	每日一次	瓜果切割砧板	每次使用后
电子秤	每日一次	熟食	每次使用后
打包机	每日一次	炸炉	每四锅一次（过滤）
货架	每日一次	烤鸡炉	每日一次
展示柜	每日一次	蒸炉	每日一次
推车	每周一次	电热汤炉	每日一次
加工工作台	每日一次	切片机	每次使用后清洗
灭蝇灯	每周一次	绞肉机	每次使用后清洗
杀鱼台	每次使用后	锯骨机	每次使用后清洗
鱼池	每日一次	搅拌机	每次使用后

（二）器具清洁标准
1．剩菜、垃圾存放方式以防虫及动物不能接近为原则；
2．户外放的垃圾必须有塑料袋包装，残渣倒入指定废物箱（垃圾桶）；
3．关闭下水，清洁槽注水加入适当洗涤剂；
4．用干净抹布或刷子清洁水槽、下水口、外壁及周围，对整个水槽清洗；
5．残渣倒入指定垃圾桶，清洗过程要做到一清渣，二清洗，三消毒，四过水；
6．最后重装，手接触过部位重新消毒。

（三）（售卖区、加工区、仓库区）环境清洁标准
1．顶层、墙壁无蜘蛛网，无积尘，无污迹；
2．地面无积水，无积尘，无纸屑，无跌落的商品；
3．货架无积尘，无污迹，干净，无跌落的商品；
4．价格牌要对位，进行消毒并用水冲洗干净，不陈旧，不皱折；
5．灯罩无积尘，过秤台干净，无污迹；
6．卖场、加工台禁止用不干胶价格标签或胶纸等粘贴；
7．柜台、加工台要清洁无污染、无灰尘；
8．盛放食品容器干净、价签清洁、无尘、无污、无异味、清洁卫生；
9．仓库区要通风良好，湿度、温度正常。

（四）剩菜处理垃圾处理方法
1．用耐用、易清洁、不易漏水、防虫、防其他动物的容器存放剩菜与垃圾；
2．容器内放塑料袋并放于指定位置，垃圾桶要盖严盖子；

3. 有塞容器须盖好密封，经常检查密封情况，保证无泄露；
4. 脏容器及时清洗，防虫或其他动物接近，内外清洗干净，防污止染其他食品。

（五）下水口清洗方法
1. 使用专用工具：喷器、软管、专用毛刷、去污剂、专用橡胶手套；
2. 挪开盖子清洗净残渣，绝不能掀开地漏冲洗，以免残渣堵塞下水道；
3. 用喷雾器和软管冲洗下水口，冲洗时要防止水溢出；
4. 将去污剂倒入下水道，定期消毒，一周一次；
5. 用毛刷再利用水压清洗；
6. 每天用热水冲一次下水口，防异味产生，盖子盖好，防残渣等冲入下水口；
7. 每天均要认真清洗水池下水口。

第四节 生鲜管理流程

一、订货流程

为生鲜商品的订货工作提供工作依据，确保生鲜商品的订货过程得到有序的管理，订货总规则如下：

必须按程序电脑下订单；

各项品种全部订齐，不允许漏订；

客观原因由生鲜经理与店长同意并列出《生鲜商品不订货清单》；

以电脑系统的《电脑订货单》的品种为依据，根据门店实际情况用《生鲜商品预定单》和《生鲜商品不订货清单》各制出一份清单，以备订货时查阅；

《生鲜商品预定单》、《电脑订货单》、《生鲜商品不订货清单》必须有留底，备查；

每周日必须查出上周的单品销量，以备填制《生鲜商品预定单》时查阅。

（一）下订单前环节
1. 在电脑里查看上周的销售数据，参考昨日销售情况，判断当天销售情况；
2. 参考生鲜区昨日的销售排行榜前100名的商品的销量；
3. 当天是否节假日、星期六、星期天等旺日或是哪个节假日，此假日哪类商品销量好；
4. 当天有哪些促销品，促销期何日结束；
5. 当天新商品有哪些；
6. 登记商品的库存情况；

7. 当天哪些商品需要调价。

（二）下预定单环节

1. 参考昨天的订单和商品的库存情况下订单；
2. 单品的订货量满足排面，满足销量；
3. 订货量=基本陈列面×补货次数；
4. 节假日订货量为平常订货量的1.5倍；
5. 新品、促销品种已订；
6. 昨日漏订的品种，今天已订；
7. 销量好的单品有足够的货量；
8. 销量差的品种要合理订货，保证排面丰满；
9. 损耗大的品种在保证销售的情况下，合理订货。

（三）订货规程参考

生鲜商品订货必须遵循以下订货时间：蔬果类、海鲜类、肉类、于每日下午四点钟前完成订货工作，干货类于每周一、三、五下午四点前订货。

表11-9 生鲜商品订货时间表

项目\分类	库存天数	预定单		电脑订单		检查订单		传真		传真后确认	
		时间	负责人	时间	负责人	时间	负责人	时间	负责人	时间	负责人
蔬果	2	14:00	主管	14:30	主管	14:50	主管	14:55	主管	15:00	主管
水产活鲜	3	15:00	主管	15:30	主管	15:50	主管	15:55	主管	16:00	主管
干货	10	15:00	主管	15:30	主管	15:50	主管	15:55	主管	16:00	主管
肉	1	17:00	主管	17:30	主管	17:50	主管	17:55	主管	18:00	主管

（四）订货量

表11-10 生鲜商品订货量表

区域	品项	订货量
蔬果	水果	水果销售排行榜前10的品种:日销量的2倍的库存量
		水果销售排行榜后10的品种:日销量的1.5倍的库存量
	叶菜/菇类	满足一天销量的库存量

（续表）

区域	品项	订货量
蔬果	根茎果实	日销量的 1.5 倍的库存量
	其他	日销量的 2 倍的库存量
肉	鲜肉	满足一天销量的库存量，分店可要求供应商分两次送
水产/干货	活鲜鱼	满足一天销量的库存量
	海干货	日销量的 3 倍的库存量（季节性商品除外）
	散装杂粮	日销量的 5 倍的库存量
熟食	成品	满足一天销量的库存量

注：整箱的商品按箱下单，散装商品按 kg 下单；
库存量指的是订货商品到达后和现有库存量的总和，不包括损耗；
所有库存量均要以满足基本排面为前提，如不能满足基本排面，要适当增加订货量。

表 11-11 生鲜商品预订单

商品编码	商品名称	单位	日均销量		现有库存量	订货量	备注
			上周	昨日			

分　店：_____　　组　别：_____　　节假日：_____
订货日期：_____　　到货日期：_____　　星　期：_____
天　气：_____　　订 货 人：_____　　确 认 人：_____
厂商编码：_____

注：
星　期——到货日；
节假日——到货日，包括农历、阳历；
单　位——指的是 kg、扎、包、袋、个等；
备　注——指的是订货量偏大偏小的原因；
昨　日——昨日销售排行榜 100 名内商品销售量。

二、收货流程

为分店生鲜商品收货提供依据，确保收货工作规范，杜绝不合格商品流入到商场，生鲜商品收货的总规则如下：
生鲜商品优先收货；
按收货标准收货，对不符合标准的商品予以拒收；
按电脑订货单收货，保证品种和数量；
新品种引进时，生鲜部应制定新品种的收获标准。
（一）生鲜商品检查规则
全检规则：单品数量不超过 5 件，须全检；
抽检规则：单品数量超过 5 件（包括 5 件），抽检总数量的 1/4～1/3；
拒收规则：单品质量 10%不符合收货标准，整批予以拒收；如拒收对销售有重大影响的商品，应征询生鲜部经理意见，由生鲜部经理与供应商协商解决办法。
（二）解决生鲜商品拒收办法
送货数大于订货数：按不超出订货量的 10%收货，其余多出部分根据分店实际来决定是否收货；
送货数小于订货数：照收，并在当天及时向生鲜部反映；
订货的品种：根据门店实际来决定是否收货；
单品整批质量未达标数量小 10%：将未达标商品拣出退还供应商，收进质量达标的商品；
由生鲜部与供应商所确定的特价商品，生鲜部要提前通知分店，分店应及时回复，分店未回复的，应全收此商品。
（三）收货时间安排
依照生鲜商品质量变化速度的快慢，使易变质和易受污染的生鲜商品尽快收货，保证生鲜商品质量，收货应掌握先后原则，按顺序依次为：
鲜活水产 → 鲜肉熟食成品 → 蔬菜 → 冻品 → 水果 → 其他 → 干货

三、调拨流程

生鲜商品门店内部调拨：生鲜区域值班服务员在进行商品整理时挑出损耗商品；生鲜主管从中选出可二次加工商品；打印《生鲜商品领用单》，将可二次加工商品调往其他区域进行适当加工。

生鲜商品门店间库存调拨管理：由于门店订货和销售原因导致门店的生鲜商品库存过大，分店无法消化过大库存，分店间无法自行协商解决的，分店店长必须及时上报营运部和生鲜部。经营运部和生鲜部确认后，由营运部将分店过大库存合理调拨至其他分店，解决分店的库存压力；生鲜部针对此类商品制定相应的销售方案。

生鲜商品调拨单，一式三联，一联调出部门留底，一联交调入部门，一联财务部。

四、报损流程

（一）生鲜损耗分类

表 11-12　生鲜损耗分类表

项目类别		折价范围	报损范围
蔬菜	叶菜	菜叶萎蔫，叶子开始变黄；当天当批销售后剩余的少量叶菜；若保存到明天，品质将变劣并影响销售；不能再加工	腐烂，严重萎蔫，已变黄
	根类	茎部、表皮变色但不影响品质	茎部老化，变味，腐烂
	茎类	开始变干只剩少量，不能再加工	腐烂，严重萎蔫
	果实类	部分破裂，开始变软；两天还没销售出去	严重失水，腐烂，严重变软
	酱菜	不折价	变色，变味，变质
	菇类	销售两天后剩余部分	发霉，发黑，变味，变烂
水果	苹果类	干皱，有疤痕，压伤，小部分变软，裂开，不能再加工，有虫眼	大部分腐烂，变干发皱
	柑桔类	有疤痕，挤压变形，萎缩，小部分碰伤，裂开，不能再加工	发霉，严重失水，腐烂，严重裂开
	桃李类	小部分碰伤，有虫眼，裂口，疤痕	腐烂，软化
	梨类	变色，小裂口，干皱，小部分碰伤	大部分腐烂
	热带水果	表皮发黑，但未变质	发黑又变质，变黑，腐烂
	浆果	开裂，变软，压伤，果皮变深色，山竹变硬	过熟变软，表皮发黑，严重开裂，变味
	瓜类	开始变软，但不影响品质	开裂，变软，变味，不能再加工
水产	活鲜水产	生命力不强，将死，但品质良好	变质，有病害，发臭
	鱼部位	不折价	变质发臭
	海产干货	不折价，可退换	变色，变质，有异味，生虫
	五谷杂粮	不折价，可退换	变色，变质，有异味
精肉	鲜肉	摆放 2 天后，先二次加工，再折价	颜色变暗，变灰，变质发臭
	配菜拼盘	摆放 2 天后再折价	变味，变质
熟食	炸烤类	当天 19：00 后折价或第二天进行二次加工	烤糊，炸焦，变味
	凉菜类	摆放 2 天后折价	变色，变味

(二) 报损管理程序

1. 报损商品进行处理的时间。门店在进行报损工作时,生鲜主管要合理安排生鲜区服务员按时进行以下工作。

表 11-13　报损管理程序

工作内容	时间
挑出损耗商品	值班服务员进行整理商品时,发现有损耗商品立即挑出
加工损耗商品	在每日 8:30～9:30;14:00～15:00 进行
报损损耗商品	每日分两个时段:13:30～14:30;21:30～22:00;当天报损的商品当天完成

2. 损耗商品存放地点。折价商品、报损商品和二次加工商品集中存放在常温仓库或加工间,并分类标明:折价商品、报损商品和二次加工商品。

3. 报损的管理控制。报损工作主要是由三方人员组成:防损员、生鲜区域值班服务员和生鲜主管/店长指定人;报损工作进行时,由生鲜区域值班服务员对商品进行报名和称秤,报损员进行报损单的填写,防损员、生鲜主管/店长指定人在旁进行监督;总报损金额超过 500 元时,店长审批后即可先行报损,最后由营运部经理审批,并对出现的报损差异进行跟进。对于报损商品金额审批权限如表 11-14 所示:

表 11-14　报损控制

类型 \ 项目	每天报损金额	审批人
总额	≥500 元	营运部经理
	500 元＞总额≥100 元	店长
	＜100 元	主管

4. 报损程序

表 11-15　报损程序

流程	整理归类	检查	过秤	填写	销毁	确认	跟踪
责任人	服务员	生鲜主管	服务员	报损人	服务员	店长/主管	生鲜主管

表 11-16　报损权限额

类型 \ 项目	每天折价金额	审批人
单品	＞50 元	店长/值班店长
	≤50 元	主管

(三）折价管理程序

折价管理控制：折价单由生鲜主管或者生鲜主管指定人进行填写，折价单由店长审批即可先行折价售卖，并进行跟进。

1．折价流程

表 11-17　折价流程

流程	整理归类	检查	填写	确认	跟踪
责任人	服务员	生鲜主管	生鲜主管	店长/主管	生鲜主管

2．损耗控制方式

表 11-18　损耗控制

项目	内容	责任人
订货控制	在进行订货时，一定要严格按照《生鲜商品订货流程》，参考订货公式，从订货方面控制无谓的损耗	生鲜主管
收货控制	根据《生鲜商品收货流程》对供应商所送商品进行验收，对于严重不合标准的商品进行拒收，并将相应情况上报生鲜部	生鲜主管
库存调拨控制	对于门店的过大库存，应及时上报营运部和生鲜部，由营运部和生鲜部协调，把门店库存压力减轻	店长
盘点控制	盘点准确，注意不要损伤商品	生鲜主管
陈列控制	合理的陈列方式，堆头一定要做假底，减少因积压造成的损耗	区域值班服务员
整理控制	进行商品整理时，挑出损耗商品，及时补货，轻拿轻放，保证商品不易跌落，补货进行翻堆；品质保证的前提下，补货遵循先进先出原则，避免商品相互污染	区域值班服务员
设备控制	经常检查设备是否运转正常（电子秤、冷冻库、冷藏库、岛柜、立柜），降低因设备故障造成的损耗	区域值班服务员
调价控制	控制好变价前后的库存，减少降价造成的损耗	生鲜主管
加工控制	及时对卖相差的商品进行二次加工	生鲜主管
卫生控制	按《生鲜卫生标准》实施卫生管理	生鲜主管
培训损耗	培训服务员商品知识和业务知识，使其能区分外形相似的商品和熟悉商场生鲜区的各项操作	生鲜主管

五、盘点流程

生鲜商品盘点工作包括：盘点准备、盘点实施、盘点录入、盘点汇总、盘点数据分析等环节。盘点时间安排：每月的15日、月末最后一天进行盘点。

（一）盘点工作内容及相关责任人

表11-19 盘点工作内容及责任人

内　　容	责任人
按组对各单品进价、单位、进货数量检查准确	生鲜主管
商品整理、称重时，应轻拿轻放，以免损伤商品、增加损耗	生鲜区服务员
散装干货中的颗粒类商品，应先包装后过秤，避免散落造成损耗	生鲜区服务员
鲜活水产盘点时注意保持其鲜活	生鲜区服务员
盘点时要保证熟食产品和原料的卫生	生鲜区服务员
过秤前要检查电子秤是否准确	生鲜主管
盘点时应检查是否盘点所有商品，无漏盘、重盘	生鲜主管
盘点记录字迹应清晰，不潦草	生鲜区服务员
盘点分析应包括损溢分析、商品损耗大的原因	生鲜主管
仓库盘点后不得出货，如有需要，须进行登记，从盘点表中减去相应数量	生鲜经理

（二）盘点人员组成

1. 盘点负责人：由生鲜主管负责跟进盘点准备工作直到准确的盘点数据完成，生鲜主管负责执行盘点前的准备工作，盘点过程跟进及盘点结果的确认，对盘点数据真实性和准确性负主要责任。

2. 准备工作：打印出盘点明细表，确认商品的进价、单位是否正确，对需盘点的商品进行区域分类。防止多盘漏盘。

部门盘点人员：各部门根据盘点工作量组成盘点小组，其中至少一名主管或助理，负责对盘点区域的商品进行盘点、记数、汇总。记数时保留小数点后两位数字，第三位数四舍五入，数据不准有涂改。多盘或少盘时在已盘数据后加上或减去相应的数据即可。

3. 电脑员：由分店电脑员担任，负责打印盘点单，录入盘点数据及完成有关盘点报告，负有确保数据的准确性的责任。

4. 防损部：月中负责控制盘点数据录入按程序执行，月末负责对盘点数据进行比例30%的抽查，负有监督盘点按程序执行及见证的工作责任，对盘点结果的真实性及准确性负有监督责任。

（三）生鲜盘点执行流程

1. 电脑员应于盘点当天中午12：00之前按大分类商品明细打印出盘点单，并与生鲜主管做好表格的交接手续；生鲜盘点的负责人应于下午5：00之前会同电脑员确认商品的进价、单位是否正确,调拨单据是否全部录入系统并审核,所有内部调拨及报损单据是否汇总完毕。

2. 所有报损、内部调拨应于下午3:00之前完成,收货部于下午3:00停止生鲜商品收货,特殊情况须经生鲜主管或店长批准;生鲜部应对区域商品进行分类整理,同时须先将生产所需原材料等从库存区取出至加工房;晚上10:00正盘点负责人应召开盘点短会,安排盘点进度,强调盘点纪律及准确性的要求;盘点会议结束后,各部门领取生鲜盘点明细表开始进行仓库区盘点,分别以两人为一组进行盘点,记数时保留小数点后两位数字,第三位数四舍五入,数据不准有涂改。多盘或少盘时在已盘数据后加上或减去相应的数据即可。注意盘点要遵循从上到下、从左至右的原则,不可跳跃点数。

3. 营业结束后,盘点人员可对卖场进行盘点。

4. 盘点过程中,盘点人员应确实根据实际数量来盘点,不可贪图方便而对商品的数量进行目测估数,避免造成误差;盘点完成后,各部门将盘点明细表交由电脑员进行数据录入。

5. 电脑员将盘点数据录入系统后,交由部门盘点负责人进行数据核对,经核对无误将打印出盘入单,电脑员、盘点负责人在盘入单签名确认。

6. 电脑员将有关数据填入生鲜盘点损益表,得出盘点初步结果。

7. 若部门盘点有数据差异需修改的,电脑员须征得当晚盘点负责人同意,方可对数据进行修改。

8. 生鲜盘点结果确定后,部门盘点负责人必须对负毛利原因做出盘点毛利分析报告。

9. 所有盘点工作完成后,电脑员对录入数据进行审核,并将盘点损益表、补充表发给营运部和生鲜部。

【要点回顾】

1. 生鲜商品经营必须每时每刻做到"新鲜",才能满足顾客的需求,一定要做到是顾客会买的商品才能陈列出来,而不是我们能卖的商品陈列出来。

2. 生鲜商品收货的总规则:生鲜商品优先收货;按收货标准收货,对不符合标准的商品予以拒收;按电脑订货单收货,保证品种和数量;新品种引进时,生鲜部应制定新品种的收获标准。

3. 生鲜商品盘点工作包括:盘点准备、盘点实施、盘点录入、盘点汇总、盘点数据分析等环节。

第十二章　应急管理

【学习目标】
通过本章学习，你应该能够：
1. 能够描述应急管理的相关流程；
2. 熟悉应急管理的相关操作。

第一节　应急管理流程

一、消防应急管理流程

当发生火警时，无论程度大小，必须做出如下措施：
1. 保持镇静，不可惊惶失措；
2. 立刻拨打119并及时发出火警信号；
3. 通知公司经理及有关人员；
4. 利用就近灭火器材进行扑救；
5. 切断一切电源开关；
6. 协助有关人员撤离现场。

二、意外事故管理流程

1. 遇有意外事故发生，应马上通知上级领导并协助伤者前往医院。
2. 加设标志，告诉别人切勿走近危险区域。
3. 打电话求救（如120）。

三、停电应急管理流程

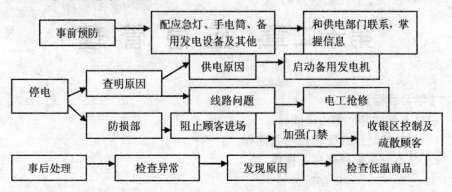

图 12-1　停电前及发生停电后的操作流程

注：必须掌握信息（通过报纸、街道、物业管理公司获取），平时应保持良好的沟通。

第二节　应急管理操作

一、门店消防应急方案

1．目的：为使消防抢救工作能充分发挥组织功能，一旦发生火灾时，将灾害减到最低程度，以免延误抢救的时效，造成重大人员伤亡和财产损失。

2．范围：公司所有分店安全小组成员及组员。

3．消防应急指挥架构如图 12-2 所示。

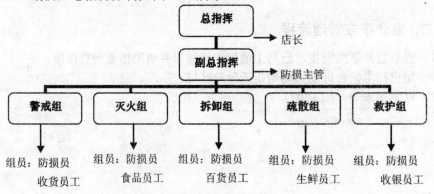

图 12-2　消防应急指挥架构图

（注：组员按店面大小 3 至 5 人，组长由所在组的主管中推选一名担任）

4. 各小组的功能

（1）警戒组：负责报警，引导消防车及消防人员进行救护，迅速打开各通道及疏散口，维持秩序，严防趁火打劫；

（2）灭火组：负责掌握灭火器和消防栓及后备人员，负责各种消防设施及器材的检查维护与使用，当遇火警时，全体赶到现场，接受指挥参加灭火行动；

（3）拆卸组：负责切断电源、火源，疏导及抢救时拆除所有障碍物，负责防火体的设立及抢救贵重/危险物品；

（4）疏散组：负责紧急通知所有员工，顾客疏散及应变措施，疏散闲杂人员/店外围观人员；

（5）救护组：接受特定紧急护理训练、伤患抢救及紧急医护、送医院急救等任务，须知道急救电话。

5. 具体要求

（1）灭火组必须清楚知道所有消防设施的放置点及使用方法、维护保养方法，火的走势及逃生路线；

（2）警戒组必须了解逃生路线，疏导顾客逃生，阻止离开的人员再次回到火场，防止趁火打劫；

（3）拆卸组必须了解店内建筑内外的格局，通风设施及空调管道，店内装修材料，平时检查堵塞情况，电源所在地及逃生路线；

（4）疏散组必须了解警铃设备及广播所在地，通信设备及使用方法，火的趋势及逃生路线；

（5）救护组必须了解一般药物的使用，配备急救箱，接受紧急救护工作培训，了解逃生路线及知道医护救急电话（查询：114 火警：119 匪警：110 急救：120 交通：122）。

6. 日常管理及责任

（1）分店成立"消防安全小组"，组员为全体主管（店长任组长、防损主管任副组长；

（2）店长必须与行政中心签下消防安全责任书；

（3）店长在每天早会及主管例会时经常强调消防工作的重要性，警钟长鸣；

（4）各功能小组根据本组需要，每周由小组长组织进行一次消防培训；

（5）店长每周组织安全小组成员进行一次全面的消防大检查并登记备案，消除隐患；

（6）店长/防损主管每月组织应急小组进行一次全面的消防理论培训和实操演练，一次全员安全培训并考核上报；

（7）营运中心在组织店长例会时，应将消防工作列入汇报内容；

（8）总部每半年对防损员及各小组组长进行一次全面的消防培训和考核；

（9）分店根据本店具体情况，制定相应的消防应急方案并交行政中心备案。

二、消防培训工作

（1）消防培训是指为加强员工消防意识、提高员工消防操作知识、确保消防培训工作的顺利、有效进行而作的专项培训；

（2）消防培训工作规范要求从以下几个方面对员工进行消防培训。见表12-1。

表12-1 消防培训工作规范表

设备	器材名称规格、保质年限
	作用与使用范围
危险性	火灾的隐患与明火
	由烟或电线等容易引发火灾
预防	禁止带易燃爆物品
	禁止吸烟，乱结乱拉电线
	物品分隔
	加强消防培训提高员工的防范意识
	保持消防通道畅通
	组织员工练习
火灾处理	报警方法要求
	组织员工疏散方法
	抢救财产原则
	看护现场的目的
防火的责任和义务	明确员工防火责任和义务
实操	器材正确使用方法
	练习员工反应能力
	理论实操结合
	讲解示范
考核	理论：了解员工消防知识情况
	练习：了解员工自理和反映能力
	总结是否达到培训目的的一种方法

三、安全月活动

1．配合国家规定的4月份定为安全活动月，在公司开展安全月活动。
2．一般情况下公司安全月活动定为每年4月。
3．为了保证安全月活动的顺利开展，制定活动计划及流程。

表 12-2 工作流程、工作要求和相关文件记录

工作流程	责任者				工作要求/标准	相关文件/记录
	分管副总经理	行政中心防损部	人资中心制度维护部	各部门/各分店		
计划		●			☞ 依据国家规定四月份定为安全活动月,制定本公司的安全月活动计划 ☞ 由行政中心防损部制订开展计划	安全活动月开展计划
审批	●	▲			☞ 上报分管副总经理审批	
实施		▲		●	☞ 召集各部门负责人安排实施方案 ☞ 各部门负责实施	
检查		●	▲		☞ 行政中心防损部及人资中心制度维护部执行检查、督促和纠正	检查记录
总结	▲	●			☞ 人资中心防损部总结活动评估结果上报分管副总经理	效果评估总结报告

直接责任人:●　　　　配合人:▲

四、消防设备的维修保养

1. 消防设备指消防栓、灭火器、消防面罩、消防安全疏散通道等。公司为确保消防设备的正常使用,必须对其进行保养和维修。
2. 消防设备的维护保养工作规范如表 12-3 所示:

表 12-3　消防设备的维护保养工作规范

安装	由发展中心和行政中心防损部将设备配列各分店。
	按消防局要求安装
	制定相关管理规定
保养项目	消防设备(灭火器、消防栓)定期保养并贴封条
	消防设备的卫生
检查	定期各分店防损主管和店长进行设备检查,行政中心防损部抽查并作好记录
	发现过期或损坏,须用书面形式由行政中心报防损部

	（续表）
维修	由店长申请某某分店什么设备损坏情况
	行政中心防损部汇总各分店消防设备损坏情况，统一报发展中心维修
	由发展中心请款、购买器材或联系专职人员维修
	发展中心安排收集各分店需维修的消防设备，统一维修（含灭火器充装）
	维修完毕后，发展中心分发至各分店，并经区域防损主任和分店店长验收合格
	发展中心付款、报销

五、停电应急管理规范

为避免因停电给各分店企业造成不必要的损失，方便相关部门和人员掌握停电的具体操作流程，特制定本规范，须依照执行。

1. 事前接到停电通知时：

（1）店长应将有关情况通知各区主管，并组织主管、员工做好停电前相关工作准备。

（2）防损部和电工检查好发电机、应急灯等，并做好疏散顾客准备。确保停电后的正常工作。

（3）用电话形式报行政部、营运部主管领导。具体情况随时报告。

2. 遇到突然停电时：

（1）停电后，店长及全体员工必须马上回到各自岗位，控制所管辖的区域。不得离岗。

（2）防损员控制好各主要通道及前台，维护好秩序，做好顾客疏散工作，确保顾客安全、前台收银机现金安全、商品安全。防止事故发生。

（3）先关闭设备电源，待发电后再按电工的指挥重新启动。

（4）由店长或值班店长或防损主管通知电工（电工在场的情况下，应在十分钟内赶到，休息或不在场的情况下，在接到通知后视路程远近，尽可能在三十分内赶到店面）并通过电工立即发动发电机、做好电源切换及供电。发电机供电后，一切供电系统由电工负责，营运部门配合。发电期间，任何部门或个人不能私自动用或要求电工增加用电负荷，在保持店面正常运作情况下，电工有权合理安排用电。

（5）在处理的同时报告公司营运部、行政部相关负责人。并查明停电原因及做好停电记录。

（6）收银员应立即将现金整理好，需要时装入保险柜，保持镇静，完成当前交易，关闭钱箱，若收银机出现故障，收银员不能离开，直到恢复正常。

（7）前台员工要安慰顾客不要惊慌，保持镇定。

(8) 开放式的冻柜要用纸板或其他盖好,减少打开次数。专柜贵重小商品应立即锁进陈列柜。供电正常后恢复。

(9) 如发电机运行出现故障时,电工应在三分钟内通知工程部经理,并在三个小时左右(视故障严重性)将发电机故障排除或出具应急方案,保证门店正常运行。

(10) 来电后总结及统计停电造成的损失,人员伤害事故等,并填写工作报告。

3. 电工在停电后的操作流程

(1) 电工立即检查发电机的柴油、机油位,确认供油充足;检查发电机水箱、电池,确认达到发电机启动要求。

(2) 启动发电机前,断开全部负载。

(3) 合上电瓶启动开关,调速看仪表,待转速达到 1500 转左右,三相电压及频率均达到额定值,合上发电机输出开关。

(4) 将市电——自发电转换开关打至发电状态。

(5) 检查配电柜、配电屏、电压表是否正常,正常情况下,合上开关。

(6) 依次对照明、收银系统、制冷系统、制冰机、鱼池等不可断电系统送电,视发电机组公率掌握送电负荷。

(7) 检查发电机运行状况,时刻对负荷的变化及发电机的运行作好跟踪,至市电到位为止。

4. 供电恢复正常后的操作流程

(1) 第一时间由电工通知值班店长,询问是否可以进行转换。

(2) 得到允许后,先由前台人员用广播对顾客进行宣传:"请顾客不要惊慌,现进行市电——自发电转换,只需几分钟时间,请顾客给予支持与配合。"

(3) 当接收到前台人员广播三遍后,电工立即将所有发电供电负荷开关关闭,并市电——自发电开关打至中间档位。

(4) 将市电——自发电转换刀闸打至市电档,检查输出电柜电压表是否正常,正常情况下合上开关。

(5) 依次合上负荷开关。

(6) 由电工对讲机通知值班店长,转换完毕,并由前台广播。

(7) 关闭发电机(减速至 750 转/分,运转三分钟左右停机),并检查各负荷供给运行是否正常。

(8) 做好停电记录,写停电异常报告汇报于工程部及行政部。

注:自发电——市电转换时间大约需用三分钟左右。

5. 处罚规则:(扣当月本人相当于两天基本工资的金额)

(1) 市电停电后,电工在场情况下,十分钟内没有发电及转换完成,记过处分。

（2）市电停电后，电工不在场情况下，三十分钟没有赶到处理事情者，记过处分。

（3）市电停电后，门店三分钟内没有通知电工者，当日值班店长或防损主管记过处分。

（4）工程经理接到通知后，没有采取相应的处理措施，记过处分。

（5）发电机发生故障，工程经理没有采取相应的处理措施，记过处分。

（6）发电运行期间，营运部门没经许可增加用电负荷者，当事人及当日值班店长记过处分。

注：以上规则视问题严重性及问题原因报于总经办处理。

六、制冷设备的应急处理

1. 停电时的应急处理：

（1）停电时，值班店长应立即安排营运人员将岛柜内的商品缩小排面，把商品放入冷库内。

（2）紧急通知营运部，对当日订货冷冻食品取消或转送至其他各门店中。

（3）对冷库中堆积商品太多的，应立即与营运部协调，将商品调换到其他分店或做退货处理。

注：此项只用于连续停电达 5 小时以上的店别，属重大异常。

2. 制冷设备故障应急处理：

（1）当制冷设备出现不制冷时，当事人应第一时间通知店长和店内电工。

（2）电工立即检查制冷设备，排除故障，使制冷设备正常运行。

（3）电工无法解决时，应第一时间内通知店长，做好商品的保护（同上）。打电话通知工程经理及制冷设备维护保修厂商。

（4）工程经理需 1 小时内赶至现场与制冷维护厂商共同解决问题，并同时向行政部报告备案。

（5）重大故障时，按停电应急处理进行处理。

（6）工程经理在二小时内无法恢复时应立即向总经办汇报并负责跟踪全过程，直至恢复使用为止。

【要点回顾】

本章首先介绍了应急管理的相关流程，包括：消防应急管理流程、意外事故管理流程、停电应急管理流程等。

其次介绍了应急管理操作的相关内容，包括：门店应急管理方案、消防培训工作、安全月活动、消防设备的维修管理、停电应急管理等。

参 考 文 献

[1] 赵涛. 经营管理[M]. 北京工业大学出版社，2006.
[2] 肖怡. 企业连锁经营与管理[M]. 东北财经大学出版社，2006.
[3] 程淑丽. 物流管理职位工作手册[M]. 人民邮电出版社，2005.
[4] 刘斌. 物流配送营运与管理[M]. 立信会计出版社，2006.
[5] 谭立元，洪锦兰. 招商管理工作手册[M]. 人民邮电出版社，2006.
[6] 戴春华. 超市标准化营运管理：前台与收货管理. 南方日报出版社，2002.